中学生数学思维方法丛书

2 考察极端

冯跃峰 著

中国科学技术大学出版社

内容简介

本书介绍了数学思维方法的一种形式：考察极端．其中许多内容都是本书首次提出的．比如，取极端破坏反面性质、取极端改进"拟对象"、分界极端、二色链、相关元、累次极端、"多维"极端等，这是本书的特点之一．本书首次用"考察极端"来代替"极端性原理"的表述，旨在强调如何对极端情形进行考察，进而获得解决一般问题的途径．书中选用了一些数学原创题，这些问题难度适中而又生动有趣，有些问题还是第一次公开发表，这是本书的另一特点．此外，书中对每一个问题，并不是直接给出解答，而是详细分析如何发现其解法，这是本书的又一特点．

本书适合高等院校数学系师生、中学数学教师、中学生和数学爱好者阅读．

图书在版编目(CIP)数据

考察极端/冯跃峰著．—合肥：中国科学技术大学出版社，2015.11 (2024.3重印)

(中学生数学思维方法丛书)

ISBN 978-7-312-03795-5

Ⅰ.考… Ⅱ.冯… Ⅲ.中学数学课—教学参考资料 Ⅳ.G634.603

中国版本图书馆 CIP 数据核字(2015)第 257879 号

出版	中国科学技术大学出版社
	安徽省合肥市金寨路96号，230026
	http://press.ustc.edu.cn
	https://zgkxjsdxcbs.tmall.com
印刷	合肥市宏基印刷有限公司
发行	中国科学技术大学出版社
开本	880 mm×1230 mm 1/32
印张	9.5
字数	246 千
版次	2015 年 11 月第 1 版
印次	2024 年 3 月第 4 次印刷
定价	28.00 元

序

问题是数学的心脏,学数学离不开解题.我国著名数学家华罗庚教授曾说过:如果你读一本数学书,却不做书中的习题,那就犹如入宝山而空手归.因此,如何解题,也就成为了一个千古话题.

国外曾流传着这样一则有趣的故事,说的是当时数学在欧几里得的推动下,逐渐成为人们生活中的一个时髦话题(这与当今社会截然相反),以至于托勒密一世也想赶这一时髦,学点数学.虽然托勒密一世见多识广,但在学数学上却很吃力.一天,他向欧几里得请教数学问题,听了半天,还是云里雾里不知所云,便忍不住向欧几里得要求道:"你能不能把问题讲得简单点呢?"欧几里得笑着回答:"很抱歉,数学无王者之路."欧几里得的意思是说,要想学好数学,就必须扎扎实实打好基础,没有捷径可走.后来人们常用这一故事讥讽那些凡事都想投机取巧之人.但从另一个角度想,托勒密一世的要求也未必过分,难道数学就只能是"神来之笔",不能让其思路来得更自然一些吗?

记得我少年时期上学,每逢学期初发新书的那个时刻是最令我兴奋的,书一到手,总是迫不及待地看看书中有哪些新的内容,一方面是受好奇心的驱使,另一方面也是想测试一下自己,看能不能不用老师教也能读懂书中的内容.但每每都是失望而终:尽管书中介绍的知识都弄明白了,书中的例题也读懂了,但一做书中的练习题,却还

是不会. 为此, 我曾非常苦恼, 却又万思不得其解. 后来上了大学, 更是对课堂中老师那些"神来之笔"惊叹不已, 严密的逻辑推理常常令我折服. 但我未能理解的是, 为什么会想到这么做呢?

20 世纪中叶, 美国数学教育家 G. Polya 的数学名著《怎样解题》风靡全球, 该书使我受益匪浅. 这并不是说, 我从书中学到了"怎样解题", 而是它引发了我对数学思维方法的思考.

实际上, 数学解题是一项系统工程, 有许许多多的因素影响着它的成败. 本质的因素有知识、方法(指狭义的方法, 即解决问题所使用的具体方法)、能力(指基本能力, 即计算能力、推理能力、抽象能力、概括能力等)、经验等, 由此构成解题基础; 非本质的因素有兴趣、爱好、态度、习惯、情绪、意志、体质等, 由此构成解题的主观状态; 此外, 还受时空、环境、工具的约束, 这些构成了解题的客观条件. 但是, 具有扎实的解题基础, 且有较好的客观条件, 主观上也做了相应的努力, 解题也不一定能获得成功. 这是因为, 数学中真正标准的、可以程序化的问题(像解一元二次方程)是很少的. 解题中, 要想把问题中的条件与结论沟通起来, 光有雄厚的知识、灵活的方法和成功的解题经验是不够的. 为了判断利用什么知识, 选用什么方法, 就必须对问题进行解剖、识别, 对各种信息进行筛选、加工和组装, 以创造利用知识、方法和经验的条件. 这种复杂的、创造性的分析过程就是数学思维过程. 这一过程能否顺利进行, 取决于思维方法是否正确. 因此, 正确的思维方法亦是影响解题成败的重要因素之一.

经验不止一次地告诉我们: 知识不足还可以补充, 方法不够也可以积累, 但若不善思考, 即使再有知识和方法, 不懂得如何运用它们解决问题, 也是枉然. 与此相反, 掌握了正确的思维方法, 知识就不再是孤立的, 方法也不再是呆板的, 它们都建立了有血有肉的联系, 组成了生机勃勃的知识方法体系, 数学思维活动也就充满了活力, 得到了更完美的发挥与体现.

序

G. Polya 曾指出,解题的价值不是答案本身,而在于弄清"是怎样想到这个解法的","是什么促使你这样想、这样做的". 这实际上都属于数学思维方法的范畴. 所谓数学思维方法,就是在基本数学观念系统作用下进行思维活动的心理过程. 简单地说,数学思维方法就是找出已有的数学知识和新遇的数学问题之间联系的一种分析、探索方法. 在一般情况下,问题与知识的联系并非是显然的,即使有时能在问题中看到某些知识的"影子",但毕竟不是知识的原形,或是披上了"外衣",或是减少了条件,或是改变了结构,从而没有现成的知识、方法可用,这就是我在学生时代"为什么知识都明白了,例题也看懂了,还是不会做习题"的原因. 为了利用有关的知识和方法解题,就必须创造一定的"条件",这种创造条件的认识、探索过程,就是数学思维方法作用的过程.

但是,在当前数学解题教学中,由于"高考"指挥棒的影响,教师往往只注重学生对知识方法掌握的熟练程度,不少教师片面地强调基本知识和解决问题的具体方法的重要性,忽视思维方法方面的训练,造成学生解决一般问题的困难. 为了克服这一困难,各种各样的、非本质的、庞杂零乱的具体解题技巧统统被视为规律,成为教师谆谆告诫的教学重点,学生解题也就试图通过记忆、模仿来补偿思维能力的不足,利用胡猜乱碰代替有根据、有目的的探索. 这不仅不能提高学生的解题能力,而且对于系统数学知识的学习,对于数学思维结构的健康发展都是不利的.

数学思维方法通常又表现为一种解题的思维模式. 例如, G. Polya 就在《怎样解题》中列出了一张著名的解题表. 容许我们大胆断言,任何一种解题模式均不可能囊括人们在解题过程中表现出来的各种思维特征,诸如观察、识别、猜想、尝试、回忆、比较、直觉、顿悟、联想、类比、归纳、演绎、想象、反例、一般化、特殊化等. 这些思维特征充满解题过程中的各个环节,要想用一个模式来概括,那就像用

数以千计的思维元件来构造一个复杂而庞大的解题机器.这在理论上也许是可行的,但在实际应用中却很不方便,难以被人们接受.更何况数学问题形形色色,任何一个模式都未必能适用所有的数学问题.因此,究竟如何解题,其核心内容还是学会如何思考.有鉴于此,笔者想到写这样一套关于数学思维方法的丛书.

本丛书也不可能穷尽所有的数学思维方法,只是选用一些典型的思维方法为代表做些介绍.这些方法,或是作者原创发现,或是作者从一个全新的角度对其进行了较为深入的分析与阐述.

囿于水平,书中观点可能片面武断,错误难免,敬请读者不吝指正.

冯跃峰

2015 年 1 月

目　　录

序 ·· (ⅰ)

1　目标极端 ·· (001)
　　1.1　原始元极端 ·· (001)
　　1.2　复合元极端 ·· (017)
　　1.3　特征值极端 ·· (026)
　　习题 1 ·· (035)
　　习题 1 解答 ·· (037)

2　相关极端 ·· (044)
　　2.1　条件相关极端元 ·· (044)
　　2.2　目标相关极端元 ·· (060)
　　2.3　整体相关极端元 ·· (073)
　　习题 2 ·· (090)
　　习题 2 解答 ·· (094)

3　分界极端 ·· (119)
　　3.1　序列分界 ·· (119)
　　3.2　状态分界 ·· (127)
　　3.3　划分序列 ·· (132)

3.4 二色链 …………………………………………… (139)
习题 3 ……………………………………………… (151)
习题 3 解答 ………………………………………… (152)

4 优化假设 …………………………………………… (160)
  4.1 取极端元破坏反面性质 ……………………… (160)
  4.2 取极端元满足目标要求 ……………………… (173)
  4.3 取极端元改进"拟对象" ……………………… (183)
  习题 4 ……………………………………………… (188)
  习题 4 解答 ………………………………………… (191)

5 累次极端 …………………………………………… (206)
  5.1 依次取极端 ……………………………………… (206)
  5.2 "多维"极端 …………………………………… (217)
  习题 5 ……………………………………………… (233)
  习题 5 解答 ………………………………………… (234)

6 极端构造与否定 …………………………………… (244)
  6.1 极端构造 ………………………………………… (244)
  6.2 极端否定 ………………………………………… (274)
  习题 6 ……………………………………………… (283)
  习题 6 解答 ………………………………………… (285)

1　目标极端

某些数学现象或结论"常常"是研究对象处于一种"极端状态",比如最大、最小、最长、最短、最远、最近、最迟、最早、位于边界等的情况下发生,这一规律常被称为极端性原理.

显然,极端性原理可以用于解决某些存在性问题,但有以下两点需要注意:一是如何找到"极端状态",它是运用极端性原理的关键之一.二是由极端性原理得到的结论并不是必然结果,它往往是一个"猜想",我们还需要对猜想进行证明,其手段通常都是采用反证法,即找到一个新的对象,与极端对象矛盾.但如何找到新对象与极端对象矛盾,这便是运用极端性原理的另一关键所在.

因此,我们这里着重介绍的就是如何找到极端状态,以及如何找到新对象与极端对象矛盾这两个关键环节上的一些思考方法.

本章介绍其思考方法之一:根据目标的特征,直接找极端元,我们称之为目标极端,它是运用极端性原理的最简单情形.一般地说,如果根据问题的直观,容易发现所求的对象就是处于某种极端状态的对象,则可直接取出极端元,然后证明其合乎条件.

1.1　原始元极端

如果题给对象本身具有某种数量指标,则可在题给的所有原始

对象中,直接取出指标最大或最小的对象,然后证明它就是所求的对象.

例1 一个矩形被分割为有限个(至少两个)互不相等的小正方形,则称为矩形的完美分割.求证:对矩形的任何完美分割,必定存在一个小正方形,它的边不与原矩形的边重合.

分析与解 本题比较简单,因为题目给出的对象本身具有数量指标:正方形的面积.凭直观,我们应找最大的还是最小的正方形?

注意所找的正方形在原矩形的内部,正方形越大,越有可能与原矩形的边界有重叠,从而应找最小的正方形.

那么,最小的正方形是否存在?由于矩形被分割为有限个小正方形,所以其中必有一个最小的正方形,记为 A,我们证明正方形 A 合乎条件.

实际上,反设正方形 A 的一条边与原矩形的某条边重合,则 A 与原矩形的相对位置本质上只有如下两种情形(所谓"本质上"是指其中任何一种情形都不能通过另一种情形旋转、翻转而得到):一是同时与原矩形的两边重叠(位于角落);二是仅与原矩形的一边重叠(不位于角落).

我们需要在这两种情形中分别找到比 A 更小的分割正方形.对于第一种情形(图1.1),因为 A 右侧的正方形都比 A 大,所以 A 上方的小正方形比 A 小,与 A 的最小性矛盾;

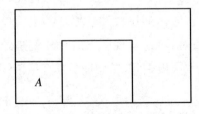

图1.1

对于第二种情形(图1.2),因为 A 两侧的正方形都比 A 大,所以 A 上方的正方形比 A 小,与 A 的最小性矛盾.

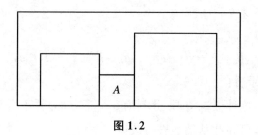

图 1.2

例 2 请构造一个矩形的完美分割的例子.

分析与解 本题有相当的难度.首先,我们不知道应分割为多少个正方形,但我们还是可以从极端的情形入手,先探索分割出的正方形个数最少的情形.

注 我们可利用上题的信息,原矩形内部至少有一个小正方形(图1.3),我们考虑在此基础上如何进行分割.

因为内部的最小正方形的每条边都必须引出一条新的分割线(否则该边是两个正方形的公共边,其边长相等),考察最小正方形的每条边引出的分割线,即可发现矩形的分割方案.

容易想到分割中不能含有如图1.4所示的与原矩形两边都相交的分割线,否则去掉该分割线右边的一个矩形(称为边缘矩形),便得到一个新的正方形个数更少的矩形的完美分割,矛盾.于是,我们应将过最小正方形一边的分割线修改为只与原矩形的一边相交(图1.5).

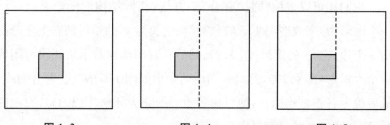

图 1.3　　　　图 1.4　　　　图 1.5

类似考察最小正方形的其他各条边引出的分割线,便得到如图1.6所示的分割.但此时,设各正方形的边长分别为 a,b,c,d,e,则有

$$b = a+c, \quad c = a+d, \quad d = a+e, \quad e = a+b.$$

各式相加,得

$$b+c+d+e = 4a+b+c+d+e,$$

所以 $a=0$,矛盾!

这表明,这种极端情形(分割为5个正方形)并不合乎要求,但不要全盘否定,可在此基础上进行改进.

将其中一条分割线(图1.6中的细线)不封口,即不与边缘相交,再考察右下角顶点所在的正方形,至少添加两条分割线才能与前面"开口"的分割线封闭,否则产生边缘矩形(图1.7),但此时仍无解(类似得到矛盾方程组).

进而又将其中一条分割线(图1.7中的竖的虚线)不封口,添加两条分割线得到图1.8,然后适当选择正方形边长,便可得到一个矩形的完美分割.

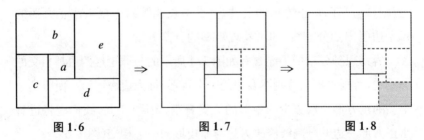

图1.6　　　　　图1.7　　　　　图1.8

我们还可以采用"同构叠合"的方法(相同结构的图形叠合在同一个图形中)来改造图1.6的分割:在边长为 d 的矩形的右上角分割出一个边长为 f 的矩形(图1.9),然后在外围添加若干条线段封闭成一个大矩形(图1.10),此时的图由两个形如图1.6的"块"叠合而成.最后确定各正方形边长,便可得到矩形的完美分割(图1.11).有趣的是,它与图1.8的分割是完全一致的.

1 目标极端

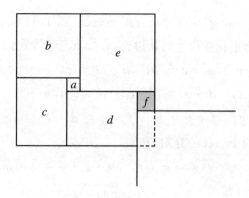

图 1.9

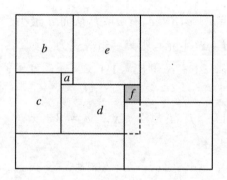

图 1.10

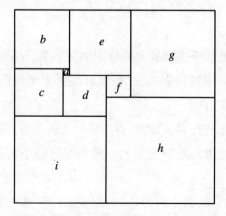

图 1.11

用 $a,b,\cdots,i$ 表示所分正方形的边长(图 1.11),考察内部正方形与其他正方形相接产生的新边长,有如下三组等式:

$a+b=e,\quad a+c=b,\quad a+d=c,\quad a+e=d+f,$

$d+c=i,\quad d+e=b+c,\quad d+i=h+f,$

$f+e=g,\quad f+g=h,\quad f+h=d+i.$

再考虑矩形两个边长的分割,有如下一组等式:

$$b+e+g=h+i,\quad b+c+i=g+h.$$

又由图 1.11 可知

$$a<d<c<b<e,$$

于是,由 $d+f=a+e, d<e$,有 $a<f$,从而 a 最小.

取 $a=1, d=x$(主元),则第一组等式为

$1+b=e,\quad 1+c=b,\quad 1+x=c,\quad 1+e=x+f,$

解得

$c=1+x,\quad b=2+x,\quad e=3+x,\quad f=4.$

代入后面的等式,得

$i=1+2x,\quad h=3x-3,$

$g=7+x,\quad h=11+x,\quad i=15,$

$12+3x=11+x+15,$

所以,$x=4$.

由此得到的一个矩形的完美分割如图 1.12 所示.

如果对正方形进行完美分割,则难度大大增加!请读者构造一个正方形的完美分割.

关于正方形进行完美分割,有如下一个著名的极值问题:

如果一个正方形能分割为 r 个大小互异的小正方形,求 r 的最小值.

本题已有答案:最小值为 21,但须借助计算机完成证明(参见《中等数学》1990 年第 3 期第 15 页),一个自然的问题是:能否给出一个

简单的证明?

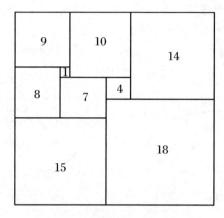

图 1.12

例 3 设 G 是竞赛图,A 是 G 的任意一个顶点. 如果对 G 中任何一个点 $B(A\neq B)$,要么 $A\to B$,要么存在顶点 P,使 $A\to P$,且 $P\to B$,则称 A 是 G 的一个优顶点. 试证:任何竞赛图中都有优顶点.

分析与证明 尽管一般的几何图形中的点没有数量指标,但图论中"图"的点却有数量指标:度,而"竞赛图"中的点则有两个数量指标:出度与入度.

为了找到优顶点,由问题的直观,不难想到出度最大的点 A 是优顶点. 下面证明:对 G 中任何一个点 B,要么 $A\to B$,要么存在顶点 P,使 $A\to P$,且 $P\to B$.

对这种分类描述的目标,可先假定其中一个子项成立,然后再讨论该子项不成立的情形.

考察 G 中任何一个点 B,若 $A\to B$,则 A 为优顶点,结论成立.

若 $B\to A$,此时要找到点 P,使 $A\to P$,且 $P\to B$. 如何找点 P?

先要满足部分条件 $A\to P$,即考察 A 占优的所有点,希望其中有一个点 P,使 $P\to B$(图 1.13).

用反证法,假设这些点中有没有占优 B 的点,即被 A 占优的点

都被 B 占优(图1.14),但 B 占优 A,所以 B 至少要比 A 多一个出度,与 A 的出度最大矛盾.

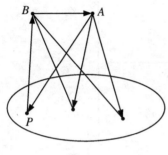

图 1.13

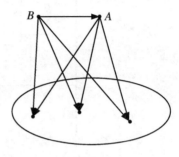

图 1.14

综上所述,命题获证.

下一个例题需要用到如下一个基本原理,我们称之为最小数原理:

自然数集的非空子集中有最小数.

证明 设 A 是自然数集的非空子集,任取 A 中一个元素 a,如果 A 在区间 $[0, a]$ 没有元素,那么 a 就是 A 中的最小元素;如果 A 在区间 $[0, a]$ 有元素,由于区间 $[0, a]$ 中只有有限个自然数,所以一定有最小元素 b,则 b 是 A 中的最小元素,命题获证.

在直接取极端元时,有时候不能在全体对象中取极端元,只能在部分对象中取极端元,我们称之为局部极端.看下面一个例子.

例 4 设 S 是 $\mathbf{Z}$ 的非空子集,且满足:

(1) 对任意的 $x, y \in S$,有 $x - y \in S$;

(2) 对任意的 $x \in S, k \in \mathbf{Z}$,有 $kx \in S$.

求证:存在 $d \in S$,使 $S = \{kd \mid k \in \mathbf{Z}, d \in S\}$.

分析与证明 本题要找的是数集 S 中的一个元素 d,使 S 中的每一个元素都是 d 的倍数.

因为数本身具有大小,可直接找 S 中的最小数作为 d.但 $S \subseteq \mathbf{Z}$,

可能同时含有正数和负数,从而不一定存在最小数,由此可见,应先使各数变成非负数,这取绝对值即可.

假设 d 符合条件,则容易发现 $|d|$ 最小.实际上,对任意的 $x \in S$,有 $x = kd$,这样 $|x| = |k| \cdot |d| \geqslant |d|$.于是,由最小数原理,可取 d 是 S 中绝对值最小的数.

但带有绝对值符号时难以运用性质(1)和(2),可将整体极端元改进为部分元素中的极端元:在 S 的所有非负数中取最小数,即设 d 是 S 中最小的非负数.

但若 S 中最小的非负数 $d = 0$,则其他非零元不能表示成 d 的倍数,此时要取最小正元,除非所有元素都是 0.于是,需分类讨论.

(Ⅰ)若 $S = \{0\}$,则取 $d = 0$,那么 $S = \{kd \mid k \in \mathbf{Z}\}$,结论成立.

(Ⅱ)若 $S \neq \{0\}$,则存在 $x \neq 0$,使 $x \in S$.进而由条件(2),有 $-x \in S$.由于 $x, -x$ 中有一个正数,所以 S 中有正元,S 中的所有正元构造自然数集的一个子集,由最小数原理,其中必有一个最小者,记为 d.下面我们证明:

$$S = \{kd \mid k \in \mathbf{Z}\}.$$

这只需证明以下两点:

(ⅰ)对任何 $x \in S$,有 $d \mid x$(没有遗漏);

(ⅱ)对任何 k,有 $kd \in S$(没有"杂质").

对于(ⅰ),反设 d 不合乎要求,即存在 $x \in S$,使 $d \nmid x$,那么可令

$$x = kd + r \quad (0 < r < d, k \in \mathbf{Z}).$$

因为 $d \in S, k \in \mathbf{Z}$,由条件(2),有 $kd \in S$.又 $x \in S$,再由条件(1),有

$$r = x - kd \in S,$$

但 $0 < r < d$,这与 d 的最小性矛盾,所以 $d \mid x$.

对于(ⅱ),由于 $d \in S, k \in \mathbf{Z}$,则由条件(2),有 $kd \in S$.

综上所述,命题获证.

例5 试证:n 阶竞赛图 G 中,不可能恰有两个优顶点.(1988 年

苏联数学奥林匹克训练题)

分析与证明 本题属于"不可能性"问题,宜用反证法.假设结论不成立,即存在竞赛图 G,使 G 中恰有两个优顶点,我们要从这两个优顶点出发,导出矛盾.设这两个优顶点为 u,v.现在要证明优顶点个数要么少于2,即 u,v 中至少有一个不是优顶点;要么多于2,即 u,v 之外还有优顶点.

实际上,不妨设 $u \to v$,将 G 中 u,v 以外的顶点划分为如下4个集合(图1.15):

$X_1 = \{x \mid x \to u, x \to v\}$, $X_2 = \{x \mid x \to u, v \to x\}$,
$X_3 = \{x \mid u \to x, x \to v\}$, $X_4 = \{x \mid u \to x, v \to x\}$.

因为 $u \to v$,直观上看,u 似乎"最强",所以我们考察胜 u 的选手,期望导出矛盾.

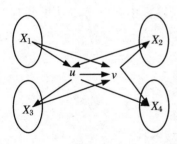

图 1.15

若 $X_1 \neq \varnothing$,则考察 X_1 中点构成的子图,由上面例3的结论,X_1 中必存在局部优顶点 w,显然 w 为 G 中的优顶点,从而 G 中至少有3个优顶点,矛盾,所以 $X_1 = \varnothing$.

由于 X_1 中没有点,而 X_2 优于 X_3, X_4 中的点,可知 X_2 中的局部优顶点都是整体的优顶点,所以同样有 $X_2 = \varnothing$.

这样,去掉两个空集合 X_1, X_2 后,由图1.15可知,v 既不占优 u,又不间接占优 u,从而 v 不是优顶点,矛盾.

优化:上述证明中,v 与其他顶点的占优关系不需讨论,从而过程可简化.令

$A = \{x \mid x \to u, x \in G\}$, $B = \{y \mid u \to y, y \in G\}$ (图1.16).

若 $A \neq \varnothing$,则考察 A 中点构成的子图,其中必存在局部优顶点 w,显然 w 为 G 中的优顶点,矛盾;

若 $A=\varnothing$,则 v 既不占优 u,又不间接占优 u,从而 v 不是优顶点,矛盾.

注 本题的结论是数学家 T. B. Maurer 在 1980 年所证明的如下一个定理的特殊情形.

图 1.16

例 6 试证:对任何正整数 $n,k(n\geqslant k)$,除 $k=2,n\geqslant k,n\in\mathbf{N}$,以及 $k=n=4$ 这两种情形以外,总存在 n 阶竞赛图 S_n,使 S_n 恰有 k 个优顶点.

分析与证明 上例已证明 $k\neq 2$,下面我们先证明不存在 4 个优顶点的 4 阶竞赛图.

用反证法,分两种情况讨论.

(1) 若存在有向三角形,设为 △ABC(图 1.17),考察点 D,则 D 与 △ABC 之间的指向不能都指向 D,也不能都由 D 指向 △ABC.

于是,只有两种情形:△ABC 中恰有两个点指向 D,设为 $B\to D$,$C\to D$,$D\to A$(图 1.18);或 △ABC 中恰有一个点指向 D,设为 $B\to D$,$D\to C$,$D\to A$(图 1.19).

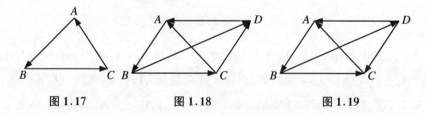

图 1.17　　　　图 1.18　　　　图 1.19

对于图 1.18,无 D 到 C 的长度不超过 2 的路;对于图 1.19,无 C 到 D 的长度不超过 2 的路,均矛盾.

(2) 若不存在有向三角形,则不妨设 $B\to A$,$B\to C$,$C\to A$(图 1.20).

考察点 D 与 A 之间的指向,由 A 可占优或间接占优 D,可知只能是 $A\to D$.又 △ACD 不能是有向三角形,所以必有 $C\to D$.

又无有向$\triangle ABD$,必有$B\to D$. 于是,无D到A的长度不超过2的路(图 1.21),矛盾.

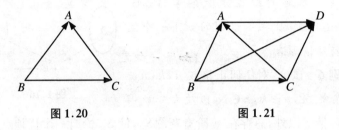

图 1.20　　　　　　　　图 1.21

当$k=4$,$n>4$时,合乎条件的图如图 1.22 所示.

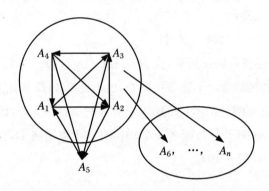

图 1.22

其中,$A_1\to A_2$,$A_2\to A_3$,$A_3\to A_4$,$A_4\to A_1$,$A_1\to A_3$,$A_4\to A_2$,$A_5\to A_1$,此外,A_2,A_3,$A_4\to A_5$,且对任何$A_i\in P$,$A_j\in Q$,$A_i\to A_j$,这里,$P=\{A_1,A_2,A_3,A_4\}$,$Q=\{A_6,A_7,\cdots,A_n\}$,而G中其他点之间的边任意指定方向,则G中恰有A_1,A_2,A_3,A_4为优顶点.

所以,$k=4$,$n>4$合乎条件.

当$k=1$时,令A占优其他所有点,则A是G中的唯一优顶点,$k=1$合乎条件.

当$k=3$时,令$A\to B$,$B\to C$,$C\to A$,此外,对G中其他任何顶

点 P，令 $A \to P, B \to P, C \to P$，则显然 G 中恰有 A, B, C 是优顶点，$k=3$ 合乎条件.

当 $k \geqslant 5$ 且 k 为奇数时，令 $k=2m+1$，对点 $A_1, A_2, \cdots, A_{2m+1}$，令 $A_i \to A_{i+1}, A_i \to A_{i+2}, \cdots, A_i \to A_{i+m}$，其中 $1 \leqslant i \leqslant 2m+1$，下标按模 $2m+1$ 理解. 此外，对 G 中其他任何顶点 $A_j (2m+2 \leqslant j \leqslant n)$，令 $A_1 \to A_j, A_2 \to A_j, \cdots, A_{2m+1} \to A_j$，则恰有 $A_1, A_2, \cdots, A_{2m+1}$ 是 G 的优顶点.

实际上，对 G 中任何顶点 $A_j (2m+2 \leqslant j \leqslant n)$，显然 A_j 不占优 A_1，也不间接占优 A_1，从而 A_j 不是 G 的优顶点. 此外，对 G 中任何顶点 $A_i (1 \leqslant i \leqslant 2m+1)$，我们可证明 A_i 是 G 的优顶点. 由对称性，我们只需证明 A_1 是 G 的优顶点.

考察 G 中任意一个顶点 $A_j (j \neq 1)$. 如果 $2 \leqslant j \leqslant m+1$ 或 $2m+2 \leqslant j \leqslant n$，则 $A_1 \to A_j$；如果 $m+2 \leqslant j \leqslant 2m+1$，则 $A_1 \to A_{m+1}$，且 $A_{m+1} \to A_j$，从而 A_1 是 G 的优顶点.

当 $k \geqslant 5$ 且 k 为偶数时，令 $k=2m$，对点 $A_1, A_2, \cdots, A_{2m}$，令 $A_i \to A_{i+1}, A_i \to A_{i+2}, \cdots, A_i \to A_{i+m-1}$，其中 $1 \leqslant i \leqslant 2m$，下标按模 $2m$ 理解. 再令 $A_i \to A_{i+m}$，其中 $1 \leqslant i \leqslant m$. 此外，对 G 中其他任何顶点 $A_j (2m+1 \leqslant j \leqslant n)$，令 $A_1 \to A_j, A_2 \to A_j, \cdots, A_{2m} \to A_j$，此时恰有 $A_1, A_2, \cdots, A_{2m}$ 是 G 的优顶点.

实际上，对 G 中任何顶点 $A_j (2m+2 \leqslant j \leqslant n)$，显然 A_j 不占优 A_1，也不间接占优 A_1，从而 A_j 不是 G 的优顶点. 此外，对 G 中任何顶点 $A_i (1 \leqslant i \leqslant 2m)$，我们可证明 A_i 是 G 的优顶点.

如果 $A \to B$，或者存在点 P，使 $A \to P, P \to B$，则称 A 不弱于 B. 我们先证明：对 $A_1, A_2, \cdots, A_{2m}$ 中任何两点 $A_i, A_j (1 \leqslant i < j \leqslant 2m)$，有 A_i 不弱于 A_j，且 A_j 不弱于 A_i.

不妨设 $A_1, A_2, \cdots, A_{2m}$ 均匀分布在一个圆周上，则 $A_i, A_j (1 \leqslant i < j \leqslant 2m)$ 必定处于该圆的一个半圆或一段劣弧上，于是，不妨假定

$i=1, j \leqslant m+1$.

如果 $j \leqslant m$，则 $A_1 \to A_j$，所以 A_1 不弱于 A_j. 又由 $j \leqslant m$ 知，$A_j \to A_{j+m}$，而 $A_{j+m} \to A_t$，其中 $t=j+m+1, j+m+2, \cdots, j+2m-1$，注意到 $j+m+1 \leqslant m+m+1=2m+1, j+2m-1 \geqslant 2m+1$，从而，$j+m+1, j+m+2, \cdots, j+2m-1$ 中必定有一个为 $2m+1$，于是 $A_{j+m} \to A_1$，所以 A_j 不弱于 A_1.

如果 $j=m+1$，则 $A_1 \to A_{m+1}$，所以 A_1 不弱于 A_{m+1}. 又 $A_{m+1} \to A_{2m}$，而 $A_{2m} \to A_1$，所以 A_{m+1} 不弱于 A_1.

下面证明所有点 $A_i(1 \leqslant i \leqslant 2m)$ 都是 G 的优顶点.

实际上，考察 G 中任意一个顶点 $A_j(j \neq i)$，如果 $2m+1 \leqslant j \leqslant n$，则 $A_1 \to A_j$. 如果 $1 \leqslant j \leqslant 2m$，则由上面的结论，$A_i$ 不弱于 A_j，从而 A_i 是 G 的优顶点.

所以，$k \geqslant 5$ 合乎条件.

综上所述，命题获证.

例7 试证：对任何凸 n 边形 $A_1 A_2 \cdots A_n$，都存在 $i(1 \leqslant i \leqslant n)$，使 $\triangle A_i A_{i+1} A_{i+2}$ 的外接圆覆盖凸 n 边形 $A_1 A_2 \cdots A_n$，其中规定当 $m>n$ 时，$A_m = A_{m-n}$.

分析与证明 过 $A_1, A_2, \cdots, A_n$ 中的任意 3 点作圆，共有有限个圆，设圆 O 是这些圆中半径最大的圆，其半径为 R，我们证明圆 O 覆盖凸 n 边形 $A_1 A_2 \cdots A_n$.

用反证法，假定圆 O 没有覆盖凸 n 边形 $A_1 A_2 \cdots A_n$，设圆 O 过顶点 A_i, A_j, A_k，而顶点 A_r 在圆 O 外（图 1.23），则顶点 A_r 在 $\triangle A_i A_j A_k$ 外，不妨设 A_j, A_r 位于直线 $A_i A_k$ 的异侧，则 $A_i A_j A_k A_r$ 是凸四边形.

连接 $A_i A_r$，交圆 O 于点 A，则 $\angle A_i A_r A_k < \angle A_i A A_k < \dfrac{\pi}{2}$.

考察过顶点 A_i, A_k, A_r 的圆，设其半径为 R'，则由正弦定

理,得
$$2R = \frac{A_iA_k}{\sin\angle A_iAA_k} < \frac{A_iA_k}{\sin\angle A_iA_rA_k} = 2R',$$
与圆 O 最大矛盾,所以圆 O 覆盖凸 n 边形 $A_1A_2\cdots A_n$.

假定 A_i, A_j, A_k 不是 3 个连续的顶点,不妨设 A_j, A_k 之间还有顶点 A_r,则由上面的证明,顶点 A_r 在圆 O 内.

连接 A_iA_r,交圆 O 于点 A(图 1.24),则 $\angle A_iA_rA_k > \angle A_iAA_k > \frac{\pi}{2}$. 进而
$$2R = \frac{A_iA_k}{\sin\angle A_iAA_k} < \frac{A_iA_k}{\sin\angle A_iA_rA_k} = 2R',$$
与圆 O 最大矛盾,所以 A_i, A_j, A_k 是 3 个连续的顶点.

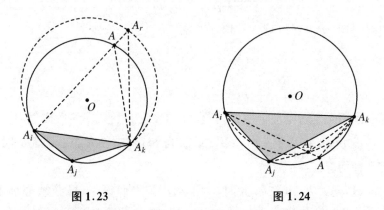

图 1.23　　　　　　　图 1.24

综上所述,命题获证.

例 8　设自然数列 $A_1, A_2, \cdots, A_{1997}$ 满足:对一切 $i, j \geqslant 1, i+j \leqslant 1997$,有 $A_i + A_j \leqslant A_{i+j} \leqslant A_i + A_{j+1}$. 求证:存在实数 x,使对一切 $1 \leqslant n \leqslant 1997$,有 $A_n = [nx]$.

分析与证明　首先注意到
$$A_n = [nx] \Leftrightarrow nx - 1 < A_n \leqslant nx < A_n + 1$$
$$\Leftrightarrow \frac{A_n}{n} \leqslant x < \frac{A_n + 1}{n},$$

最后这个不等式对 $n=1,2,\cdots,1997$ 都成立,于是 x 应该同时属于 1997 个区间 $\left[\dfrac{A_n}{n},\dfrac{A_n+1}{n}\right)$.

可以想象,如果 x 存在,则 x 应为 $\dfrac{A_n}{n}(n=1,2,\cdots,1997)$ 中的最大者. 于是,取 $x=\max\left\{\dfrac{A_n}{n}\right\}$,这样,只要证明对一切 $m\in\{1,2,\cdots,1997\}$,都有

$$\dfrac{A_m}{m}\leqslant \max\left\{\dfrac{A_n}{n}\right\}<\dfrac{A_m+1}{m},$$

这只需(因左边显然成立)证明

$$\max\left\{\dfrac{A_n}{n}\right\}<\dfrac{A_m+1}{m},$$

即对一切 $m,n\in\{1,2,\cdots,1997\}$,有

$$\dfrac{A_n}{n}<\dfrac{A_m+1}{m},$$

$$mA_n<nA_m+n. \qquad ①$$

利用数学归纳法证明式①. 当 $m=n=1$ 时,式①显然成立.

设 m,n 均小于 k 时,式①成立. 当 m,n 中较大的一个为 k 时,有 3 种情况:

(1) $n=k,m<k$. 此时,为了利用归纳假设,下标必须都小于 k,于是,将 n 用模 m 带余表示,利用余数 $r<m<k$.

设 $n=qm+r,0\leqslant r<m<k$,由题给的右边不等式,有

$$A_n=A_{qm+r}\leqslant A_{qm}+A_r+1\leqslant A_{(q-1)m}+A_m+A_r+2$$
$$\leqslant\cdots\leqslant qA_m+A_r+q.$$

因为 $r<m<k$,对 (m,r) 利用归纳假设,有

$$rA_m+r>mA_r,$$

所以

$$mA_n\leqslant mqA_m+mA_r+mq<mqA_m+rA_m+r+mq$$

$$= nA_m + mq + r = nA_m + n,$$

式①成立.

(2) $m = k, n < k$. 同样设 $m = qn + r, 0 \leqslant r < n < k$, 由题给的左边不等式, 有

$$A_m = A_{qn+r} \geqslant A_{qn} + A_r \geqslant \cdots \geqslant qA_n + A_r,$$

$$nA_m \geqslant nqA_n + nA_r,$$

$$nA_m + n \geqslant nqA_n + nA_r + n = mA_n - rA_n + nA_r + n > mA_n.$$

最后一步是因为 $r < n < k$, 对 (r, n) 利用归纳假设, 有 $nA_r + n > rA_n$, 式①成立.

(3) $m = n = k$. 此时, 式①显然成立.

综上所述, $x = \max\left\{\dfrac{A_n}{n}\right\}$ 满足题目要求, 命题获证.

1.2 复合元极端

当我们研究的原始对象本身不具有数量指标时, 常常需要构造复合元素, 使复合元具有某种数量指标, 进而找到具有极端指标的复合元素, 证明其复合元素中某个原始对象合乎条件.

例1 平面上给出 n 个不全共线的点, 求证: 存在一条直线 l, 它恰通过其中的两个点.

分析与证明 这是英国著名数学家西尔维斯特(J. J. Sylvester)在其逝世前不久提出的一个有趣的几何问题, 后被人们称为西尔维斯特定理. 这个貌似简单的问题, 却困扰过不少著名的数学家. 1933年, 伽莱(T. Gallai)给出了第一个证明, 但非常复杂. 不久之后, 另一个简单的证明被凯里(L. M. Kelly)发现了, 其证法就是利用极端性原理, 它的精妙之处在于构造"点线对"这样的复合元. 因为点本身没有数量指标, 直线也没有数量指标, 而以"点线对"为元素, 则其元素便具有数量指标: 点到直线的距离. 考察具有极端指标(最小距离)的点线

对,即可找到合乎要求的直线.

实际上,过其中每两点作直线,可得有限条直线,对其中任意一个已知点 P 和其中任意一条已知直线 l,记 $d(P,l)$ 为点 P 到直线 l 的距离.

因为 n 个点不全共线,任取其中一条直线 l,必存在 l 外的一个点 P,于是至少有一个这样的点线对 (P,l),使 $d(P,l)\neq 0$.

因为只有有限个点,所以只有有限条直线,于是点到直线的距离 $d(P,l)$ 也只有有限个,设 $d(P,l)$ 是最小的不为 0 的距离,我们证明直线 l 恰过其中两个已知点.

用反证法,假设 l 上有不少于 3 个题给的已知点,则过点 P 作直线 $PA \perp l$ 于点 A(图 1.25).由抽屉原理,在 A 的一侧(包括点 A)必有两个已知点,设为 M,N,其中 $AM<AN$(M 可能与 A 重合).

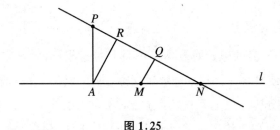

图 1.25

连接 PN,并过点 M 作直线 $MQ \perp PN$ 于点 Q,过点 A 作直线 $AR \perp PN$ 于点 R,则
$$MQ \leqslant AR < AP,$$
于是
$$d(M,PN) < d(P,l),$$
这与 $d(P,l)$ 最小矛盾.

综上所述,命题获证.

下面一个命题的证明与之有异曲同工之妙.

例 2 平面上 n 条互不平行的直线,它们两两相交的每一个交

点都至少是其中 3 条直线的公共点,求证:所有直线相交于一点.

分析与证明　用反证法,反设题给的 n 条直线不相交于同一点,则至少有两个互异的交点.

对其中任意一个交点 P 和其中任意一条直线 l,记 $d(P,l)$ 为点 P 到直线 l 的距离.

考察任意一个交点 P,因为 n 条直线不相交于同一点 P,所以 P 至少不在其中的某条直线上,即存在直线 l,使 $d(P,l)>0$.

因为只有有限条直线,所以只有有限个交点,于是点到直线的距离 $d(P,l)$ 也只有有限个,设 $d(P,l)$ 是最小的非零距离.

如图 1.26 所示,过点 P 作直线 $PA \perp l$ 于点 A,由于过点 P 至少作出了 3 条直线,且都不与 l 平行,此 3 条直线必与直线 l 交于 3 个不同的交点,由抽屉原理,其中必有两个点,设为 B,C,在 A 的一侧(包含点 A).

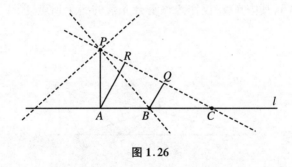

图 1.26

连接 PC,并过点 B 作直线 $BQ \perp PC$ 于点 Q,过点 A 作直线 $AR \perp PC$ 于点 R,则
$$BQ \leqslant AR < AP,$$
于是
$$d(B,PC) < d(P,l),$$
这与 $d(P,l)$ 最小矛盾.

例 3　在凸五边形 $ABCDE$ 的边和对角线中,任何两条线段都不

平行,延长 AB 和 CE,使之相交于某个点,然后在 AB 上标一个箭头,使之指向交点的方向(每条对角线都与相对的边相交,箭头指向交点),对其他边都照此标上一个箭头.求证:必有两个箭头指向五边形的同一个顶点.(1990 年 IMO 苏联集训队测试题)

分析与证明 本题要找到一个顶点,此点处汇集了两个箭头.

与顶点相关的元素最容易想到的是凸五边形的"边",但本题以"边"为元素找极端元却难以获解(读者可探索此路是否可通).

为了找到合适的复合元,我们先分析一下解题的目标特征,假设顶点 A 合乎条件,则 EA 指向 A,且 BA 指向 A.

由 EA 指向 A,有 B 到 EA 小于 D 到 EA 的距离;

由 BA 指向 A,有 E 到 AB 小于 C 到 AB 的距离.

能否将这两个较小的距离都集中到同一个复合对象上呢?也就是说,是否存在与 EA,AB 都接近的相关元素?由此想到这样的复合元 $\triangle EAB$,其中点 E 仅作为该复合元素的一个顶点(图 1.27).

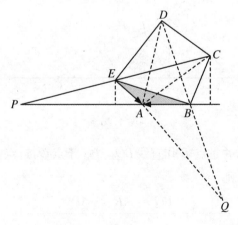

图 1.27

考察 5 个三角形:$\triangle ABC,\triangle BCD,\triangle CDE,\triangle DEA,\triangle EAB$,设其中面积最小的一个三角形为 $\triangle EAB$.

由 $S_{\triangle EAB} < S_{\triangle CAB}$，得 E 到 AB 小于 C 到 AB 的距离，所以 BA 指向 A；

由 $S_{\triangle EAB} < S_{\triangle DAE}$，得 B 到 EA 小于 D 到 EA 的距离，所以 EA 指向 A，即点 A 处汇集了两个箭头，证毕.

另证 用反证法，采用"循环夹逼"原理. 设 $A \to B \to C \to D \to E \to A$，则由 $A \to B$，有 E 到 AB 小于 C 到 AB 的距离，即
$$EA\sin\angle A > BC\sin\angle B.$$
同样有
$$AB\sin\angle B > CD\sin\angle C, \quad BC\sin\angle C > DE\sin\angle D,$$
$$CD\sin\angle D > EA\sin\angle E, \quad DE\sin\angle E > AB\sin\angle A.$$
以上 5 个不等式相乘，得 $1>1$，矛盾.

例 4 已知在某国可以买到任何整数分面值的邮票. 在一假日，一个数学家到该国，想将一张明信片按下述要求寄到新西兰，其上要贴至少 5 种不同面值的邮票，且从贴在明信片上的邮票中任取两枚，都能够在明信片上找到另两枚邮票，它们面值的和相等. 问：这个数学家至少要买几枚邮票？（2005 年新西兰数学奥林匹克选拔考试试题）

分析与解 因为邮票要满足任何两枚邮票面值的和都至少出现两次，所以可考虑以"面值和"作为复合元素，进而选取极端（最大或最小）"面值和"，由此确定"极端复合元"出现的最小次数.

记明信片上最小面值的邮票与次小面值的邮票的面值分别为 $a, b(a<b)$，考察 $a+b$，依题意，还有两枚邮票的面值和也为 $a+b$，这两枚邮票的面值不可能都大于 a，否则其面值和至少为 $2b > a+b$，矛盾. 从而必定有一个面值为 a，于是另一个面值为 b.

所以面值为 a,b 的邮票都至少出现两次.

再考虑两枚面值为 a 的邮票，其面值和为 $2a$，依题意，还有两枚邮票的面值和也为 $2a$，显然，这两枚邮票的面值只能都为 a，所以面

值为 a 的邮票至少出现 4 次.

由对称性,面值最大的邮票至少出现 4 次,面值次大的邮票至少出现两次.

由于至少有 5 种面值的邮票,所以至少还含有另一种邮票 1 枚,所以邮票总数

$$S \geq 2 \cdot (4+2) + 1 = 13.$$

从等号成立的条件入手,并取邮票面值尽可能小,则取 13 枚邮票的面值分别为 $1,1,1,1,2,2,3,4,4,5,5,5,5$,这 13 枚邮票合乎要求,从而邮票总数的最小值为 13,故这个数学家至少要买 13 枚邮票.

例 5 是否存在有限数集 A,对 A 中任何两个不同的复数 x, y,都存在 A 中另外两个不同的复数 x', y',使 $x+y = x'+y'$?(第 41 届莫斯科数学奥林匹克试题)

分析与解 先尝试构造合乎题目要求的有限集合 A,可取一些比较简单的复数来尝试构造.

比如,取 $i, 1+i \in A$,这时 A 中还需要另外两个复数 a, b,使得 $a+b = i+(1+i)$,如此下去,似乎 A 应为无限集,于是我们猜想结论是否定的.

下面证明不存在满足题设条件的有限集 A,也就是说,对任何有限集 A,都存在 A 中两个"特定的"不同的复数 x, y,使对 A 中其他任何两个不同的复数 x', y',有

$$x+y \neq x'+y'. \qquad ①$$

要使两个"特定的"复数的和不与另外任何两个复数的和相等,容易想到找"和"最大的两个复数为"特定的"复数,但复数的"和"不一定有大小,所以应取"和"的模最大的两个复数.

首先,考察 A 中任两个不同的复数的和,只有有限个这样的和,必存在两个不同的复数 x, y,使 $|x+y|$ 最大.

假设结论①不成立,则 A 中存在另外的两个不同复数 x', y',使

$$x + y = x' + y' \qquad ②$$

下面从整体上估计 $|x + x' + y + y'|$. 一方面

$$|x + x' + y + y'| = |(x + x') + (y + y')|$$
$$\leqslant |x + x'| + |y + y'|$$
$$\leqslant |x + y| + |x + y| = 2|x + y|. \qquad ③$$

另一方面

$$|x + x' + y + y'| = |(x + y) + (x' + y')| = 2|x + y|,$$

于是不等式③等号成立,从而

$$|x + x'| = |y + y'| = |x + y|, \qquad ④$$

且 $x + x', y + y'$ 同向,或 $(x + x')(y + y') = 0$.

若 $(x + x')(y + y') = 0$,不妨设 $x + x' = 0$,代入式④,得 $x + y = 0$,与 $|x + y|$ 最大矛盾;

若 $x + x', y + y'$ 同向,又它们的模相等,所以

$$x + x' = y + y'. \qquad ⑤$$

②+⑤,得 $x = y'$,矛盾.

综上所述,不存在合乎条件的有限数集.

例6 在一个圆周上给定了有限多个圆弧,每一对圆弧都至少有一个共同点. 求证:存在一条通过圆心的直线与这些圆弧都相交.

分析与证明 怎样的直线 l 才会和所有弧都相交?最容易想到的是找与目标元素(直线 l)相关的极端对象:最难被直线 l 穿过的"弧"是最小弧. 但此时不容易利用条件"每一对圆弧都至少有一个共同点".

将上述极端元进行改造,使之容易利用条件"每一对圆弧都至少有一个共同点",考察任意一个弧对(α, β),构造它们的交 $\alpha \cap \beta$ 为复合元素. 显然,如果 l 穿过复合元素 $\alpha \cap \beta$,则 l 与弧 α, β 都相交.

考察最难穿过的"复合元"$\alpha \cap \beta$,想到取极端对象 $\alpha \cap \beta$ 最小,我们猜想,当 l 穿过最小的"复合元"$\alpha \cap \beta$ 时,l 与所有弧有公共点.

为了使讨论简化,我们只选取部分对象,去掉那些显然与 l 相交的对象.

如果题中所给的弧有超过开半圆的圆弧,则这样的圆弧与任何过圆心的直线 l 都相交.去掉所有这样的圆弧(以保证后面的对径点不在同一段弧上),剩下的每段弧都包含在一个开半圆中,此时两个圆弧的公共部分是一个劣弧或一个点.

设两段弧 $\overparen{AB}$ 和 $\overparen{CD}$ 的交是最小的,则有以下两种情况:

(1) 如果两段弧 $\alpha = \overparen{AB}$ 和 $\beta = \overparen{CD}$ 的交 $\alpha \cap \beta$ 是一个点,则 B,C 重合为一个点(图 1.28),设该点为 X,我们证明直线 OX 合乎要求.

实际上,考察任一给定的弧 γ,如果弧 γ 包含点 X,则 OX 与弧 γ 相交.

如果弧 γ 不包含点 X,设 X 的对径点为 X_0,则由于 $\overparen{AB},\overparen{CD}$ 都是劣弧,从而 X_0 不属于 $\overparen{AB}$,也不属于 $\overparen{CD}$,因而 X_0 属于不含点 X 的 $\overparen{AD}$.

而弧 γ 与 $\overparen{AB}$、$\overparen{CD}$ 都相交,从而弧 γ 含有 X 两侧的各一个点,所以弧 γ 包含整个(不含点 X 的)$\overparen{AD}$,故弧 γ

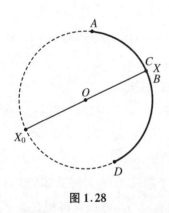

图 1.28

包含点 X_0,即 OX 与弧 γ 相交于点 X_0.

(2) 如果两段弧 $\alpha = \overparen{AB}$ 和 $\beta = \overparen{CD}$ 的交 $\alpha \cap \beta$ 是一段弧 $\gamma = \overparen{BC}$(图 1.29),则取 $\overparen{BC}$ 中的一个点 X,我们证明直线 OX 合乎要求.

实际上,考察任一给定的弧 δ,如果弧 δ 包含点 X,则 OX 与弧 δ 相交.

如果弧 δ 不包含点 X,则易知弧 δ 与弧 $\gamma = \overparen{BC}$ 无公共点.

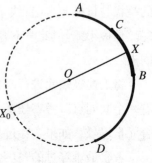

图 1.29

1 目标极端

否则,弧 δ 与弧 $\gamma = \overparen{BC}$ 有公共点,而弧 δ 不包含点 X,从而不能包含整个弧 $\gamma = \overparen{BC}$,只能是弧 δ 的一个端点,比如 Y,在弧 $\gamma = \overparen{BC}$ 上,此时,或者弧 δ 与弧 $\beta = \overparen{CD}$ 的交为 $\overparen{CY} < \overparen{BC}$,或者弧 δ 与弧 $\alpha = \overparen{AB}$ 的交为 $\overparen{BY} < \overparen{BC}$,都与弧 $\gamma = \overparen{BC}$ 最小矛盾,所以弧 δ 与弧 $\gamma = \overparen{BC}$ 无公共点.

设 X 的对径点为 X_0,则因为 $X \in (\overparen{AB} \cap \overparen{CD})$,而 $\overparen{AB}, \overparen{CD}$ 都是劣弧,所以 X_0 不属于 $\overparen{AB} \cup \overparen{CD}$,于是 X_0 属于不含点 X 的 $\overparen{AD}$.

而弧 δ 与弧 $\alpha = \overparen{AB}$、弧 $\beta = \overparen{CD}$ 都相交,又与弧 $\gamma = \overparen{BC}$ 无公共点,从而弧 δ 含有弧 $\gamma = \overparen{BC}$ 两侧的各一个点,所以弧 δ 包含整个(不含点 X 的)$\overparen{AD}$,从而弧 δ 包含点 X_0,即 OX 与弧 δ 相交于点 X_0.

综上所述,命题获证.

将上述问题推广到空间,则得到如下的例题.

例 7 给定平面有限个凸图形,每一对图形都有一个共同点. 试证:对该平面上每一个点 O,存在一条通过点 O 的直线与所有图形都相交.

分析与证明 在平面上任取一点 O,过点 O 作直线 l. 从个体突破,考察某个图形 Ω,当 l 在怎样的位置范围时,l 与图形 Ω 相交?

这个问题的结论是非常明显的:过点 O 作图形 Ω 的两条支撑线 a, b,使图形 Ω 介于 a, b 之间,则当 l 介于 a, b 之间时,l 必与图形 Ω 相交.

由此可见,若 l 必与所有图形 Ω_i 都相交,则 l 应介于各图形 Ω_i 的支撑线对 a_i, b_i 之间.

用适当的对象来刻画直线 l 的位置范围:由于"l 介于各图形 Ω_i 的支撑线对 a_i, b_i 之间"的描述比较别扭(特别是当有多个图形 Ω_i 时),我们用如下的等价形式来代替:

以点 O 为中心任作一个圆 K,图形 Ω_i 的支撑线对 a_i, b_i 在圆 K 上截取了一段弧 α_i,这样一来,我们只需所作直线 l 与所有的弧 α_i

都相交(图 1.30).

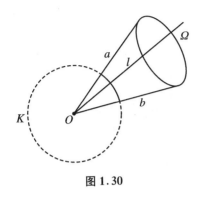

图 1.30

显然 α_i 即是图形 Ω_i 在圆 K 上以点 O 为中心的投影. 也就是说,如果 Ω_i 是其中一个给定的图形,我们按下述方法在圆 K 上作一段弧 α_i 与其对应:设 X 是 Ω_i 上任意一点,作射线 $\overrightarrow{OX}$,当 X 取遍 Ω_i 中的所有点时,这些射线与圆 K 的交点的集合记为 α_i,显然 α_i 为圆 K 的一段弧或整个圆周.

考察任意两段弧 α_i,α_j,设它们是 Ω_i,Ω_j 在圆 K 上的投影. 根据条件,Ω_i,Ω_j 有公共点,取一个公共点 P_{ij},设 P_{ij} 在圆 K 上的投影为 Q_{ij},由于 $P_{ij} \in \Omega_i$,所以 $Q_{ij} \in \alpha_i$,同理,$Q_{ij} \in \alpha_j$,于是,α_i,α_j 有公共点 Q_{ij}.

由上题的结论,存在过点 O 的直线 l 与所有的弧 α_i 都相交,从而 l 与所有图形 Ω_i 都相交,命题获证.

1.3 特征值极端

有些问题中,我们需要找到具有某种性质的一种状态,而状态可由若干个基本对象确定,对每一个基本对象,它都对应一个参数,从而状态可由若干个参数确定. 此时,我们需要对这些参数定义一个运算,建立若干参数与某种数值的对应,我们称这个数值为状态的特征值,然后找到具有极端特征值的状态,证明其合乎题目要求.

例 1 平面上给定 n 个红点、n 个蓝点,每两个异色点之间连一线段,共得到 n 条"异色"线段,求证:存在一种连法,使 n 条异色线段互不相交.

分析与证明 本题的目标是找到一种合乎条件的"连法",它实质上是 n 条"异色"线段构成的一种状态,这个状态含有的多个参数是每一条"异色"线段的长度,下面思考如何定义状态的特征值,使具有极端特征值的状态合乎要求.

考虑任一种连法 P,为了证明其合乎要求,可考虑反证法,假设 P 不合乎要求,然后导出与 P 为极端状态矛盾.

所谓 P 不合乎要求,即状态 P 中有两条异色线段 AB,CD 相交,设交点为 O.在此基础上,我们来改变部分线段的连接方式,产生新的状态:去掉这两条相交线段 AB,CD,而换成另两条线段 AC,BD.

考察此时状态对应的何种数值发生了改变,容易发现

$$AB + CD = (AO + OB) + (CO + OD)$$
$$= (AO + OC) + (BO + OD) > AC + BD,$$

即线段长度之和减小.

由此可见,若对连法 P 定义一种运算:记 $d(P)$ 为 P 中 n 条异色线段的长度之和(特征值),并设 P 是使 $d(P)$ 最小的一种连法,则 P 合乎要求.

实际上,由于只有有限个点,所以只有有限种连法,必有一种连法 P,使 $d(P)$ 最小,下面证明连法 P 合乎条件.

若连法 P 中有两条异色线段 AB,CD 相交于点 O,则将线段 AB,CD 去掉,换成线段 AD,BC,得到一种新的连法 P',由于

$$AD + BC < AB + CD,$$

所以 $d(P') < d(P)$,这与 $d(P)$ 的最小性矛盾.

综上所述,命题获证.

例 2 在四面体 $ABCD$ 中,求证:必有从某个顶点出发的 3 条棱,它们可以构成一个三角形.

分析与证明 四面体的顶点没有数量指标,但同一顶点引出的 3 条棱却有数量指标:长度.于是,对每一个顶点 X,记 $d(X)$ 为从顶点

X 引出的 3 条棱的长度的和,设 $d(A)$ 最大,我们证明从点 A 出发的 3 条棱可以构成一个三角形.

由对称性,只需证明 $AC + AD > AB$.

实际上,由 $d(A) \geqslant d(B)$,得
$$AB + AC + AD \geqslant BA + BC + BD,$$
所以
$$AC + AD \geqslant BC + BD. \quad ①$$
再注意到条件:$AC + BC > AB$,$AD + BD > AB$,两式相加,得
$$(AC + BC) + (AD + BD) > 2AB,$$
结合式①,有
$$2AB < (AC + BC) + (AD + BD) \leqslant 2(AC + AD),$$
所以 $AC + AD > AB$.

由对称性,有 $AB + AC > AD$,$AB + AD > AC$,从而 AB,AC,AD 构成三角形.

例 3 有 n 个人 $A_1, A_2, \cdots, A_n$,记 A_i 认识其中的人的个数为 x_i,求证:可以将这 n 个人分为两组,使得每一个人 A_i 在另一组认识的人数 $y_i \geqslant \dfrac{1}{2} x_i$.

分析与证明 令 $X = \{A_1, A_2, \cdots, A_n\} = P \cup Q$,其中 $P \cap Q = \varnothing$,则得到一种分组状态,记为 (P, Q).

为了使对所有 i,有 $y_i \geqslant \dfrac{1}{2} x_i$,应使分组后每个人在另一组中认识的人的个数尽可能多,但不一定每一个 y_i 都同时达到最大,只需保证各 y_i 在整体上达到最大,所以应考虑各 y_i 的和,由此定义状态的特征值.

对每一种分法 (P, Q),令
$$S(P, Q) = \sum_{i=1}^{n} y_i,$$

由于只有 n 个人，分为两组只有有限种分法，则必有一种分法 (P, Q)，使 $S(P, Q)$ 最大，我们证明此时的分法 (P, Q) 合乎条件.

用反证法，假设有某个人 A_j，使 $y_j < \frac{1}{2} x_j$，不妨设 A_j 在组 P 中. 今将 A_j 放到 Q 中去，其余的人不动，得到另一种新的分法：
$$(P', Q') = (P \setminus \{A_j\}, Q \cup \{A_j\}).$$
我们来计算 $S(P', Q'), S(P, Q)$ 到 $S(P', Q')$ 的增量包括两个方面：一方面是 A_j 之外所有人的指标增量和，另一方面是 A_j 的指标增量.

首先，考察 A_j 以外的其他人的指标增量，对于分法 (P, Q)，A_j 在 Q 中认识 y_j 人，当 A_j 调到这些人所在的组 Q 之后，Q 中每一个人在另一组中认识的人都减少 1，一共减少了 y_j；又 A_j 在 P 中认识 $x_j - y_j$ 人，当 A_j 从 P 调到另一组之后，P 中每一个人在另一组 Q 中认识的人都增加 1，一共增加了 $x_j - y_j$，于是 A_j 外所有人的指标增量和为 $-y_j + (x_j - y_j) = x_j - 2y_j$.

其次，考察 A_j 的指标增量，A_j 在另一组 Q 中认识的人减少了 y_j，增加了 $x_j - y_j$. 于是，$S(P', Q')$ 在 $S(P, Q)$ 的基础上增加了
$$2(x_j - y_j) - 2y_j = 2(x_j - 2y_j) > 0,$$
所以 $S(P', Q') > S(P, Q)$，矛盾.

综上所述，命题获证.

例 4 给定 $S = \{z_1, z_2, \cdots, z_{1993}\}$，其中 $z_1, z_2, \cdots, z_{1993}$ 是非零复数(可以看作复平面上的非零复数). 求证：可以把 S 中的元素分为若干组，使得：

(1) S 中每个元素属于且只属于其中的一组；

(2) 每一组中的任意一个复数与该组中所有复数之和的夹角不大于 $90°$；

(3) 将任意两组中的复数分别求和,则所得的两个和对应的复数之间的夹角大于 $90°$.

(1993 年中国数学奥林匹克试题)

分析与证明 本题是 1993 年的 CMO 试题,它是当年得分率最低的一道试题,由于参赛选手中很少有人做出此题,所以阅卷时放宽了评分要求:对于没有论述累次极端是否可以进行到底,而是笼统采用"如此下去……"的叙述的解答也照样给满分.

首先要注意如下的事实:

若复数 x,y 的夹角 $\leqslant 90°$,则 $x+y$ 是 $x,y,x+y$ 中的最大边(图 1.31),从而

$$|x+y|>|x|, \quad |x+y|>|y|.$$

若复数 x,y 的夹角 $\geqslant 90°$,则 $x-y$ 是 $x,y,x-y$ 中的最大边(图 1.32),从而

$$|x-y|>|x|, \quad |x-y|>|y|.$$

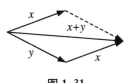

图 1.31

图 1.32

再注意到解题目标是得到若干复数的一种分组(状态),而每一个组中都含有若干个复数,为了便于取极端对象,因而应对每一个组的复数定义一个特征值.注意到分组需满足的条件中涉及同一组中各个复数的和,所以其特征值便可定义为该组中所有复数的"和",然后取模使之具有大小,由此选取极端元.

对 S 的任何非空子集 X,用 $d(X)$ 表示 X 中各元素的和,记使 $|d(X)|$ 最大的一个子集 X 为 S_1.

(I) 若 $S_1=S$,则结论成立.

实际上，条件(1)和(3)显然满足.

其次，易知 $d(S_1)\neq 0$，否则 $|d(\{z_1\})|=|z_1|>0=|d(S_1)|$，与 $|d(S_1)|$ 的最大性矛盾. 于是，若存在 $z\in S_1$，使 $d(S_1)$ 与 z 的夹角大于 $90°$，则 $d(S_1)-z$ 对应的线段是相应三角形的最大边，有
$$|d(S_1)-z|>|d(S_1)|,\quad \text{即}\quad |d(S_1\setminus\{z\})|>|d(S_1)|,$$
这与 $|d(S_1)|$ 的最大性矛盾，从而条件(2)满足.

（Ⅱ）若 $S_1\subset S$，令 $T_1=S\setminus S_1\neq\varnothing$，设 T_1 的非空子集中，和的模最大的一个子集为 S_2.

（ⅰ）若 $S_1\cup S_2=S$，则结论成立.

实际上，同上可证 S_2 满足(2)，于是只需证 S_1,S_2 满足(3).

反设 $d(S_1),d(S_2)$ 的夹角不大于 $90°$，则
$$|d(S_1)|<|d(S_1)+d(S_2)|,$$
即
$$|d(S_1)|<|d(S_1\cup S_2)|,$$
这与 $|d(S_1)|$ 的最大性矛盾.

（ⅱ）若 $S_1\cup S_2\subset S$，则令 $T_2=S\setminus(S_1\cup S_2)\neq\varnothing$，设 T_2 的非空子集中，和的模最大的一个子集为 S_3.

由上可知，S_3 满足(ⅱ)，下面证明 S_1,S_2,S_3 满足(3).

实际上，同上所证，$d(S_1),d(S_2)$ 的夹角大于 $90°$.

同样考虑集合 $S\setminus S_1$，有 $d(S_2),d(S_3)$ 的夹角大于 $90°$.

再考虑集合 $S\setminus S_2$，则 S_1 必是 $S\setminus S_2$ 的子集中和的模最大者，若 $d(S_1),d(S_3)$ 的夹角不大于 $90°$，则
$$|d(S_1)|<|d(S_1)+d(S_3)|,$$
即
$$|d(S_1)|<|d(S_1\cup S_3)|,$$
这与 $|d(S_1)|$ 的最大性矛盾.

最后，我们证明 $S_1\cup S_2\cup S_3=S$.

否则,进一步又可得到 S_4,类似可以证明:$d(S_1),d(S_2),d(S_3),d(S_4)$ 两两间的夹角大于 $90°$,在平面内这是不可能的.

综上所述,命题获证.

例5 设 $a_1,a_2,\cdots,a_n(n\geqslant 1)$ 是给定的 n 个实数.求证:存在实数 $b_1,b_2,\cdots,b_n$ 满足下列条件:

(1) 对任何的 $1\leqslant i\leqslant n$,a_i-b_i 是正整数;

(2) $\sum\limits_{1\leqslant i<j\leqslant n}(b_i-b_j)^2\leqslant \dfrac{n^2-1}{12}$.

(2006 年中国国家集训队试题)

分析与证明 显然,题目中"正整数"可以改成"整数",因为我们可以将各 b_i 同时减去一个充分大的正整数,结论不变.

对 n 元实数组 $x=(x_1,\cdots,x_n)$,定义 x 的特征值为
$$D(x)=\sum_{1\leqslant i<j\leqslant n}(x_i-x_j)^2.$$

对 $a=(a_1,\cdots,a_n)$,$b=(b_1,\cdots,b_n)$,如果对任何 $i=1,2,\cdots,n$,都有 $a_i-b_i\in \mathbf{Z}$,就称 a 与 b 同尾数,记为 $a\equiv b$.

现在对固定的数组 a,考虑所有满足与 a 同尾数的数组 b,由 D 的平移不变性(每个分量同时加上一个相等的常数,D 的值不变),不妨设 a,b 的第一个分量相等,即 $b_1=a_1$.由于当任何一个 b_i 无界增长时 $D(b)$ 也无界增长,而所有 b_i 都有界的 b 仅有有限个,故存在一个 b,使 a 与 b 同尾数,且 $D(b)$ 最小.

设 $b=(b_1,\cdots,b_n)$ 是合乎上述要求的一个数组,且由对称性不妨设 $b_1\geqslant b_2\geqslant \cdots \geqslant b_n$,记 $\sum\limits_{j=1}^{n}b_j=S$,则
$$D(b)=n\sum_{j=1}^{n}b_j^2-S^2.$$

对 $1\leqslant k\leqslant n$,定义
$$b^{(k)}=(b_1-1,b_2-1,\cdots,b_k-1,b_{k+1},\cdots,b_n),$$
则

$$b^{(k)} \equiv b \equiv a.$$

由 $D(b)$ 的最小性,有 $D(b) \leqslant D(b^{(k)})$,直接计算可得

$$n\sum_{j=1}^{n} b_j^2 - S^2 \leqslant n\Big(\sum_{j=1}^{n} b_j^2 - 2\sum_{j=1}^{k} b_j + k\Big) - (S-k)^2$$

$$\Leftrightarrow \sum_{j=1}^{k} b_j \leqslant \frac{nk + 2Sk - k^2}{2n} = \sum_{j=1}^{k} c_j,$$

其中 $c_j = \dfrac{2S+n-2j+1}{2n}(1 \leqslant j \leqslant n)$.上式对一切 $1 \leqslant k \leqslant n$ 成立,又 $b_1 \geqslant b_2 \geqslant \cdots \geqslant b_n$,由钟开莱不等式知

$$\sum_{j=1}^{n} b_j^2 \leqslant \sum_{j=1}^{n} c_j^2 = \sum_{j=1}^{n}\Big(\frac{2S+n-2j+1}{2n}\Big)^2,$$

化简得

$$\sum_{j=1}^{n} b_j^2 \leqslant \sum_{j=1}^{n}\Big(\frac{2S+n-2j+1}{2n}\Big)^2 = \frac{1}{n}S^2 + \frac{n^2-1}{12n},$$

因此

$$D(b) = n\sum_{j=1}^{n} b_j^2 - S^2 \leqslant \frac{n^2-1}{12},$$

又 $a \equiv b$,故结论成立.

注 钟开莱不等式的证明:

记 $S_k = \sum_{j=0}^{k}(c_j - d_j) \geqslant 0 (0 \leqslant k \leqslant N)$,因为 $d_0 > d_1 > \cdots > d_N > 0$,由阿贝尔(Abel)恒等式,有

$$\sum_{j=0}^{N} c_j d_j - \sum_{j=0}^{N} d_j^2 = \sum_{j=0}^{N}(c_j - d_j)d_j$$

$$= \sum_{k=0}^{N-1} S_k(d_k - d_{k+1}) + S_N d_N \geqslant 0.$$

于是

$$\sum_{j=0}^{N} c_j d_j \geqslant \sum_{j=0}^{N} d_j^2.$$

再由柯西不等式,有

$$\sum_{j=0}^{N} c_j^2 \geqslant \left(\sum_{j=0}^{N} c_j d_j\right)^2 \left(\sum_{j=0}^{N} d_j^2\right)^{-1} \geqslant \sum_{j=0}^{N} d_j^2.$$

例 6 设 n 是正整数,$W = \cdots x_{-1} x_0 x_1 x_2 \cdots$ 是一个由字母 a,b 组成的无穷周期字母列,且 W 的最小正周期 $N > 2^n$。在 W 中,若存在下标 $k, r (k \leqslant r)$,使 $U = x_k x_{k+1} \cdots x_r$,则称有限非空字母列 U 是 "出现的";若 4 个字母列 Ua, Ub, aU, bU 都是 "出现的",则称有限字母列 U 是 "无所不在的"。试证:至少存在 n 个无所不在的有限非空字母列。(2011 年 IMO 预选题)

分析与证明 显然,只需考虑非空的字母列。对于任意长为 m 的字母列 R,称 R 与 W 的字母列 $x_{i+1} x_{i+2} \cdots x_{i+m}$ 相同的 $i(i \in \{1, 2, \cdots, N\})$ 的个数为 R 的 "吻合度",记为 $w(R)$,则 R 在 W 中出现当且仅当 $w(R) > 0$。

对于 W 的任何一个字母列,它前后相邻的两个字母只能是 a 或 b,从而,R 在 W 中出现,等价于 Ra, Rb 之一在 W 中出现,或 aR, bR 之一在 W 中出现,即

$$w(R) = w(Ra) + w(Rb) = w(aR) + w(bR). \qquad ①$$

首先证明:每一个长度为 N 的字母列的吻合度只能是 0 或 1。

实际上,反设有一个长度为 N 的字母列在 W 中至少出现两次,设其中两次对应的 W 的两个字母列为

$$(x_{i+1}, x_{i+2}, \cdots, x_{i+N}) = (x_{j+1}, x_{j+2}, \cdots, x_{j+N}),$$

其中 $1 \leqslant i < j \leqslant N$,由于 N 是 W 的周期,那么,对任何整数 a,有 $x_{i+a} = x_{j+a}$,于是,$j - i$ 也是 W 的周期,与 N 是最小正周期矛盾。

考虑两种长度为 1 的字母列 a, b,显然

$$w(a) + w(b) = N > 2^n,$$

于是,$w(a), w(b)$ 中至少有一个大于 2^{n-1}。

对每一个 $k \in \{0, 1, 2, \cdots, n-1\}$,都这样选定一个极端对象:设

U_k 是 W 的子字母列,其吻合度大于 2^k,且其长度是满足这些条件中的子字母列中最大的.下面证明 n 个极端对象 $U_0, U_1, U_2, \cdots, U_{n-1}$ 合乎要求.

实际上,对某一个固定的 $k \in \{0, 1, 2, \cdots, n-1\}$,因为字母列 $U_k b$ 比 U_k 长,由 $|U_k|$ 的最大性,有
$$w(U_k b) \leqslant 2^k < w(U_k).$$

由于 $w(U_k) \geqslant 2^k + 1$,$w(U_k b) \leqslant 2^k$,结合式①可知,$U_k a$ 是出现的,同理,$U_k b, a U_k, b U_k$ 都是出现的,即字母列 U_k 是无所不在的.

此外,若 $w(U_k)$ 大于 2^{k+1},则由式①知,$w(U_k a), w(U_k b)$ 中至少有一个大于 2^k,这与 U_k 的最大性矛盾.

所以对任何 $k \in \{0, 1, 2, \cdots, n-1\}$,有
$$2^k < w(U_k) \leqslant 2^{k+1},$$
于是
$$w(U_0) \leqslant 2 < w(U_1) \leqslant 2^2 < w(U_2) \leqslant 2^3 < \cdots$$
$$\leqslant 2^{n-1} < w(U_{n-1}).$$

这表明,$U_0, U_1, U_2, \cdots, U_{n-1}$ 是不同的非空字母列,且它们都是无所不在的,从而命题获证.

习 题 1

1. 黑板上写有若干个实数,其中每个数的平方均大于其他任何两个数的积.试问:黑板上最多写有几个数?(2012 年俄罗斯数学奥林匹克试题)

2. 平面上有 n 个点,其中任何 3 个点构成的三角形面积不大于 1.求证:可以作一个面积不大于 4 的三角形,使这 n 个点都在这个三角形内或边界上.

3. 设在空间给出 20 个点,其中某些点涂黄色,其余点涂红色.

已知在任何一个平面上同色点不超过 3 个. 求证:存在一个四面体,它的四个顶点同色,且至少有一个侧面内不含异色点. (1990 年希望杯高一试题)

4. 已知向量 $a_1, a_2, \cdots, a_n$ 的模均不大于 1. 试证:可将向量分成两组(两组之一可为空),使 $\||S|-|T|\| \leqslant 1$,其中 S, T 分别为两组中各向量之和.

5. 设 n 是大于 2 的自然数,又 $a_1 < a_2 < a_3 < \cdots < a_k$ 是小于 n 且与 n 互质的全体自然数. 证明:这 k 个自然数中一定有一个为质数.

6. 对平面上的任何凸 n 边形 $A_1 A_2 \cdots A_n$ 及内部任何点 P,求 $\angle PA_i A_{i+1} (1 \leqslant i \leqslant n)$ 的最小值的最大值,其中 $A_{n+1} = A_1$.

7. 证明:n 阶竞赛图 G 中有唯一优顶点的充要条件是 G 中有出度为 $n-1$ 的点.

8. 在 $m \times n$ 棋盘中每个方格都填一个实数,每次操作改变棋盘中一行或一列数的符号. 求证:可以通过有限次操作,使表中任意一行、任意一列的数的和都为非负数. (第 1 届全俄数学奥林匹克试题)

9. 某次体育比赛中,每两个选手都比一场,且无平局,比赛结束后,确定优秀选手. 选手 A 确定为优秀选手的条件是:对任何其他选手 B,要么 A 胜 B,要么存在选手 C,使 A 胜 C 且 C 胜 B(简称 A 间接胜 B). 求证:若存在唯一的优秀选手,则优秀选手胜其他的所有选手.

10. n 个选手参加一次体育比赛,每两个人比赛一次,没有平局,如果某个选手胜或间接胜其他所有选手,则称为优秀选手. 求证:若 A 不是优秀选手,则存在优秀选手 B,使 A 未胜 B,也未间接胜 B.

11. 设 G 是 $2n$ 阶简单图,它每个顶点的度至少是 n. 求证:G 中存在完全匹配.

12. 某地区的网球俱乐部有 20 名成员,他们举行了 14 场单打比

赛,每个人至少比赛了一场.求证:其中有 6 场比赛,其 12 个参赛者各不相同.(第 18 届美国数学奥林匹克试题)

习题 1 解答

1. 最多写有 3 个数.反设至少写有 4 个数,设 a 是其中绝对值最小的数,则其他数都不为 0,否则,设 $b=0$,又由 $|a|$ 的最小性,有 $a=0$,再另取一个数 c,依条件,有 $0=a^2>bc=0$,矛盾.于是,除 a 外的至少 3 个数中必定有两个数同号,设为 bc,那么,依条件,有 $0=a^2>bc>0$,于是,$|a|^2>|b|\cdot|c|$,不妨设 $|b|>|c|$,则 $|a|>|c|$,与 $|a|$ 最小矛盾.最后,1,2,-2 合乎条件,从而最多写有 3 个数.

2. 关键是如何利用条件"任何 3 个点构成的三角形面积不大于 1".考察所有 3 点组构成的三角形,在其中取定一个三角形,其面积不大于 1,然后可扩充 3 个这样的三角形,得到一个"大三角形",则"大三角形"的面积不大于 4.

现在的问题是,如何保证"大三角形"覆盖所有的点? 这就希望"大三角形"尽可能大,这等价于最初取定的三角形尽可能大.由此可见,最初应取面积最大的三角形.

因为只有有限个(C_n^3个)三角形,其中必定有一个三角形的面积最大,设为 $\triangle ABC$.

分别过点 A,B,C 作与对边平行的直线,3 条直线交成一个 $\triangle PQR$(图 1.33).

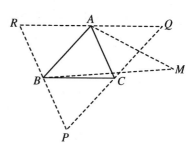

图 1.33

我们证明 $\triangle PQR$ 合乎条件.首先,$S_{\triangle PQR}=4S_{\triangle ABC}\leqslant 4\cdot 1=4$.其次,如果有一个点,比如 M,在 $\triangle PQR$ 外,不妨设 M 与 $\triangle PQR$ 分别位于直线 PQ 的两侧,连接

MA,MB,则 M 到 AB 的距离大于 C 到 AB 的距离,所以 $S_{\triangle MAB} > S_{\triangle ABC}$,这与 $\triangle ABC$ 是面积最大的三角形矛盾.

3. 将 20 个点归入两种颜色之一,其中必有四点同色. 由已知,它们不在一个平面上,因而组成一个四面体. 这种四个顶点同色的四面体仅有有限多个,设其中以 V 的体积为最小. 若 V 的每个侧面均含一个与顶点异色的点,则这四点组成一个体积小于 V 的四面体,这是不可能的. 因此 V 至少有一个侧面不含与顶点异色的点.

4. 因为 (S,T) 只有有限多组,不妨设当 $S = a_1 + a_2 + \cdots + a_k$, $T = a_{k+1} + a_{k+2} + \cdots + a_n$ 时,$\||S|-|T|\|$ 最小,且 $|T| \geq |S|$,下面证明 $\||S|-|T|\| \leq 1$.

假设 $|T|-|S|>1$,又记 $S_i = a_1 + a_2 + \cdots + a_i (k \leq i \leq n)$,$T = a_{i+1} + a_{i+2} + \cdots + a_n$,则 $T = T_k$, $S = S_k$. 若 $|T_{k+1}| \leq |S_{k+1}|$,则因

$$|T_{k+1}| \geq |T_k| - |a_{k+1}| \geq |T_k| - 1,$$
$$|S_{k+1}| \leq |S_k| + |a_{k+1}| \leq |S_k| + 1,$$

于是有

$$|S_{k+1}| - |T_{k+1}| \leq |S_k| - |T_k| + 2 < -1 + 2 = 1,$$

所以

$$|T_{k+1}| - |S_{k+1}| < \||T|-|S|\|,$$

与 $\||T|-|S|\|$ 最小性矛盾,所以 $|T_{k+1}| - |S_{k+1}| > 1$. 同理可得,$|T_{k+2}| - |S_{k+2}| > 1, \cdots, |T_n| - |S_n| > 1$,即 $0 - |S_n| > 1$,得 $0 > 1 + |S_n| \geq 1 > 0$,矛盾.

5. 若 n 为奇数,则 $(2, n) = 1$,结论成立.

若 n 为偶数,则再找一个与 n 互质的质数,注意 2 是小于 n 的最小的质数,如果取另一个极端,则可取小于 n 的最大的质数.

设小于 n 的最大的质数为 p,则 $p > \dfrac{n}{2}$,因为 $(p, n) \neq 1$,但 p 为

质数,所以 $p \mid n$.

注意到 $(2, p) = 1$,所以 $2p \mid n$. 故 $2p \leqslant n$,这与 $p > \dfrac{n}{2}$ 矛盾.

上述证明存在漏洞:设小于 n 的最大的质数为 p,那么 p 一定大于 2 吗? 若 $p = 2$,就没有 $(2, p) = 1$. 比如,$n = 3$ 时,小于 n 的最大的质数为 2,从而 $n = 3$ 需要另外讨论.

补充如下:当 $n = 3$ 时,$(2, n) = 1, 2 < n$,且 2 为质数,结论成立.

当 $n \geqslant 4$ 时,设小于 n 的最大的质数为 p,则 $p > \dfrac{n}{2} \geqslant 2$,由上面的证明可知结论成立.

6. $\angle PA_iA_{i+1}$ 的最小值的最大值为 $\left(\dfrac{1}{2} - \dfrac{1}{n}\right)\pi$.

首先,当 n 边形 $A_1A_2\cdots A_n$ 为正 n 边形,P 为其中心时,
$\angle PA_iA_{i+1} = \dfrac{(n-2)\pi}{2n} = \left(\dfrac{1}{2} - \dfrac{1}{n}\right)\pi$.

其次,设 P 是某凸 n 边形 $A_1A_2\cdots A_n$ 内任意一点,我们证明:一定存在两个相邻的顶点 A_i, A_{i+1},使 $\angle PA_iA_{i+1} \leqslant \left(\dfrac{1}{2} - \dfrac{1}{n}\right)\pi$.

若 n 边形 $A_1A_2\cdots A_n$ 为正 n 边形,设其中心为 O,则点 P 必属于某个三角形 OA_iA_{i+1}. 于是,$\angle PA_iA_{i+1} \leqslant \angle OA_iA_{i+1} = \dfrac{(n-2)\pi}{2n}$
$= \left(\dfrac{1}{2} - \dfrac{1}{n}\right)\pi$. 结论成立.

若 n 边形 $A_1A_2\cdots A_n$ 非正 n 边形,取极端元 $t = \min\angle PA_iA_{i+1}$,则 $t < \dfrac{\pi}{2}$. 否则,对所有的 $i = 1, 2, \cdots, n$,有 $\angle PA_iA_{i+1} \geqslant \dfrac{\pi}{2}$. 所以,在 $\triangle PA_iA_{i+1}$ 中,有 $PA_{i+1} > PA_i$. n 个等式相乘,即得 $1 > 1$,矛盾.

在 PA_{i+1} 上取点 B_{i+1},使 $\angle PA_iB_{i+1} = t$,令 $r_i = \angle A_iPA_{i+1}$,由正弦定理有

$$\frac{PA_i}{PA_{i+1}} \leqslant \frac{PA_i}{PB_{i+1}} = \frac{\sin(\pi - (t + r_i))}{\sin t} = \frac{\sin(t + r_i)}{\sin t},$$

所以

$$1 = \prod_{i=1}^{n} \frac{PA_i}{PA_{i+1}} \leqslant \prod_{i=1}^{n} \frac{\sin(t + r_i)}{\sin t} = \frac{1}{\sin^n t} \prod_{i=1}^{n} \sin(t + r_i)$$

$$\leqslant \frac{1}{\sin^n t} \cdot \left(\frac{\sum_{i=1}^{n} \sin(t + r_i)}{n} \right)^n$$

$$\leqslant (琴生不等式) \frac{1}{\sin^n t} \cdot \sin^n \left(\sum_{i=1}^{n} \left(\frac{t + r_i}{n} \right) \right)$$

$$= \left(\frac{\sin\left(t + \frac{2\pi}{n}\right)}{\sin t} \right)^n.$$

故

$$\sin t \leqslant \sin\left(t + \frac{2\pi}{n}\right). \qquad ①$$

下面证明式①蕴含着 $t \leqslant \left(\frac{1}{2} - \frac{1}{n}\right)\pi$. 用反证法. 若 $t > \frac{\pi}{2} - \frac{\pi}{n}$, 则 $\frac{\pi}{2} > t > \frac{\pi}{2} - \frac{\pi}{n} > 0$, 所以

$$\sin t > \sin\left(\frac{\pi}{2} - \frac{\pi}{n}\right) = \sin\left(\frac{\pi}{2} + \frac{\pi}{n}\right).$$

又

$$\frac{3\pi}{2} > t + \frac{2\pi}{n} > \frac{\pi}{2} - \frac{\pi}{n} + \frac{2\pi}{n} = \frac{\pi}{2} + \frac{\pi}{n} > \frac{\pi}{2}.$$

正弦函数在 $\left(\frac{\pi}{2}, \frac{3\pi}{2}\right)$ 上是减函数, 所以 $\sin t > \sin\left(\frac{\pi}{2} + \frac{\pi}{n}\right) \geqslant \sin\left(t + \frac{2\pi}{n}\right)$, 与式①矛盾. 故 $t \leqslant \left(\frac{1}{2} - \frac{1}{n}\right)\pi$.

7. 必要性: 记点 x 的出度为 $T(x)$. 若 x 是 G 中的唯一优顶点, 我们证明 $T(x) = n - 1$. 反设 $T(x) \leqslant n - 2$, 我们希望找到另一个优

顶点,这显然应在击败 x 的选手中找. 将 x 以外的其他点划分为两个集合 A,B,其中 A 中的点都胜 x,B 中的点都被 x 胜(图 1.34).

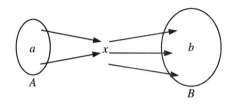

图 1.34

由于 $T(x) \leqslant n-2$,从而 $|A| \neq 0$. 考虑 A 中的点形成的图 G_A,由 1.1 节例 3 的结论,G_A 中有局部的优顶点. 记此局部的优顶点为 y. 下面证明 y 是 G 中的优顶点. 对任何点 p,若 $p \in A$,则由于 a 是 G_A 中的局部优顶点,所以,$a \to p$,或存在 p',使 $a \to p'$,$p' \to p$. 若 $y = x$,则 $a \to p$. 若 $y \in B$,则 $a \to x$,$x \to p$. 这样,G 中有两个优顶点 x, y,矛盾.

充分性:设 x 的出度为 $n-1$,显然,x 是优顶点. 下面证明不存在其他的优顶点. 反设还有另一个优顶点 $y \neq x$,那么,要么 $y \to x$,要么存在 y',使 $y \to y'$,$y' \to x$. 但 x 没有入度,从而 $y \to x$ 及 $y' \to x$ 都是不可能的.

8. 表中各格的数只有两种情况,从而表中的数只有 2^{mn} 种可能情况. 对每一种情况,定义数表中的各数的和为它的特征值. 那么,其特征值最大的数表 A 即为所求. 实际上,若数表 A 中还有某一行(列)的数的和为负,则改变该行(列)各数的符号,其特征值增加,与 A 是特征值最大的数表矛盾.

9. 假设优秀选手 A 没有全胜,即 $N^-(A) \neq \varnothing$,希望找到至少两个优秀选手导出矛盾,这显然应在 $N^-(A)$ 即胜 A 的选手中找,取其中的局部优秀选手即可.

考察 $N^-(A)$ 中选手之间的比赛,其中必有局部的优秀选手 B

(图 1.35). 对其他任何选手 P, 若 $P \in N^*(A)$, 则 $A \to P$, 又 $B \to A$, 所以 B 间接胜 P; 若 $P \in N^-(A)$, 则 B 因是 $N^-(A)$ 中的优秀选手, 所以 $B \to P$; 若 $P = A$, 则 $B \to A = P$. 所以恒有 B 胜或间接胜 P, 从而 B 是 G 中的优顶点, 矛盾.

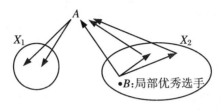

图 1.35

10. 用 n 个点表示 n 个选手, 当且仅当 A 胜 B 时, 连一条由 A 到 B 的有向线段, 得到一个竞赛图 G, 则竞赛图 G 中必有优顶点.

因为 A 不是优顶点, 所以存在选手 B, 使 A 未战优且未间接战优 B. 对于所有这样的选手 B, 设他们构成的集合为 G'. 考察 G' 中所有选手间的比赛, 必存在一个 G' 中 (局部) 的优顶点 B'. 我们证明, B' 即是整体的优顶点.

令 $P = \{x \mid A$ 战优 $x\}$, $Q = \{y \mid y$ 战优 $A\}$, 显然, $G' \subseteq Q$ (图 1.36).

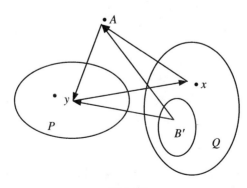

图 1.36

对 G 中任何选手 x，若 $x=A$，则 B' 战优 x；若 $x\in P$，则 B' 战优 x，是因 B' 未被 A 间接战优 x；若 $x\in G'$，则因 B' 是 G' 中的优顶点，所以，B' 战优或间接战优 x；若 $x\in Q\backslash G'$，则 x 被 A 间接战优，于是存在 $y\in P$，使 y 战优 x，于是 B' 战优 y，y 战优 x，所以 B' 间接战优 x，故 B' 是整体的优顶点，证毕.

11. 设 M 是 G 的所有匹配中边数最多的一个匹配，它有 k 条边，下面证明 $k=n$.

反设 $k<n$，记 M 中的顶点集为 A，G 中不属于 A 的顶点集为 B，显然，$|A|=2k$，$|B|=2n-2k\geqslant 2$，由 M 的最大性，B 中的任何两个顶点都不相邻. 又 $d(x)\geqslant n$，$d(y)\geqslant n$，从而 $\{x,y\}$ 至少向 A 引出 $2n$ 条边，但 A 中的边数为 $k\leqslant n-1$，将 $2n$ 条边归入 A 中至多 $n-1$ 条边，其中必有一条边 uv 向 $\{x,y\}$ 引出 3 条边，它们必构成一个 2-匹配，设为 $\{xu,yv\}$. 这样，$(M\backslash\{uv\})\bigcup\{xu,yv\}$ 是比 M 更大的匹配，矛盾.

12. 设 20 个成员分别为 $a_1,a_2,\cdots,a_{20}$. 当且仅当 a_i,a_j 已比赛，对应的点连边，得到一个简单图 G.

设 M 是 G 的匹配边数最多的一个匹配，其中有 k 条边，我们只需证明 $k\geqslant 6$. 反设 $k<6$，设 M 中各边的端点的集合为 A，G 中不属于 A 的点的集合为 B，则 B 中有 $20-2k$ 个点. 由 M 的最大性，B 中的任何两个点都不相邻，但对 B 中的点 x，$d(x)\geqslant 1$，从而由 B 至少引出 $20-2k$ 条边，我们称这些边为奇异边，每条奇异边有一个端点在 A 中，于是，奇异边都不是 M 中的边. 这样，G 中的边数不少于 $k+(20-2k)=20-k>14$，矛盾.

2 相关极端

本章介绍考察极端的另一种方式:相关极端.根据题目条件,有时候难以直接找到合乎目标特征的极端元,此时,可以考察与问题相关的一些元素,在这样的元素中选取极端元,进而找到合乎要求的对象,我们称之为相关极端,它是运用极端性原理的常见情形.

2.1 条件相关极端元

所谓条件相关元,就是与题目条件密切相关的一些元素,它可能是条件本身包含的一些元素,也可能是条件中某些元素的派生元素.在这些条件相关元素中选取极端元素,我们称之为条件相关极端元.

例 1 设 $x,y \in \mathbf{N}, 3^x \mid 2^y+1$. 求证: $3^{x-1} \mid y$.

分析与证明 由条件可知 $2^y+1 \equiv 0 \pmod{3^x}$,这表明,对固定的 x,关于 y 的同余方程

$$2^y + 1 \equiv 0 \pmod{3^x} \qquad ①$$

有正整数解,由此可取出相关极端元:设 d 是关于 y 的方程①的最小正整数解.

我们证明,若 y 是方程①的任意一个解,则 $d \mid y$.

实际上,将 y,d 都代入原方程,有

$$2^y \equiv 2^d \equiv -1 \pmod{3^x}. \qquad ②$$

而 $(2^d, 3^x) = 1$，所以 $2^{y-d} \equiv 1 \pmod{3^x}$．

设 k 是 2 对模 3^x 的次数，即方程
$$2^z \equiv 1 \pmod{3^x} \qquad ③$$
的最小正整数解，那么，$k \mid y - d$（次数性质）．

又 $2^{2d} \equiv (2^d)^2 \equiv (-1)^2 = 1 \pmod{3^x}$，所以 $2d$ 是式③的解，从而 $k \mid 2d$．

若 $(2, k) = 1$，则 $k \mid d$，所以
$$2^d \equiv (2^k)^{\frac{d}{k}} \equiv 1 \pmod{3^x}，$$
这与式②矛盾，所以 $2 \mid k$．

令 $k = 2k_1$，则 $2k_1 \mid 2d, k_1 \mid d$，于是
$$0 \equiv 2^k - 1 \equiv 2^{2k_1} - 1 \equiv (2^{k_1} - 1)(2^{k_1} + 1) \pmod{3^x}.$$
注意到 $(2^{k_1} + 1) - (2^{k_1} - 1) = 2 < 3$，所以
$$(3, 2^{k_1} - 1) = 1，\quad 或 \quad (3, 2^{k_1} + 1) = 1，$$
所以 $2^{k_1} \pm 1 \equiv 0 \pmod{3^x}$．

由 k 的最小性知，$2^{k_1} - 1 \not\equiv 0 \pmod{3^x}$，从而 $2^{k_1} + 1 \equiv 0 \pmod{3^x}$，即 $2^{k_1} \equiv -1 \pmod{3^x}$．又 $k_1 \mid d$，所以 $k_1 \leqslant d$，由 d 的最小性，有 $k_1 = d$．所以 $k = 2k_1 = 2d, k \mid y - d, 2d \mid y - d, d \mid y - d, d \mid y$．

现在只需证明 $d = 3^{x-1}$，对 x 归纳．我们证明如下更强的结论：
$$d = 3^{x-1}，\quad 且 \quad 2^{3^{x-1}} \not\equiv -1 \pmod{3^{x+1}}.$$

当 $x = 1$ 时，$2^d \equiv 2 \equiv -1 \pmod{3}$，而 $d = 1 = 3^0$，且 $2^1 \not\equiv -1 \pmod{3^2}$，结论成立．

设 $x = k$ 时结论成立，则 $2^{3^{k-1}} \equiv -1 \pmod{3^k}$，且 $2^{3^{k-1}} \not\equiv -1 \pmod{3^{k+1}}$，不妨设 $2^{3^{k-1}} = 3^k m - 1$，且 $3 \nmid m$．

当 $x = k + 1$ 时，我们先证 2^{3^k} 是方程
$$2^y + 1 \equiv 0 \pmod{3^{k+1}} \qquad ④$$
的解．

实际上

$$2^{3^k} = (2^{3^{k-1}})^3 = (3^k m - 1)^3 \equiv (-1)^3 = -1 \pmod{3^{k+1}}.$$

其次,由于 d 是式④的最小解,所以由前文,有 $d \mid 3^k$.

若 $d < 3^k$,则 $d \mid 3^{k-1}$,令 $3^{k-1} = dp$,则 d, p 为奇数,所以

$$2^{3^{k-1}} = 2^{dp} = (2^d)^p \equiv (-1)^p = -1 \pmod{3^{k+1}},$$

这与假设矛盾.

所以,$d = 3^k$,而且,$2^{3^k} \equiv 3 \cdot m \cdot 3^k - 1 \not\equiv -1 \pmod{3^{k+2}}$(其中注意到 $3 \nmid m$),结论成立.

注 以上我们利用数学归纳法证明的是如下的一个命题:

$2^y + 1 \equiv 0 \pmod{3^x}$ 的最小正整数解是 3^{x-1},且 $2^{3^{x-1}} \not\equiv -1 \pmod{3^{x+1}}$.

另证 对 x 归纳证明:若 $3^x \mid 2^y + 1$,则 $3^{x-1} \mid y$,且 $3^x \| 2^{3^{x-1}} + 1$.

当 $x = 1$ 时,结论显然成立.

设结论对不大于 x 的自然数成立,考察 $x+1$,设有 $3^{x+1} \mid 2^y + 1$,则 $3^x \mid 2^y + 1$.

由归纳假设,有 $3^{x-1} \mid y$,且 $3^x \| 2^{3^{x-1}} + 1$,设 $y = 3^{x-1} k$, $a = 2^{3^{x-1}}$.

若 k 为偶数,则 y 为偶数,$2^y \equiv (2^2)^{\frac{y}{2}} \equiv 1 \pmod 3$,所以,$3 \nmid 2^y + 1$,矛盾.所以,$k$ 为奇数,故

$$2^y + 1 = 2^{3^{x-1} k} + 1 = a^k + 1$$
$$= (a+1)(a^{k-1} - a^{k-2} + \cdots + a^2 - a + 1).$$

因为 $3^x \| a+1$,所以 $a \equiv -1 \pmod{3^x}$.于是

$$(a^{k-1} - a^{k-2} + \cdots + a^2 - a + 1) \equiv k \pmod{3^x}.$$

又 $3^{x+1} \mid 2^y + 1$,所以

$$3^{x+1} \mid (a+1)(a^{k-1} - a^{k-2} + \cdots + a^2 - a + 1).$$

但 $3^x \| a+1$,所以 $3 \mid (a^{k-1} - a^{k-2} + \cdots + a^2 - a + 1)$,因此 $3 \mid k$,$3^x \mid y$.

另外,取 $y = 3^x$,有

$2^y + 1 = 2^{3^{x-1} \cdot 3} + 1 = a^3 + 1 = (a+1)(a^2 - a + 1).$

因为 $3^x \| a+1$,所以 $3 \| a^2 - a + 1$,所以 $3^{x+1} \| 2^y + 1$,即 $3^{x+1} \| 2^{3^x} + 1$.

例2 有 $n(n \geqslant 6)$ 个人聚会,已知:

(1) 每个人至少同其中 $\left[\dfrac{n}{2}\right]$ 个人互相认识;

(2) 对于其中任何 $\left[\dfrac{n}{2}\right]$ 个人,或者其中有两个人互相认识,或者余下的人中有两个人互相认识.

求证:这 n 个人中必有 3 个人两两认识.(1996 年全国高中数学联赛试题)

分析与证明 用点表示人,当且仅当两人认识时,两点之间连线,得到一个简单图 G,问题变为证明图中有三角形.

从条件看,每个点至少引出 $\left[\dfrac{n}{2}\right]$ 条边,用 $d(A)$ 表示点 A 引出的边的条数,并称为点 A 的"度",我们可从"度"处于极端(最大或最小)的点出发,由此找到三角形.

为了叙述方便,我们用反证法的模式表述. 假设图 G 中无三角形,并设点 A 的度 $d(A)$ 最小(条件极端元),与 A 相邻的所有点的集合为 $B = \{B_1, B_2, \cdots, B_r\}$,与 A 不相邻的所有点的集合为 $C = \{C_1, C_2, \cdots, C_s\}$,其中 $r + s = n - 1$.

因为 B_1 与 B 中的点都不相邻,所以 $d(B_1) \leqslant n - r$,所以 $r = d(A) \leqslant d(B_1) \leqslant n - r$,于是 $r \leqslant \left[\dfrac{n}{2}\right]$.

又 $r = d(A) \geqslant \left[\dfrac{n}{2}\right]$,所以 $r = \left[\dfrac{n}{2}\right]$,$s = n - 1 - r = n - 1 - \left[\dfrac{n}{2}\right] = \left[\dfrac{n-1}{2}\right]$.

因为 $|B| = \left[\dfrac{n}{2}\right]$,由条件(2),$B$ 或 $C \cup \{A\}$ 中有边. 若 B 中有

边,则该边与 A 构成三角形,矛盾,所以 $C \cup \{A\}$ 中有边.

又 C 中的点与 A 不相邻,所以 C 中有边.

取 C 中的一条边,不妨设为 C_1C_2,考察 B 中任意一点 B_i,由于无三角形,可知 B_i 与 B 中的点不相邻,B_i 与 C_1,C_2 中至少一个点不相邻,于是

$$d(B_i) \leqslant n - r - 1 = n - \left[\frac{n}{2}\right] - 1 = \left[\frac{n-1}{2}\right] \leqslant \left[\frac{n}{2}\right].$$

又 $d(B_i) \geqslant \left[\frac{n}{2}\right]$,所以上述不等式等号成立,所以 $d(B_i) = \left[\frac{n}{2}\right]$,且 C 中恰有一条边.

从整体上考察 $d(C_1) + d(C_2)$,对 B 中任意一点 B_i,C_1,C_2 至多与 B_i 连一条边(否则有三角形),于是 C_1,C_2 至多向 B 连 r 条边,又 C 中恰有一条边,所以

$$d(C_1) + d(C_2) \leqslant r + 2 = \left[\frac{n}{2}\right] + 2.$$

但由条件(1),有

$$d(C_1) + d(C_2) \geqslant \left[\frac{n}{2}\right] + \left[\frac{n}{2}\right] = 2\left[\frac{n}{2}\right],$$

所以 $2\left[\frac{n}{2}\right] \leqslant d(C_1) + d(C_2) \leqslant \left[\frac{n}{2}\right] + 2$,解得 $\left[\frac{n}{2}\right] \leqslant 2$,所以 $n \leqslant 5$,矛盾.

例3 若 8 阶简单图 G 中不含 C_4,求 $\|G\|$ 的最大值.(1992 年中国数学奥林匹克试题)

分析与解 我们先构造一个不含 C_4 的 8 阶图 G,使其有尽可能多的边.

由于图中没有四边形,所以可考虑画一个八边形、七边形、六边形、五边形、三角形等,然后逐步增加边,于是有多种构造方案.

方案 1 先构造一个八边形 $A_1 A_2 \cdots A_8$,为了尽可能多地连边而不产生四边形,可尽可能多地连三角形.于是,依次连 $A_1 A_3$,

A_3A_5, A_5A_7,此时图中有 11 条边(图 2.1).

方案 2 先构造一个七边形 $A_1A_2\cdots A_7$,为了尽可能多地连边而不产生四边形,可尽可能多地连三角形. 于是,依次连 A_1A_3, A_3A_5,这时,不能再连 A_5A_7,否则有四边形 $A_1A_3A_5A_7$. 注意到七边形 $A_1A_2\cdots A_7$ 内部还有一个点 A_8,令 A_8 与七边形 $A_1A_2\cdots A_7$ 的某条边构成三角形即可增加两条边,为使图具有对称性,可连 A_8A_6, A_8A_7,此时图中有 11 条边(图 2.2).

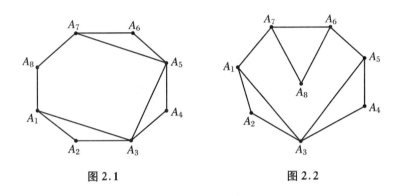

图 2.1   图 2.2

方案 3 先构造一个六边形 $A_1A_2\cdots A_6$,为了尽可能多地连边而不产生四边形,可尽可能多地连三角形. 于是连 A_1A_3,这时,不能再连 A_3A_5 等,否则有四边形. 注意到六边形 $A_1A_2\cdots A_6$ 内部还有两个点 A_7, A_8,令 A_7, A_8 分别与六边形 $A_1A_2\cdots A_6$ 的某条边构成三角形即可增加 4 条边,为使图具有对称性,可连 A_7A_1, A_7A_6, A_8A_3, A_8A_4,此时图中有 11 条边(图 2.3).

方案 4 先构造一个六边形 $A_1A_2\cdots A_6$,为了尽可能多地连边而不产生四边形,可尽可能多地连三角形. 注意到六边形 $A_1A_2\cdots A_6$ 内部还有两个点 A_7, A_8,令 A_7, A_8 分别与六边形 $A_1A_2\cdots A_6$ 的某条边构成三角形即可增加 4 条边,为使图具有对称性,可连 A_7A_2, A_7A_3, A_8A_5, A_8A_6,此外,连 A_7A_8,此时图中有 11 条边(图 2.4).

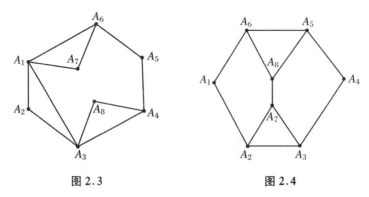

图 2.3 　　　　　　　　图 2.4

有趣的是，在这 4 种构造中，都可将五边形外的点翻转到五边形内（图 2.5），从而都可看作是在五边形的基础上进行的构造！经观察发现，前 3 种构造是五边形内的 3 个点都分别与五边形的一条边各构造一个三角形（图 2.5 中的(a)~(c)），由此发现第 1 种构造与第 3 种构造是等价的！

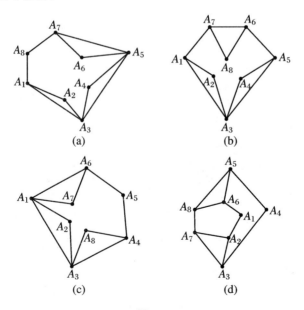

图 2.5

而第 4 种构造却不同,它是五边形内的 3 个点 A_1, A_2, A_6 同时与五边形的一条边 A_7A_8 构成一个新的五边形(图 2.5 中的(d)).此时注意,如果去掉边 A_2A_3 与边 A_5A_6,让 A_1 连边,则只能连 A_1A_4,此时 A_2, A_6 都不能再连边,得不到 11 条边,由此可见这一方式本质上只有唯一的构造.

此外,如果令五边形内的 3 个点构成一个新的三角形,则得到如下的构造(图 2.6).

对这一构造方式,本质上也只有唯一构造.实际上,不妨设连 A_6A_1,则 A_7 不能连 A_2 及 A_5,不妨设 A_7 连 A_3,此时 A_8 不能连线,只能连 A_7A_4.

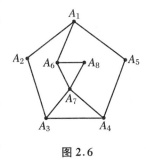

图 2.6

其次证明, $\|G\| \leqslant 11$,用反证法,假定 $\|G\| \geqslant 12$,我们证明 G 中必有 C_4.

实际上,不妨设 $\|G\| = 12$(否则去掉一些边).注意,让 $\|G\|$ 取具体值有两个好处:一是"具体值"叙述更方便,二是"等号"可以避免不等式控制中"不等式方向打架"的尴尬局面.

注意到题设条件中的 C_4 可分解为两个"角",为了方便找角,可考察与条件相关的极端元:度最大的点 x,不妨设 $d(x) = k$,则 $3 \leqslant k \leqslant 7$.

实际上,若 $d(x) \leqslant 2$,则 $\|G\| \leqslant 2 \times \dfrac{8}{2} = 8$,矛盾.

令 $A = \{a \mid a 与 x 相邻\}$, $B = \{b \mid b 与 x 不相邻\}$,则 $|A| = k$, $|B| = 7 - k$.

假设 G 中无 C_4,则 A 中的边互不相邻,即 A 中的边是一些匹配,于是 $\|A\| \leqslant \left[\dfrac{k}{2}\right]$.

此外, B 中每个点至多与 A 中一个点相邻,所以 A, B 之间至多

连 $7-k$ 条边,这样

$$\|G\| \leqslant k + \left[\frac{k}{2}\right] + (7-k) + \|B\| = 7 + \left[\frac{k}{2}\right] + \|B\|. \quad ①$$

因为 $\|B\| \leqslant C_{7-k}^2$,所以

$$\|G\| \leqslant 7 + \left[\frac{k}{2}\right] + C_{7-k}^2 = g(k).$$

于是,当 $k \geqslant 5$ 时,$\|G\| \leqslant g(k) \leqslant 10 < 12$,矛盾,所以 $k=3$ 或 4.

(1) 当 $k=3$ 时,$|A|=3$,$|B|=4$,由式①,有

$$\|B\| \geqslant 12 - 7 - \left[\frac{3}{2}\right] = 4.$$

由于 G 中最大度为 3,而度之和为 $2 \times 12 = 24$,所以 G 中每个点的度都为 3,又 B 中每个点至多向 A 引出一条边,从而 B 中每个点在 B 中至少连两条边.

若 $\|B\|=5$,而 $|B|=4$,则由 $\|K_4\|=6$,知 B 是由 K_4 去掉一条边得到的,B 中必有 C_4,矛盾.

若 $\|B\|=4$,而 $|B|=4$,则由 $\|K_4\|=6$,知 B 是由 K_4 去掉两条边得到的,又 B 中无 C_4,所以 B 是由 K_4 去掉两条相邻边得到的,从而必有一个点在 B 中只连一条边,矛盾.

(2) 当 $k=4$ 时,$|A|=4$,$|B|=3$,此时 $\|A\| \leqslant 2$,$\|B\| \leqslant |B|=3$,且 A,B 之间至多连 3 条边,所以 $12 = \|G\| \leqslant k + \left[\frac{k}{2}\right] + (7-k) + \|B\| = 4 + 2 + 3 + 3 = 12$,从而所有不等式等号成立,即 A 中有两条边,B 中有 3 条边,A,B 之间有 3 条边.将 A,B 之间的 3 条边归入 A 中的两条边,必有其中的两条边与 A 中的同一条边相邻.

设 b_1,b_2 引出的边与 A 中的边 a_1a_2 相邻,若 b_1,b_2 同时与 a_1 相邻(图 2.7),则有 $C_4:a_1b_1b_3b_2$,矛盾(A 中 1 点与 B 中 3 点构成 C_4).若 b_1,b_2 分别与 a_1,a_2 相邻,则有 $C_4:b_1b_2a_1a_2$,矛盾(A 中

两点与 B 中两点构成 C_4).

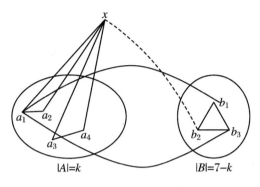

图 2.7

综上所述，$\|G\|$ 的最大值为 11.

注 由本题的构造，我们可猜想：若 8 阶简单图 G 中有 11 条边，且不含 C_4，则必含 C_5，但这一猜想未能证明.

例 4 若 10 阶简单图 G 中不含 C_4，求 $\|G\|$ 的最大值.（《美国数学月刊》1991 年 7 月号问题 3387）

分析与解 对于不含 C_4 的 n 阶简单图 G，设 $\|G\|$ 的最大值为 $f(n)$，则上题的结论表明 $f(8)=11$.

本题的解法与上题类似，但不完全相同，我们还要用到一些较小阶的图中的相应结论.

首先，显然有 $f(4)=4$，其次我们证明：$f(5)=6$.

实际上，显然存在 5 阶简单图，它有 6 条边，但无 C_4，比如，G 由两个恰有一个公共顶点的三角形构成. 其次，我们证明，若 5 阶简单图 G 有 7 条边，则 G 中必有 C_4.

实际上，由于 G 的各顶点的度的和为 14，其中必有一个顶点的度不大于 2. 去掉此点及其所连的边，得到一个 4 阶图 G'，G' 中还有 5 条边，从而 G' 中必有 C_4.

下面证明：$f(10)=16$.

首先,构造 10 阶简单图 G,使 $\|G\| = 16$,且 G 中无 C_4.

最容易想到的构造方法,是先构造一个十边形,然后逐步增加 6 条边.注意到没有四边形,但可以有三角形,若连续连边依次产生三角形,则最多可连 5 个三角形,此时已有 15 条边,但无法再增加一条边,于是最多可连 4 个三角形.若恰构造 4 个三角形,则得到如图 2.8 中(a)所示的构造.若恰构造 3 个三角形,则得到如图 2.8 中(b)所示的构造.此外,我们还可先构造一个八边形或六边形,然后逐步增加一些边,则得到如图 2.8 中(c)和(d)所示的构造.

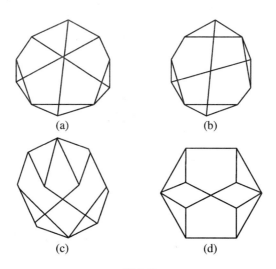

图 2.8

另一方面,我们证明,若 G 中无 C_4,则 $\|G\| \leqslant 16$.

考察度最大的点 x,不妨设 $d(x) = k (1 \leqslant k \leqslant 9)$,令
$$A = \{a \mid a \text{ 与 } x \text{ 相邻}\}, \quad B = \{b \mid b \text{ 与 } x \text{ 不相邻}\},$$
则 $|A| = k, |B| = 9 - k$.

由于无 C_4,从而 A 中的边互不相邻,即 A 中的边是一些匹配,于是 A 中最多有 $\left[\dfrac{k}{2}\right]$ 条边,又 B 中每个点至多与 A 中一个点相邻,

否则有 C_4,所以 A,B 之间至多连 $9-k$ 条边,这样

$$\|G\| \leqslant k + \left[\frac{k}{2}\right] + (9-k) + \|B\| = 9 + \left[\frac{k}{2}\right] + \|B\|. \quad ①$$

因为 $|B| = 9-k$,所以 $\|B\| \leqslant f(9-k)$,于是

$$f(10) \leqslant 9 + \left[\frac{k}{2}\right] + f(9-k) = g(k).$$

将 $k, 9-k, f(9-k), g(k)$ 的对应取值列于表 2.1 中.

表 2.1

k	4	5	6	7	8	9
$9-k$	5	4	3	2	1	0
$f(9-k)$	6	4	3	1	0	0
$g(k)$	17	15	15	13	13	13

由表 2.1 可知,当 $k \geqslant 5$ 时,$g(k) \leqslant 15$,此时 $f(10) \leqslant g(k) \leqslant 15$,此外,当 $k \leqslant 3$ 时,$f(10) \leqslant 3 \times \frac{10}{2} = 15$,这样,我们只需证明 $k=4$ 时,$f(10) \leqslant 16$.

用反证法,假定 $k=4$ 时,$f(10) \geqslant 17$,由不等式①知

$$\|B\| \geqslant f(10) - 9 - \left[\frac{k}{2}\right] \geqslant 17 - 9 - 2 = 6,$$

即 B 中至少有 6 条边.

由此可以证明:图 B 只能是恰有一个公共点的两个三角形,实际上,只需证对 B 中任何点 p,p 在 B 中的度 $d_B(p) = 2$ 或 $d_B(p) = 4$.

若存在 $d_B(p) = 1$,则去掉 p 后的 4 阶图至少有 5 条边,必有 C_4,矛盾,从而 $d_B(p) \geqslant 2$.

若存在 $d_B(p) = 3$,不妨设 p 与 a,b,c 相邻(图 2.9),另一个点 d 不与 p 相邻,但 $d_B(d) \geqslant 2$,从而 d 必与 a,b,c 中的两个点相邻,设 d 与 a,b 相邻,则得到 $C_4:padbp$,矛盾,所以图 B 只能是恰有一

个公共点的两个三角形(图 2.10).

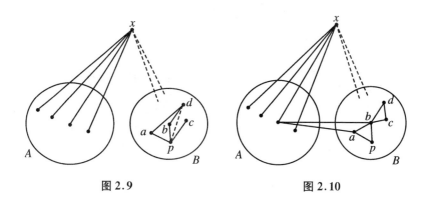

图 2.9　　　　　　　　　图 2.10

又因为 $|A|=4$,若 A 与 B 之间至少连有 5 条边,则 A 中必有一个点向 B 引出两条边,得到 C_4,矛盾.所以 A 与 B 之间至多连有 4 条边,这样

$$f(10) \leqslant 4(x\text{ 引出的边}) + \left[\frac{4}{2}\right](A\text{ 中的边}) + 4(A\text{ 与 }B\text{ 连的边}) + f(5)$$
$$= 4 + 2 + 4 + 6 = 16,$$

矛盾.

例 5 如果凸多边形的每条边的长都是整数,且周长为奇数,则称为奇周多边形.求出所有面积最小的奇周多边形,并确定其边数与形状.(原创题)

分析与解 取多边形的一条直径 PQ(极端元),设 $PQ = d$,显然 $d \geqslant 1$.直径 PQ 将多边形的边界分为两部分,设这两部分边界的长分别为 d_1, d_2.

因为周长 $d_1 + d_2$ 为奇数,所以 $d_1 \neq d_2$,不妨设 $d_1 > d_2$.但 d_1, d_2 为整数,所以

$$d_1 \geqslant d_2 + 1 \geqslant d + 1.$$

设长为 d_1 的那部分边界为 $A_1 A_2 \cdots A_m$(其中 $P = A_1, Q =$

A_m),因为 PQ 是直径,所以 $\angle A_2PQ, \angle A_{m-1}QP$ 都是锐角(否则 $A_2Q > PQ$ 等等).

又设 $A_k(1 \leqslant k \leqslant m)$ 是 $A_1, A_2, \cdots, A_m$ 中距 PQ 最远的顶点(图 2.11),作 $A_kM \perp PQ$ 点于 M,记 $A_kM = h$.

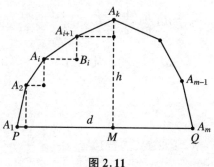

图 2.11

过 A_i 作 $A_iB_i \parallel PQ$,过 A_{i+1} 作 $A_{i+1}B_i \perp PQ$,两线交于点 B_i $(1 \leqslant i \leqslant k-1)$,则
$$A_iB_i + A_{i+1}B_i \geqslant A_iA_{i+1} \quad (1 \leqslant i \leqslant k-1),$$
于是
$$PM + h = \sum_{i=1}^{k-1}(A_iB_i + A_{i+1}B_i) \geqslant \sum_{i=1}^{k-1} A_iA_{i+1},$$
同理,$MQ + h \geqslant \sum_{i=k}^{m-1} A_iA_{i+1}$,两式相加,得
$$d + 2h \geqslant \sum_{i=1}^{m-1} A_iA_{i+1} = d_1, \quad \text{所以} \quad h \geqslant \frac{d_1 - d}{2}.$$

(1) 若 $d_2 > d$,则 PQ 的另一侧至少有一个顶点,此时 $d_2 \geqslant 2$,$d_1 \geqslant 3$.

如果 $d \geqslant \sqrt{3}$,则
$$h \geqslant \frac{d_1 - d}{2} \geqslant \frac{(d+1) - d}{2} = \frac{1}{2},$$

$$S > S_{\triangle PAQ} = \frac{1}{2}dh \geqslant \frac{1}{2} \cdot \sqrt{3} \cdot \frac{1}{2} = \frac{\sqrt{3}}{4}.$$

如果 $d < \sqrt{3}$,则

$$h \geqslant \frac{d_1 - d}{2} \geqslant \frac{3 - d}{2},$$

$$S > S_{\triangle PAQ} = \frac{1}{2}dh \geqslant \frac{1}{2} \cdot d \cdot \frac{3-d}{2} = \frac{1}{4}(3d - d^2).$$

令 $f(d) = \frac{1}{4}(3d - d^2)$,因为 $1 \leqslant d \leqslant \sqrt{3}$,且 $\left|1 - \frac{3}{2}\right| > \left|\sqrt{3} - \frac{3}{2}\right|$,所以

$$S \geqslant f(d) \geqslant f(1) = \frac{1}{2} > \frac{\sqrt{3}}{4}.$$

(2) 若 $d_2 = d$,则 PQ 为多边形的一条边,$d = PQ$ 为整数,$d \geqslant 1$. 如果 $d \geqslant 2$,则

$$h \geqslant \frac{d_1 - d}{2} \geqslant \frac{(d+1) - d}{2} = \frac{1}{2},$$

$$S \geqslant S_{\triangle PAQ} = \frac{1}{2}dh \geqslant h \geqslant \frac{1}{2} > \frac{\sqrt{3}}{4}.$$

如果 $1 \leqslant d < 2$,则 $d = 1$,此时 $d_1 \geqslant d + 1 \geqslant 2$. 当 $d_1 = 2$ 时,多边形为边长为 1 的正三角形,此时

$$S = S_{\triangle PAQ} = \frac{\sqrt{3}}{4}.$$

当 $d_1 \geqslant 3$ 时,有

$$h \geqslant \frac{d_1 - d}{2} = \frac{d_1 - 1}{2} \geqslant \frac{3 - 1}{2} = 1,$$

$$S \geqslant S_{\triangle PAQ} = \frac{1}{2}dh \geqslant \frac{1}{2} \cdot 1 \cdot 1 > \frac{\sqrt{3}}{4}.$$

综上所述,$S \geqslant \frac{\sqrt{3}}{4}$,等号当且仅当多边形为边长为 1 的正三角形

时成立,故所有面积最小的奇周多边形是边长为 1 的正三角形.

条件相关元并非一定与题目的原始条件相关,它还可能与解题过程中得到的某个结论(可以看作是新的条件)相关,我们看下面的例子.

例 6 两个罐子中共放有 4 007 个球,每个罐子中都至少放有 1 个球,每一秒钟都将放有偶数个球的罐子的一半球倒入另一个罐子,设 k 为小于 4 007 的自然数.求证:必有某个时刻,其中一个罐子中恰有 k 个球. (1993 年圣彼得堡数学奥林匹克试题)

分析与证明 注意 $4\,007 = 2 \cdot 2\,003 + 1$,而 2 003,4 007 都是质数,于是问题可以推广为:

两个罐子中共放有 $2p+1$ 个球(p 和 $2p+1$ 都是质数),每个罐子中都至少放有 1 个球,每一秒钟都将放有偶数个球的罐子的一半球倒入另一个罐子,设 k 为小于 $2p+1$ 的自然数,则必有某个时刻,其中一个罐子中恰有 k 个球.

假定操作足够多次(比如 p 次)后,某个状态中第一个罐子有 x 个球,第二个罐子有 y 个球($x+y=2p+1$),记这一状态为 (x,y).

由于最初的每个罐子都至少放有 1 个球,由操作的条件可知,以后每一个状态中每个罐子都至少放有 1 个球,从而 $0<x<2p+1$, $0<y<2p+1$.

显然,(x,y) 的前一状态为 $(2x, 2y-2p-1)$ 或 $(2y, 2x-2p-1)$,如果我们将每个数按模 $2p+1$ 来理解,则 (x,y) 的前一状态的两种情况都可记为 $(2x, 2y)$.

由此往前递推,可依次得 p 个状态为

$$(x,y), (2x,2y), (2^2 x, 2^2 y), \cdots, (2^p x, 2^p y).$$

下面证明 $x, y, 2x, 2y, 2^2 x, 2^2 y, \cdots, 2^{p-1} x, 2^{p-1} y \pmod{2p+1}$ 是 $1, 2, \cdots, 2p$ 的一个排列.

先证明其中任何数都不被 $2p+1$ 整除.

实际上，若 $2p+1 \mid 2^j x (0 \leqslant j \leqslant p-1)$，由于 $2p+1$ 是质数，有 $(2p+1, 2^j) = 1$，所以 $2p+1 \mid x$，与 $0 < x < 2p+1$ 矛盾.

所以，对任何 $0 \leqslant j \leqslant p-1, 2p+1 \nmid 2^j x$. 同理，对任何 $0 \leqslant j \leqslant p-1$, $2p+1 \nmid 2^j y$.

再证明其中任何两个数关于模 $2p+1$ 不同余.

实际上，若 $2^i x \equiv 2^j x \pmod{2p+1}$ 或 $2^i x \equiv 2^j y \equiv 2^j(-x) \pmod{2p+1}$，其中 $0 \leqslant i < j \leqslant p-1$，由于 $2p+1$ 是质数，有 $(2p+1, x) = (2p+1, y) = 1$，所以 $2^i \equiv 2^j \pmod{2p+1}$ 或 $2^i \equiv -2^j \pmod{2p+1}$，故 $2^{j-i} \equiv \pm 1 \pmod{2p+1}, 2^{2j-2i} \equiv 1 \pmod{2p+1}$.

由此可见，存在正整数 m，使得 $2^m \equiv 1 \pmod{2p+1}$（新条件），设 m 是使得 $2^m \equiv 1 \pmod{2p+1}$ 的最小正整数，因为 $2p+1$ 是质数，由欧拉定理，有 $2^{2p} \equiv 1 \pmod{2p+1}$，于是，由 m 的最小性，有 $m \mid 2p$.

但 p 是质数，所以由 $m \mid 2p$，有 $m \in \{1, 2, p, 2p\}$.

而 p 是质数，有 $p \geqslant 2$，于是 $2p+1 \geqslant 5$，所以 $2^1 \not\equiv 1 \pmod{2p+1}$, $2^2 \not\equiv 1 \pmod{2p+1}$，即 $m \geqslant 3$，所以 $m \in \{p, 2p\}$.

如果 $m = p$，由 m 的最小性，有 $m \mid 2j - 2i$，即 $p \mid 2j - 2i$. 但 $0 \leqslant i < j \leqslant p-1$，有 $(p, j-i) = 1$，所以 $p \mid 2$，于是 $p = 2, m = 2$，所以 $2^2 \equiv 1 \pmod 5$，矛盾.

如果 $m = 2p$，由 m 的最小性，有 $m \mid 2j - 2i$，即 $2p \mid 2j - 2i$, $p \mid j - i$，与 $0 \leqslant i < j \leqslant p-1$ 矛盾.

综上所述，$x, y, 2x, 2y, 2^2 x, 2^2 y, \cdots, 2^{p-1} x, 2^{p-1} y \pmod{2p+1}$ 是 $1, 2, \cdots, 2p$ 的一个排列，从而必定有一个数为 k，证毕.

2.2 目标相关极端元

所谓目标相关元，就是与解题目标密切相关的一些元素，它可能是与目标元素相似的一些元素，也可能是导致目标元素产生的某种

2 相关极端

元素,或是目标涉及元素中的部分元素.在这些目标相关元素中选取极端元素,我们称为目标相关极端元.

例 1 在四面体 $ABCD$ 中,求证:必有从某个顶点出发的 3 条棱,它们可以构成一个三角形.

分析与证明 在 1.3 节例 2 中,我们已给出该题的一种证法,这里给出用相关极端元的另一种证法.

从目标看,我们需要找到这样一个顶点,它出发的 3 条棱可以构成一个三角形.但四面体的顶点没有数量指标,而与之密切相关的元素包含该顶点的棱却有数量指标:长度,于是,可在所有棱(相关元)中选取极端对象.

设 AB 是最长的一条棱,我们证明点 A,B 中必有一个点合乎题目条件.

用反证法,若 A,B 都不合乎条件,则由 A 出发的 3 条棱不构成三角形,有
$$AB(最长) \geqslant AC + AD,$$
由 B 出发的 3 条棱不构成三角形,有
$$BA(最长) \geqslant BC + BD,$$
以上两式相加,得
$$2AB \geqslant (AC + BC) + (AD + BD) > AB + AB = 2AB,$$
矛盾.

本题的证明看似简单,但难于想到由最长棱(相关元)去找到合乎要求的顶点.

例 2 设 S_1, S_2, S_3 是非空整数集(不一定互异),对于 $1,2,3$ 的任何排列 i, j, k,若 $x \in S_i, y \in S_j$,则 $x - y \in S_k$.

(1) 证明:S_1, S_2, S_3 中至少有两个相等.

(2) S_1, S_2, S_3 是否一定两两相交?

分析与证明 本题只有唯一的条件"若 $x \in S_i, y \in S_j$,则 $x - y \in$

S_k". 因此, 解题只能从某两个集合中各取一个元素入手.

但应取集合中怎样的元素呢? 一下还难于把握, 可先看看目标要求.

(1) 要证有两个集合相等, 由对称性, 不妨立足于证明 $S_1 = S_2$.

要证 $S_1 = S_2$, 而集合 S_1, S_2 没有给出具体元素, 不能用元素对应相等来证明, 只能用与集合相等等价的一种形式 "$S_1 \subseteq S_2$ 且 $S_2 \subseteq S_1$" 来证明.

再由对称性, 我们只需证明 $S_1 \subseteq S_2$.

由包含的定义(逐步接近条件), 只需证明: 对任何 $x \in S_1$, 有 $x \in S_2$, 这等价于(构造条件中的"差"结构): 对任何设 $x \in S_1$, 有 $x - 0 \in S_2$.

至此, 利用题设条件, 只需证明 $0 \in S_3$. 再由对称性, 只需证明 $0 \in (S_1 \cup S_2 \cup S_3)$.

注意到"0"的最小性(最小的自然数), 从而可考察每个集合中的最小的自然数.

但每个集合是否都有自然数?

再研究条件: $x \in S_i, y \in S_j \Rightarrow x - y \in S_k$, 发现 $y - x \in S_k$. 而 $x - y, y - x$ 中有一个为自然数, 至此, 通过每个集合中的最小自然数可找到 $0 \in (S_1 \cup S_2 \cup S_3)$.

实际上, 任取 $x \in S_1, y \in S_2$, 则由条件, 有
$$x - y \in S_3, \quad y - x \in S_3.$$
而 $x - y, y - x$ 中至少有一个是自然数, 所以 S_3 中有自然数. 同理, S_1, S_2 中有自然数.

设 S_1, S_2, S_3 中的最小的自然数分别为 t_1, t_2, t_3, 不妨设 $t_1 \leqslant t_2 \leqslant t_3$, 我们证明 $t_1 = 0$.

实际上, 若 $t_1 \neq 0$, 则
$$0 \leqslant t_2 - t_1 < t_2 \leqslant t_3.$$

但 $t_2 - t_1 \in S_3$，与 t_3 为 S_3 中的最小自然数矛盾，所以 $t_1 = 0$，即 $0 \in S_1$.

任取 $x \in S_2$，又 $0 \in S_1$，由条件，有 $x = x - 0 \in S_3$，所以 $S_2 \subseteq S_3$.

同理可证，$S_3 \subseteq S_2$，所以 $S_2 = S_3$.

(2) 结论是否定的.

利用(1)的结论，一定有两个相等，不妨设 $S_2 = S_3$，我们设法构造集合 S_1，使 S_1 与 $S_2 (= S_3)$ 不相交.

注意到 $x, y \in S_2$ 时，可看作 $x \in S_2, y \in S_3$（因为 $S_2 = S_3$），于是，当 $x, y \in S_2$ 时，$x - y \in S_1$. 这表明：若 x, y 为 B 型数，则 $x - y$ 为 A 型数.

此外，再注意到当 $x \in S_1, y \in S_2$ 时，$x - y \in S_2$. 这表明：若 x, y 中一个为 A 型数，一个为 B 型数，则 $x - y$ 为 B 型数. 这恰好符合奇数、偶数的特征，于是，$S_1 = \{$偶数$\}$，$S_2 = S_3 = \{$奇数$\}$ 合乎要求.

注 上述构造可改写为 $S_1 = \{x \mid x \equiv 0 \pmod{2}\}$，$S_2 = S_3 = \{x \mid x \equiv 1 \pmod{2}\}$.

由此，我们发现了无数个合乎条件的构造：

$S_1 = \{x \mid x \equiv 0 \pmod{2k}\}$，
$S_2 = S_3 = \{x \mid x \equiv k \pmod{2k}\}$，其中 $k \in \mathbf{N}^*$.

我们猜想，如果要求构造的集合满足 $S_1 \cup S_2 \cup S_3 = \mathbf{Z}$，则也许只有一种构造.

例 3 设正 n 边形 $A_1 A_2 \cdots A_n$ 内有一点 P，求证：存在两点 A_i，A_j，使 $\left(1 - \dfrac{1}{n}\right)\pi \leqslant \angle A_i P A_j \leqslant \pi$. (《美国数学月刊》问题)

分析与证明 本题曾被作为 1994 年 IMO 中国国家集训队测试题. 显然，我们要找的角应尽可能大（为钝角），设 $\angle A_i P A_j$ 合乎条件，考察与此目标相关的元素线段 $A_i A_j$. 为了使 $\angle A_i P A_j$ 尽可能大，最易想到的是 $A_i A_j$ 是 $\triangle A_i P A_j$ 的最大边，于是想到取极端元：正 n 边形的最长对角线.

但最长对角线并不能保证它所对的角合乎条件,比如,我们有这样的反例:取多边形为正方形,则对角线 AC 是最长的线段,再取点 P 靠近点 B(图 2.12),则 $\angle APC$ 接近于 $90° < \left(1-\dfrac{1}{4}\right)\pi$,不合乎条件.

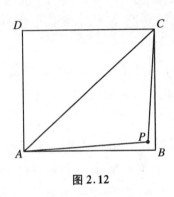

图 2.12

怎么办？可以不放弃相关元 A_iA_j,而是要发掘相关元 A_iA_j 的其他特征.

多画几个图形,由几何图形可以直观地看出,所找的线段 A_iA_j 与点 P 相距越近越好,由此想到找极端元:与点 P 有最近距离的线段.

这一极端是可行的,而且解答简单且巧妙：

要证 $\angle A_iPA_j \geqslant \left(1-\dfrac{1}{n}\right)\pi$,考察 $\triangle A_iPA_j$,只需 $\angle PA_iA_j + \angle PA_jA_i \leqslant \dfrac{\pi}{n}$(补集思考),也只需 $\angle PA_iA_j$,$\angle PA_jA_i$ 都不大于 $\dfrac{\pi}{2n}$(充分条件).

注意 $\dfrac{\pi}{2n}$ 恰好是正 n 边形的边所对圆周角的一半,想到将 $\angle PA_iA_j$ 与 $\angle A_{j+1}A_iA_j$ 的一半(作角平分线)比较大小即可.

因为 A_iA_j 的含有点 P 的一侧至少有多边形的一个顶点,不妨设该侧有顶点 A_{i-1} 及 A_{j+1}(可能 $A_{i-1} = A_{j+1}$),作 $\angle A_{j+1}A_iA_j$ 的角平分线交 A_jA_{j+1} 于点 Q(图 2.13).

由点 P 到 A_iA_j 的距离的最小性可知,点 P 到 A_iA_j 的距离不大于点 P 到 A_iA_{j+1} 的距离,于是点 P 在 $\angle QA_iA_j$ 的内部或边界上,所以
$$\angle PA_iA_j \leqslant \dfrac{1}{2}\angle A_{j+1}A_iA_j = \dfrac{\pi}{2n}.$$

同理 $\angle PA_jA_i \leqslant \dfrac{\pi}{2n}$，所以

$$\angle PA_iA_j + \angle PA_jA_i \leqslant \dfrac{\pi}{n}.$$

故

$$\angle A_iPA_j = \pi - (\angle PA_iA_j + \angle PA_jA_i) \geqslant \pi - \dfrac{\pi}{n} = \left(1 - \dfrac{1}{n}\right)\pi.$$

综上所述，结论成立.

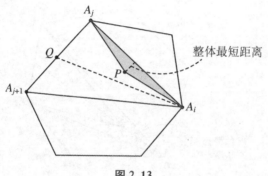

图 2.13

如果上述思路没有成功（没能想到补集思想），我们可以放弃上述相关元 A_iA_j，考虑另一个相关元，它便是该题原来的解答.

注意到 A_iA_j 是 $\triangle A_iPA_j$ 中的最大边 $\Rightarrow \triangle A_iPA_j$ 中另两条边必有一条是最短边. 不妨设边 PA_i 是最短边（图 2.14），于是又可考察所有线段 $PA_i(i=1,2,\cdots,n)$ 中的最小者，设为 PA_1，再找到与 PA_1 最邻近的线段 $A_1A_j(j=2,3,\cdots,n)$.

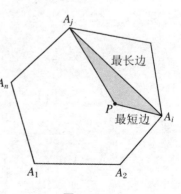

图 2.14

最邻近的线段如何找？最近能近到怎样的程度？——点 P 在线段 A_1A_j 上. 于是，延长 PA_1，若 PA_1 过某个顶点 A_i，则 $\angle A_1PA_i$ 合乎

条件;此外,PA_1 必与多边形的某条边 A_iA_{i+1} 相交,则以 PA_1 为一边的角有两个:一个是 $\angle A_1PA_i$,另一个是 $\angle A_1PA_{i+1}$,我们证明 $\angle A_1PA_i,\angle A_1PA_{i+1}$ 中有一个角合乎条件.

利用整体估计,只需证 $\angle A_1PA_i + \angle A_1PA_{i+1} \geqslant 2\left(1-\dfrac{1}{n}\right)\pi$,这只需分别考虑 $\triangle A_1PA_i, \triangle A_1PA_{i+1}$ 的内角和.

如图 2.15 所示,因为 PA_1 最小,有 $\angle 1 \leqslant \angle 3, \angle 2 \leqslant \angle 4$,所以

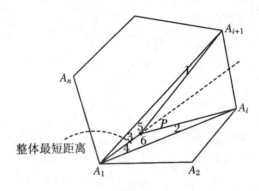

图 2.15

$$\angle 1 + \angle 2 \leqslant \angle 3 + \angle 4 = \dfrac{\pi}{n},$$

于是 $\angle 1 + \angle 2 + \angle 3 + \angle 4 \leqslant \dfrac{2\pi}{n}$,所以

$$\angle 5 + \angle 6 = 2\pi - (\angle 1 + \angle 2 + \angle 3 + \angle 4) \geqslant 2\pi - \dfrac{2\pi}{n}$$

$$= 2\left(1-\dfrac{1}{n}\right)\pi,$$

即

$$\angle A_1PA_{i+1} + \angle A_1PA_i \geqslant 2\pi - \dfrac{2\pi}{n} = 2\left(1-\dfrac{1}{n}\right)\pi,$$

所以 $\angle A_1PA_i, \angle A_1PA_{i+1}$ 中必有一个不小于 $\left(1-\dfrac{1}{n}\right)\pi$,命题获证.

例 4 平面上有 n 个圆,每两个圆都有公共点,求证:可以找到 7

个点,使得每个圆都至少覆盖这 7 个点中的一个点. (伽莱(T. Gallai)问题)

分析与证明 本题的直观意义:可用 7 个点将 n 个圆全部"钉住",由于大圆被钉住的机会较多,因而应先钉住最小圆,这就是解题的出发点.

要钉住最小圆,取其圆心 O 即可,但还要取 6 个点(与 O 相关的 6 个点),如何找?

通过反复尝试,可发现如下构造,其构造相当巧妙!

设 n 个圆中最小圆的圆心为 O,半径为 1,以 O 为圆心、$\sqrt{3}$ 为半径作一个新圆,再作新圆的内接正六边形 $O_1 O_2 \cdots O_6$,则 O, $O_1, O_2, \cdots, O_6$ 这 7 个点即为所求.

实际上,任取一个已知圆 $A(a)$,其中 A 为圆心、$a(a \geqslant 1)$ 为半径,因为圆 $A(a)$ 与圆 O 有公共点,所以 $OA \leqslant r_1 + r_2 = a + 1$.

如果点 A 在圆 O 的内部,则圆 A 覆盖了一个点 O;

若点 O 在圆 A 的外部,则 $OA \geqslant a$,所以 $a \leqslant OA \leqslant a + 1$.

不妨设 A 在 $\angle O_1 O O_2$ 内部或边界上,且 $\angle AOO_1 \leqslant 30°$(图 2.16),我们证明圆 A 包含点 O_1,即 $O_1 A \leqslant a$. 实际上

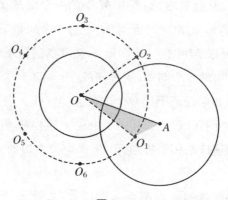

图 2.16

$$O_1A^2 = OA^2 + OO_1^2 - 2 \cdot OO_1 \cdot OA\cos\angle AOO_1$$
$$\leqslant OA^2 + (\sqrt{3})^2 - 2\sqrt{3}OA\cos 30°$$
$$= OA^2 - 3OA + 3. \qquad ①$$

令 $f(x) = x^2 - 3x + 3$，则由二次函数的图像可知，当 $a \leqslant x \leqslant a+1$ 时
$$f(x) \leqslant \max\{f(a), f(a+1)\}.$$

因为 $a \geqslant 1$，所以
$$f(a+1) - a^2 = (a+1)^2 - 3(a+1) + 3 - a^2 = 1 - a \leqslant 0,$$
$$f(a) - a^2 = a^2 - 3a + 3 - a^2 = 3 - 3a \leqslant 0,$$

所以，当 $a \leqslant x \leqslant a+1$ 时
$$f(x) \leqslant \max\{f(a), f(a+1)\} \leqslant a^2.$$

又 $a \leqslant OA \leqslant a+1$，所以由式①，得
$$O_1A^2 \leqslant f(OA) \leqslant \max\{f(a), f(a+1)\} \leqslant a^2,$$

所以 $O_1A \leqslant a$，即圆 A 包含点 O_1，由圆 A 的任意性，每一个已知圆至少覆盖 $O, O_1, O_2, \cdots, O_6$ 这 7 个点中的一个点，证毕．

例5 平面上存在 n 个非零向量的集合 M，具有如下性质：对任何 $u \in M$，存在 $v \neq w, v, w \in M$，使 $u = v + w$，求 n 的所有可能取值．(第 54 届罗马尼亚数学奥林匹克第二轮试题改编)

分析与解 从直观看，似乎由 M 中的一个向量 u，可找到 M 中的另外两个向量 v, w，由此可得到 M 中的 3 个向量 u, v, w．如果再在这 3 个向量外取 M 中的一个向量 x，又可找到另外两个向量 y, z，由此可得到 M 中的 6 个向量，从而 $|M| \geqslant 6$．

细节分析：如何保证上述 6 个向量互异？找一个充分条件，让 6 个向量分布在不同区域，比如其中 3 个在 y 轴右侧，另 3 个在 y 轴左侧．由此可想到这样取相关极端元：设 u 是最右边的向量，x 是最左边的向量．

将 M 中的向量的起点都平移至原点 O，设 n 个向量为 $\overrightarrow{OA_i} = (a_i, b_i)(i = 1, 2, \cdots, n)$，因为对任何 $\overrightarrow{OA_i} \in M$，存在 $\overrightarrow{OA_j} \neq \overrightarrow{OA_k}$，使

2 相关极端

$\overrightarrow{OA_i} = \overrightarrow{OA_j} + \overrightarrow{OA_k}$,即

$$(a_i, b_i) = (a_j + a_k, b_j + b_k),$$

于是,记 $A = \{a_1, a_2, \cdots, a_n\}$,则对任何 $a_i \in A$,存在 $a_j \neq a_k$,使

$$a_i = a_j + a_k. \quad \text{①}$$

不妨设 $a_1 < a_2 < \cdots < a_n$,且所有 $a_i \neq 0$(可适当选取坐标系,使 x 轴不垂直于任何直线 A_iA_j,且 x 轴不平行于任何直线 OA_i),如果 $a_1 > 0$,则所有 $a_i > 0$,由式①,存在 a_j, a_k,使 $a_1 = a_j + a_k > a_j > a_1$,矛盾.

所以 $a_1 < 0$,同理,$a_n > 0$.

考察 a_1,由式①,存在 a_j, a_k,使 $a_1 = a_j + a_k$.

如果 $a_j = a_k$,则直线 $A_jA_k \perp x$ 轴,矛盾,所以不妨设 $a_j < a_k$.

如果 $a_k > 0$,则 $a_1 = a_j + a_k > a_j > a_1$,矛盾,所以 $a_j < a_k < 0$,这样,我们得到 M 中的 3 个不同向量

$$\overrightarrow{OA_1} = (a_1, b_1), \quad \overrightarrow{OA_j} = (a_j, b_j), \quad \overrightarrow{OA_k} = (a_k, b_k),$$

其中 $a_1 < a_j < a_k < 0$. 对称地,考察 a_n,我们得到 M 中的 3 个不同向量

$$\overrightarrow{OA_n} = (a_n, b_n), \quad \overrightarrow{OA_s} = (a_s, b_s), \quad \overrightarrow{OA_t} = (a_t, b_t),$$

其中 $a_n > a_s > a_t > 0$. 所以 $n = |M| \geq 6$.

下面证明:当 $n \geq 6$ 时,n 合乎条件.

首先,当 $n = 6$ 时,先构造三个向量,使其中一个是另外两个的和. 显然,由 $AB = AC + CB$,取 AB, AC, CB 即可.

再考虑 AC 的分解,有 $AC = AB + BC$;再考虑 CB 的分解,有 $CB = CA + AB$;最后考虑 BC 的分解,有 $BC = BA + AC$.

由此可见,取 △ABC 三边代表的 6 个向量即可.

假定 $n = k$ 时合乎条件,构造的向量为 $u_1, u_2, \cdots, u_k$,今要构造一个新的向量 u,使 u 能表示成 $u_1, u_2, \cdots, u_k$ 中某两个的和,设为 $u_i + u_j$.

现在的问题是,要适当选取 u_i, u_j,使 $u_i + u_j \notin \{u_1, u_2, \cdots, u_k\}$,以保证有 $k+1$ 个向量.

我们来研究 $u_i + u_j$ 的特征,然后适当选取 u_i, u_j,使 $\{u_1, u_2, \cdots, u_k\}$ 中的所有向量都不具备这一特征.

从几何图形上看,向量 $u_i + u_j$ 介于向量 u_i, u_j 之间. 如何用数量的大小关系来描述这一特征?——向量 $u_i + u_j, u_i$ 之间的夹角小于向量 u_i, u_j 之间的夹角.

由此可见,取向量 u_i, u_j 是 $\{u_1, u_2, \cdots, u_k\}$ 中任何两个向量之间夹角最小的两个向量即可.

实际上,设 u_i, u_j 是 $\{u_1, u_2, \cdots, u_k\}$ 中任何两个向量之间夹角最小的两个向量,那么 $u_i + u_j \notin \{u_1, u_2, \cdots, u_k\}$,否则,$u_i + u_j, u_i$ 之间的夹角小于向量 u_i, u_j 之间的夹角,与 u_i, u_j 之间夹角最小矛盾,这样一来,$k+1$ 个向量 $u_1, u_2, \cdots, u_k, u_i + u_j$ 合乎要求.

由归纳原理,对一切 $n \geqslant 6, n$ 合乎条件.

综上所述,所求的一切正整数为 $n \geqslant 6 (n \in \mathbf{N})$.

例6 设 A 是一个有限实数集,满足:对 A 中任意 3 个数,都存在其中两个数,这两个数的和也属于 A,求所有满足条件的元素个数最少的集合 A 及元素个数最多的集合 A.(原创题)

分析与解 首先,显然有 $|A| \geqslant 3$. 下面讨论 $|A|$ 的上界.

因为 A 中可以有正数,也可以有负数,我们先讨论 A 中最多有多少个正数. 显然 3 个正数是可行的,比如 $1, 2, 3 \in A$. 但进一步无法再添加任何正数,由此可猜想,A 中最多有 3 个正数.

实际上,取相关极端元:设 A 中最大的两个数为 $a, b (a > b)$,任取 A 中另一个正数 x,考察 3 个数 a, b, x.

因为 $a + b > a, a + x > a$,由 a 的最大性,可知 $a + b \notin A, a + x \notin A$,从而只能是 $b + x \in A$. 又 $b + x > b$,而 b 是 A 中次大的数,所

以 $b+x$ 是 A 中最大的数,所以 $b+x=a$,即 $x=a-b$.

由此可见,A 中除 a,b 外的正数可由 a,b 唯一表示为 $a-b$,所以 A 中最多有 3 个正数.

同理,A 中最多有 3 个负数.此外,A 中还可能含有 0,于是 $3\leqslant|A|\leqslant 7$.

(1) 当 $|A|=3$ 时,分两种情况讨论.

(i) 如果 $0\in A$(因为有 0 时,条件容易满足),设 $A=\{0,a,b\}$,其中 $ab\neq 0, a\neq b$,因为 $0+a\in A$,所以

$$A=\{0,a,b\} \quad (ab\neq 0, a\neq b).$$

此时 A 显然合乎条件.

(ii) 如果 $0\notin A$,设 $A=\{a,b,c\}$,其中 $abc\neq 0$,此时,或者 $a+b\in A$,或者 $b+c\in A$,或者 $c+a\in A$.

由对称性,不妨设 $a+b\in A$,但 $a+b\neq a, a+b\neq b$,所以 $a+b=c$,于是

$$A=\{a,b,a+b\} \quad (ab\neq 0, a\neq b),$$

此时 A 显然合乎条件.

(2) 当 $|A|=7$ 时,由上面不等式等号成立的条件,可设 $A=\{0,a,b,c,x,y,z\}$,其中 $c>b>a>0, z<y<x<0$.

考察 A 中的 3 个整数 a,b,c,因为 $c+a>c, c+b>c$,所以 $c+a, c+b\notin A$,从而只能是 $a+b\in A$.但 $a+b\neq a, a+b\neq b$,所以 $a+b=c$.

同样可知,$z=x+y$,于是

$$A=\{0,a,b,a+b,x,y,x+y\} \quad (b>a>0, y<x<0).$$

考察 3 个数 $a,a+b,x$,因为 $a+(a+b)\notin A$,所以 $a+x\in A$ 或 $a+b+x\in A$.

若 $a+x\in A$,则由 $a+x<a$ 及 a 是最小正数,知 $a+x\leqslant 0$;由 $a+x>x$ 及 x 是最大负数,知 $a+x\geqslant 0$,所以 $a+x=0$,得 $x=$

$-a$.

若 $a+b+x \in A$,则由 $a+b+x > x$ 及 x 是最大负数,知 $a+b+x \geq 0$,所以 $a+b+x=0, a, b$.于是,$x=-a-b, -b, -a$.

但 $x=-b$ 时,有

$A=\{0, a, b, a+b, -b, y, -b+y\}$ ($b>a>0, y<-b<0$).

考察3个数 $b, a+b, y$,如果 $b+y \in A$,而 $b+y<0$,所以 $b+y=-b$,即 $y=-2b$,于是 $A=\{0,a,b,a+b,-b,-2b,-3b\}$,考察3个数 $a, -2b, -3b$,可知 A 不合乎要求.

同样讨论可知,$x=-a-b$ 时,A 不合乎要求,只能是 $x=-a$.

所以两种情况都有 $x=-a$.同样讨论可知,$y=-b$,于是

$A=\{0,a,b,a+b,-a,-b,-a-b\}$ ($b>a>0$).

下面证明上述 A 合乎条件.

对 A 中任意3个数组成的集合 M,如果 M 中有0,则0与另外任何一个数的和属于 A;

如果 M 中有两个互为相反数,则这两个数的和属于 A;

如果 M 中3个数全同号,则绝对值较小的两个数的和属于 A;

如果 M 中没有两个互为相反数,且不全同号,且没有0,不妨设 M 有两个正数和1个负数,则

$M=\{a,b,-a-b\}, \{a,a+b,-b\}, \{b,a+b,-a\}$,

同样有两个数的和属于 A.

综上所述,当 $|A|$ 最小时,$A=\{0,a,b\}$ ($ab \neq 0, a \neq b$) 或 $A=\{a,b,a+b\}$ ($ab \neq 0, a \neq b$).

当 $|A|$ 最大时,$A=\{0,a,b,a+b,-a,-b,-a-b\}$ ($b>a>0$).比如 $A=\{0,1,2,3,-1,-2,-3\}$.

2.3 整体相关极端元

所谓整体相关元,就是与题目整体结构相关的一些元素,它常常与题目条件及目标没有直接联系,但在解题中起着至关重要的作用.

例1 平面有限点集 M 具有如下性质:对 M 中任意两点 A,B,必存在 M 中的第三点 C,使 $\triangle ABC$ 为正三角形,求 $|M|$ 的最大值.

分析与解 为了从整体上控制题目给定点的存在范围,取 M 的一条直径 AB(A,B 是 M 中相距最远的两个点),由已知,存在 M 中的点 C,使 $\triangle ABC$ 为正三角形.

分别以 A,B,C 为圆心,AB 为半径作三个等圆,显然,M 在这三个等圆的公共部分 Ω 内(图 2.17).

若 M 中有第四个点 D,则另有点 $D' \in M$,使 $\triangle BDD'$ 为正三角形,于是 $\angle DBD' = 60°$,所以 D,D' 中必有一点在 $\triangle ABC$ 外.

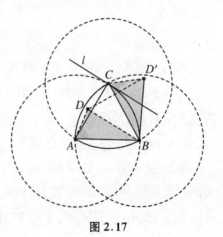

图 2.17

不妨设 D 在 $\triangle ABC$ 外,但 D 在 Ω 内,不妨设 D 在 $\triangle ABC$ 外的弓形 AC 内.

将 $\triangle ABD$ 绕点 B 旋转 $60°$ 到 $\triangle CBD'$,则 D 旋转到 BD' 上一点 D',此时 $\angle D'CB =$(旋转)$\angle DAB > 60° > 30°=$ 切线 l 与 BC 夹的弦切角,从而 D' 在 l 不含 Ω 的一侧,即 D' 在 Ω 外,矛盾.

因此,$|M| \leq 3$.

又正三角形三顶点显然合乎要求,所以 $|M|$ 的最大值为 3.

例2 平面上给定 n 个点,其中无 3 点共线,以这些点为顶点的凸四边形的个数的最小值记为 $f(n)$.求证:当 $n\geqslant 5$ 时,$f(n)\geqslant C_{n-3}^2+f(n-2)$.(原创题)

分析与证明 任意 3 点都构成一个三角形,得到有限个三角形.取一个面积最大的三角形,设为 $\triangle ABC$(图 2.18).

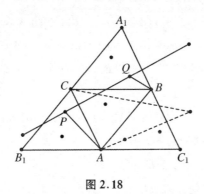

图 2.18

我们先证明:含有 A,B,C 中两个点的凸四边形至少有 C_{n-3}^2 个.

实际上,作外围三角形 $\triangle A_1B_1C_1$,使 $\triangle ABC$ 是 $\triangle A_1B_1C_1$ 的中位线三角形,则其他的 $n-3$ 个点都在 $\triangle A_1B_1C_1$ 的内部或边界上(注意 A_1,B_1,C_1 不一定是已知点).

考察非 A,B,C 的任意两点 P,Q,作直线 PQ,则 A,B,C 中必有两点在直线 PQ 的同侧,设为 A,B.那么,直线 PQ 必与线段 AB_1,BA_1 相交,设交点为 M,N,于是 $MABN$ 是凸四边形,所以 P,Q,A,B 是一个凸四边形(注意此处 $\triangle ABC$ 面积最大是必要的,否则 P,Q 可能在 $\triangle A_1B_1C_1$ 外,此时虽然 A,B 在直线 PQ 的同侧,但 AB 的延长线可能分割线段 PQ,从而不是凸四点组).

因为除 A,B,C 外还有 $n-3$ 个点,所以点对 $\{P,Q\}$ 有 C_{n-3}^2 种取法,所以含有 A,B,C 中两个点的凸四边形至少有 C_{n-3}^2 个.

其次,我们证明:至多含有 A,B,C 中一个点的凸四边形至少有

$f(n-2)$ 个.

实际上,去掉点 A,B,还剩下 $n-2$ 个点,这 $n-2$ 个点所形成的凸 4 点组至少有 $f(n-2)$ 个,其中每个四边形至多恰含有 A,B,C 中的一个点,与前面的 C_{n-3}^2 个四边形都互异.

综上所述,命题获证.

例 3 设 n 是给定的正整数,$X = \{1,2,3,\cdots,n\}$,A 是 X 的子集,且对任何 $x<y<z,x,y,z\in A$,都存在一个三角形三边的长分别为 x,y,z. 用 $|A|$ 表示集合 A 中元素的个数,求 $|A|$ 的最大值.(原创题)

分析与解 设 $A = \{a_1, a_2, \cdots, a_r\}$ 是合乎条件的子集,其中 $a_1 < a_2 < \cdots < a_r$.

如果 $a_r < n$,设 $n - a_r = t$,令 $a_i' = a_i + t (i = 1, 2, \cdots, r)$,则
$$a_r' = n, \quad 且 \quad A' = \{a_1', a_2', \cdots, a_r'\}$$
也是合乎条件的子集.于是,不妨设 $a_r = n$.

从极端元素入手,考察 a_1, a_2, a_r,它们构成三角形的三边,所以
$$n = a_r < a_1 + a_2.$$
但 $a_1 + a_2 < 2a_2$,即 $a_1 + a_2 \leqslant 2a_2 - 1$,于是
$$n = a_r \leqslant a_1 + a_2 - 1 \leqslant 2a_2 - 2,$$
所以 $a_2 \geqslant \frac{1}{2}n + 1$.

(1) 当 n 为奇数时,令 $n = 2k+1$,则
$$a_2 \geqslant \frac{1}{2}n + 1 = k + \frac{3}{2},$$
但 a_2 为整数,所以 $a_2 \geqslant k+2$,于是
$$A \setminus \{a_1\} \subseteq \{k+2, k+3, \cdots, 2k+1\},$$
所以
$$|A| - 1 \leqslant |\{k+2, k+3, \cdots, 2k+1\}| = 2k+1-(k+1) = k,$$
故

$$|A| \leqslant k+1 = \frac{n-1}{2}+1 = \frac{n+1}{2}.$$

(2) 当 n 为偶数时,令 $n=2k$,则
$$a_2 \geqslant \frac{1}{2}n+1 = k+1.$$
于是
$$A\backslash\{a_1\} \subseteq \{k+1, k+2, \cdots, 2k\},$$
所以
$$|A|-1 \leqslant |\{k+1, k+2, \cdots, 2k\}| = 2k-k = k,$$
故
$$|A| \leqslant k+1 = \frac{n}{2}+1 = \frac{n+2}{2}.$$

综合(1)和(2),对任何正整数 n,有
$$|A| \leqslant \frac{n+2}{2}.$$
但 $|A|$ 为整数,所以
$$|A| \leqslant \left[\frac{n+2}{2}\right].$$

其次,若 $n=2k$,则令
$$A = \{k, k+1, k+2, \cdots, 2k\},$$
此时,对任何 $x<y<z, x,y,z \in A$,都有
$$x+y \geqslant k+(k+1) = 2k+1 > 2k \geqslant z,$$
从而存在一个以 x,y,z 为三边的三角形,且
$$|A| = k+1 = \frac{n}{2}+1 = \frac{n+2}{2} = \left[\frac{n+2}{2}\right].$$

若 $n=2k+1$,则令
$$A = \{k+1, k+2, \cdots, 2k+1\},$$
此时,对任何 $x<y<z, x,y,z \in A$,都有
$$x+y \geqslant (k+1)+(k+2) = 2k+3 > 2k+1 \geqslant z,$$

从而存在一个以 x,y,z 为三边的三角形,且

$$|A| = k+1 = \frac{n-1}{2}+1 = \frac{n+1}{2} = \left[\frac{n+2}{2}\right].$$

综上所述,$|A|$ 的最大值为 $\left[\frac{n+2}{2}\right]$.

注 这里的构造可合并为

$$A = \left\{\left[\frac{n+1}{2}\right], \left[\frac{n+1}{2}\right]+1, \left[\frac{n+1}{2}\right]+2, \cdots, n\right\}.$$

例 4 对正数 a,令 $S(a) = \{[na] \mid n = 1,2,3,\cdots\}$,求证:不存在三个互异的正数 a,b,c,使正整数集 $\mathbf{N}$ 能划分成三个两两不相交的子集 $S(a), S(b), S(c)$. (第 56 届普特南(Putnam)数学竞赛试题)

分析与证明 设存在正数 $a,b,c(a<b<c)$,使 $\mathbf{N}$ 被划分为三个两两互不相交的子集 $S(a), S(b), S(c)$.

因为 $[a] = 1$,所以 $a = 1+t(0 \leqslant t < 1)$.

设 $r > 1$ 是不属于 $S(a)$ 的最小正整数,我们有

$$[(r-1)a] = r-1, \quad [ra] = r+1,$$

即

$$(r-1)a < r, \quad ra \geqslant r+1.$$

所以

$$1+\frac{1}{r} \leqslant a < 1+\frac{1}{r-1}, \quad 即 \quad \frac{1}{r} \leqslant t < \frac{1}{r-1}.$$

我们证明如下的结论:

(1) 设 $u \notin S(a)$,则下一个不属于 $S(a)$ 的值为 $u+r$ 或 $u+r+1$ (但其中的另一个必属于 $S(a)$).

实际上,设 $[pa] = u-1$,$[(p+1)a] = u+1$,令 $w = (p+1)a - (u+1)$,则不属于 $S(a)$ 的值必以 $u+m$ 的形式出现,其中 m 是满足 $w+(m-1)t \geqslant 1$ 的最大整数. 如果 $m \leqslant r-1$,则有 $w+(m-1)t < mt \leqslant (r-1)t < 1$(其中利用了 $w < t$).

对 $m=r+1, w+(m-1)t=w+rt\geqslant 1$,所以 $m=r$ 或 $r+1$. 注意到 $[b]=r$,所以 $r\leqslant b<r+1$.

(2) 如果 $v\in S(b)$,则下一个属于 $S(b)$ 的值为 $v+r$ 或 $v+r+1$.

此结论同(1)可证.

结合(1)和(2),并注意到 $S(a), S(b)$ 不相交,所以 $S(a), S(b)$ 是 $\mathbf{N}$ 的一个 2-划分,即 $S(c)$ 为空集,矛盾.

例 5 设 10 阶简单图 G 中,任何 3 个顶点都至少有两个顶点相连,求 G 的边数的最小值.

分析与解 我们的目标是找到常数 c,使其满足如下两个条件:

(1) 对任何合乎题意的图 G,都有 $\|G\|\geqslant c$;

(2) 存在合乎题意的图 G_0,使 $\|G_0\|=c$.

为了找到合乎要求的常数,我们先构造合乎题意的图 G,使 $\|G\|$ 尽可能小.

题给的条件为"任何 3 个点中都有两个点相邻",这可将其转换为"任意 3 个点中有两个点在同一抽屉",于是,想到构造两个抽屉,每个抽屉中的点两两相连即可. 显然,将点平均分成两组,每组 5 个点,令同一组中的 5 个点两两相邻,得到两个独立的 K_5 合乎条件,此时 $\|G\|=2C_5^2=20$.

下面只需证明,对任意合乎题意的图 G,有 $\|G\|\geqslant 20$.

注意到 $\|G\|$ 的计算公式 $\|G\|=\dfrac{1}{2}\sum_{i=1}^{10}d(x_i)$,从而 $\|G\|\geqslant 20$ 的一个充分条件是:对任何点 x,有 $d(x)\geqslant 4$,这等价于 $d(x)_{\min}\geqslant 4$,由此想到取极端元:不妨设 $d(x)$ 最小.

若 $d(x)\geqslant 4$,则 $\|G\|\geqslant 20$;

若 $d(x)\leqslant 3$,则注意抓住度最小的点 x,以 x 为标准进行点集划分,令

$P = \{u \mid u \text{ 与 } x \text{ 相邻}\}$, $Q = \{u \mid u \text{ 与 } x \text{ 不相邻}\}$.

为了估计 G 中的边, 可从 3 个局部分别计算: 子图 P 中的边、子图 Q 中的边、子图 P 与子图 Q 之间的边.

对 Q 中任何两个点 u, v, 考察三点组 x, u, v, 其中有两点相邻, 而 x 与 u, v 都连虚边 (不相邻), 所以 u, v 相邻, 从而 Q 是完全图 (图 2.19).

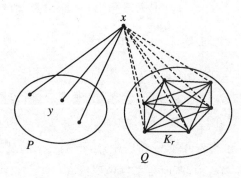

图 2.19

再找一个充分条件, 思考什么情况下有 $\|Q\| \geqslant 20$, 发现 $|Q| \geqslant 7$ (即 $d(x) = |P| \leqslant 2$) 即可, 此时 $\|Q\| \geqslant \|K_7\| = C_7^2 = 21$.

最后解决剩下的情形 $d(x) = 3$, 此时
$$|Q| = 6, \quad \|Q\| = \|K_6\| = C_6^2 = 15.$$
于是
$$\|G\| \geqslant \|Q\| + d(x) + \cdots \geqslant 15 + 3 + \cdots = 18 + \cdots.$$

再找两条边即可, 考察 P 中任一点 y, 由于 $d(y) \geqslant d(x) = 3$, 于是
$$\|G\| \geqslant \|Q\| + d(x) + d(y) - 1 \quad (\text{边 } xy \text{ 可能计算两次})$$
$$\geqslant \|K_6\| + 3 + 3 - 1 = 15 + 5 = 20.$$

综上所述, G 的边数的最小值为 20.

例 6 已知空间 9 个点中, 任何 4 个点不共面. 在这 9 个点中连

若干条线段,使图中不存在四面体,问图中最多有多少个三角形?(1994年中国数学集训队测试题)

分析与解 考察极端元:度最大的点 A_1,设 $d(A_1) = k$.

(1) 若 $k = 8$,则 A_1 与 A_i ($i = 2, 3, \cdots, 9$) 都相连,则 $A_2, A_3, \cdots, A_9$ 间无三角形(否则有 K_4),所以三角形必含有顶点 A_1,另两个顶点在 $\{A_2, A_3, \cdots, A_9\}$ 中.

由于 $\{A_2, A_3, \cdots, A_9\}$ 中无三角形,从而由熟知的结论,至多连 $\left[\dfrac{8^2}{4}\right] = 16$ 条边,此时 G 中三角形的个数 $x \leqslant 16$.

(2) 若 $k = 7$,设 A_1 与 A_i ($i = 3, 4, \cdots, 9$) 都相连,与 A_2 不连,由于 $\{A_2, A_3, \cdots, A_9\}$ 中无三角形(否则出现 K_4),所以图中的三角形至多有两个顶点在 $\{A_3, A_4, \cdots, A_9\}$ 中.

又三角形至多含 A_1, A_2 中一个点,于是三角形至少有两个顶点在 $\{A_3, A_4, \cdots, A_9\}$ 中,所以每个三角形恰含 $\{A_3, A_4, \cdots, A_9\}$ 中的一条边,另一个顶点为 A_1 或 A_2. 因为 $\{A_3, A_4, \cdots, A_9\}$ 中无三角形,至多连 $\left[\dfrac{7^2}{4}\right] = 12$ 条边,此时三角形的个数 $x \leqslant 12 + 12 = 24$.

(3) 若 $k \leqslant 6$,考察以 A 为顶点的三角形,设 $d(A) = r$,则 $r \leqslant k \leqslant 6$.

设 A 的邻点为 $B_1, B_2, \cdots, B_r$,由于 $\{B_1, B_2, \cdots, B_r\}$ 中无三角形(否则出现 K_4),最多连 $\left[\dfrac{r^2}{4}\right] \leqslant \left[\dfrac{6^2}{4}\right] = 9$ 条边,但以 A 为顶点的三角形的另两个顶点只能在 $\{B_1, B_2, \cdots, B_r\}$ 中,必含 $\{B_1, B_2, \cdots, B_r\}$ 中的一条边,所以至多有 9 个以 A 为顶点的三角形.

由对称性,含其他点的三角形也有 9 个,所以三角形的个数为 $9 \times 9 = 81$ 个. 但每个三角形含有三个顶点,被重复计数三次,所以 G 中三角形的个数为 $x \leqslant \dfrac{81}{3} = 27$.

所以,不论何种情况,都有 G 中三角形的个数为 $x \leqslant \dfrac{81}{3} = 27$.

最后,对于图 $K_{3,3,3}$,它没有 K_4,且有 27 个三角形(同组的三个点不连边,异组的任何两个点相邻),故三角形个数的最大值为 27.

另解 考察空间 n(n 为 3 的倍数)个点的情形,记以 A 为顶点的三角形个数为 $f(A)$,不妨设 A 是各顶点中使 $f(A)$ 最大的顶点,与 A 相邻的点的集合为 $M = \{A_1, A_2, \cdots, A_s\}$(图 2.20),与 A 不相邻的点的集合为 $N = \{B_1, B_2, \cdots, B_t\}$($s + t = n - 1$).由于 G 中无四面体,所以 M 中没有三角形,从而 M 中的边数不大于 $\left[\dfrac{s^2}{4}\right]$,即 $f(A) \leqslant \left[\dfrac{s^2}{4}\right]$.

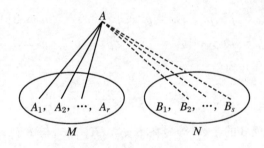

图 2.20

不含点 A 的三角形至少含有 N 中的一个点(否则 M 中有三角形),于是 G 中三角形的个数

$$S \leqslant f(A) + f(B_1) + f(B_2) + \cdots + f(B_t)$$
$$\leqslant f(A) + f(A) + \cdots + f(A) = (t+1)f(A)$$
$$\leqslant (t+1)\left[\dfrac{s^2}{4}\right] \leqslant (t+1) \cdot \dfrac{s^2}{4} = (t+1) \cdot \dfrac{s}{2} \cdot \dfrac{s}{2}$$
$$\leqslant \left(\dfrac{t+1+s}{3}\right)^3 = \dfrac{n^3}{27}.$$

又 $S \in \mathbf{Z}$,所以 $S \leqslant \left[\dfrac{n^3}{27}\right]$.

另一方面,当 n 是 3 的倍数时,$S = \left[\dfrac{n^3}{27}\right]$ 是可能的,取 G 为 $K_{\frac{n}{3},\frac{n}{3},\frac{n}{3}}$,此时 G 中的三角形必在 3 部分图的每一部分中各取一点,每一部分都有 $\dfrac{n}{3}$ 种取法,得到 $\dfrac{n^3}{27}$ 个三角形,故 $S_{\max} = \dfrac{n^3}{27} = \left[\dfrac{n^3}{27}\right]$.

特别地,对 $n = 9$,有 $S_{\max} = 27$.

我们还可进一步思考这样的问题:若 n 不是 3 的倍数时,则 S 的最大值是多少?

由上面的结论可以猜想

$$S_{\max} = \dfrac{n^3}{27} \quad (n = 3p),$$
$$S_{\max} = p^2(p+1) = p^3 + p^2 \quad (n = 3p+1),$$
$$S_{\max} = p(p+1)^2 = p^3 + 2p^2 + p \quad (n = 3p+2).$$

这一结论可合并为

$$S_{\max} = \left(\dfrac{n-r}{3}\right)^{3-r}\left(\dfrac{n+3-r}{3}\right)^r,$$

其中 r 是 n 模 3 的余数,等号在 $K_{p,p,p}$,$K_{p,p,p+1}$ 与 $K_{p,p+1,p+1}$ 成立.

此猜想正确,我们有下面更一般的结论:

托兰(Turan)定理 若 $n(n \geqslant 2)$ 阶图 G 中不含 K_q,那么,其边数最大的图唯一存在,即 $T_{n,q-1}$.

这里,$T_{n,q-1}$ 称为托兰图,它是 n 个顶点、$q-1$ 部分的完全图,即 n 个顶点分为 $q-1$ 个类,每个类之间的点的数目至多相差 1. 具体地说,设 $n = k(q-1) + r$,$0 \leqslant r < q-1$,那么,$q-1$ 个类 $A_1, A_2, \cdots, A_{q-1}$ 中点的个数分别为 $|A_1| = |A_2| = \cdots = |A_r| = k+1$,$|A_{r+1}| = |A_{r+2}| = \cdots = |A_{p-1}| = k$,且同一部分中的点互不相邻,不同部分中的任何两个点相邻,此时,最大的边数为 $\dfrac{(q-2)(n^2 - r^2)}{2(q-1)} + \dfrac{r(r-1)}{2}$.

2 相关极端

下面介绍我们得到的托兰定理的如下一个推广:

定理 给定正整数 $2 \leqslant p < q$,若 $n(n \geqslant p)$ 阶简单图 G 中不含 K_q,那么,含有 K_q 个数最多的图唯一存在,为托兰图 $T_{n,q-1}$,且 K_q 的最多个数为 $\sum_j C_{q-1-r}^j C_r^{p-j} k^j (k+1)^{p-j}$. 这里,$n = k(q-1) + r (0 \leqslant r < q-1)$,和式取遍一切非零项,即对所有满足 $\max\{0, p-r\} \leqslant j \leqslant \min\{p, q-1-r\}$ 的 j 求和.

为证明上述定理,我们需要用到下面的引理:

引理 对 $2 \leqslant p < q$,记

$$\sigma_p(x_1, x_2, \cdots, x_{q-1}) = \sum_{1 \leqslant i_1 < i_2 < \cdots < i_p \leqslant q-1} x_{i_1} x_{i_2} \cdots x_{i_p},$$

$$Q(n, p, q) = \max_{x_1 + x_2 + \cdots + x_{q-1} = n, x_i \geqslant 0} \sigma_p(x_1, x_2, \cdots, x_{q-1}),$$

那么,$\sigma_p(x_1, x_2, \cdots, x_{q-1})$ 以唯一的方式达到最大值

$$Q(n, p, q) = \sigma_p(k, \cdots, k, k+1, \cdots, k+1),$$

其中 $n = k(q-1) + r$,而 $\sigma_p(k, \cdots, k, k+1, \cdots, k+1)$ 中有 r 个 $k+1$,$q-1-r$ 个 k.

证明 因为满足 $x_1 + x_2 + \cdots + x_{q-1} = n$ 的自然数组 $(x_1, x_2, \cdots, x_{q-1})$ 只有有限个,所以 $\sigma_p(x_1, x_2, \cdots, x_{q-1})$ 的最大值一定存在. 我们只需证明:当 $\sigma_p(x_1, x_2, \cdots, x_{q-1})$ 在 $(x_1, x_2, \cdots, x_{q-1})$ 处达到最大时,有 $|x_i - x_j| \leqslant 1 (1 \leqslant i < j \leqslant q-1)$. 用反证法,假设存在 $x_1 - x_2 \geqslant 2$,则将 $(x_1, x_2, x_3, \cdots, x_{q-1})$ 换成 $(x_1 - 1, x_2 + 1, x_3, \cdots, x_{q-1})$,那么

$$\sigma_p(x_1 - 1, x_2 + 1, x_3, \cdots, x_{q-1}) - \sigma_p(x_1, x_2, x_3, \cdots, x_{q-1})$$
$$= \sigma_{p-2}(x_3, x_4, \cdots, x_{q-1})((x_2+1)(x_1-1) - x_1 x_2)$$
$$= \sigma_{p-2}(x_3, x_4, \cdots, x_{q-1})(x_1 - x_2 - 1) > 0,$$

矛盾,引理获证.

定理的证明 记图 G 中 K_p 个数的最大值为 $P(n, p, q)$,我们先证明 $P(n, p, q) = Q(n, p, q)$.

(1) $P(n,p,q) \geqslant Q(n,p,q)$.

实际上,设 $Q(n,p,q) = \sigma_p(x_1, x_2, \cdots, x_{q-1})$,作 $q-1$ 部分完全图 $K_{x_1, x_2, \cdots, x_{q-1}}$,由抽屉原理知,其中无 K_q,我们来计算 $K_{x_1, x_2, \cdots, x_{q-1}}$ 中 K_p 的个数.

由于 $K_{x_1, x_2, \cdots, x_{q-1}}$ 同一部分中任何两点不相邻,于是,K_p 恰含 $K_{x_1, x_2, \cdots, x_{q-1}}$ 的某 p 个部分中各一个点. 当含有第 $i_1, i_2, \cdots, i_p$ 部分中各一个点时,各点的取法分别有 $x_{i_1}, x_{i_2}, \cdots, x_{i_p}$ 种,由乘法原理,这样的 K_p 有 $x_{i_1} x_{i_2} \cdots x_{i_p}$ 个,所以

$$P(n,p,q) \geqslant \sum_{1 \leqslant i_1 < i_2 < \cdots < i_p \leqslant q-1} x_{i_1} x_{i_2} \cdots x_{i_p}$$
$$= \sigma_p(x_1, x_2, \cdots, x_{q-1}) = Q(n,p,q).$$

(2) $P(n,p,q) \leqslant Q(n,p,q)$.

对 q 归纳. 当 $q = 2$ 时,$p = 1$,显然有 $P(n,p,q) = n = Q(n,p,q)$,结论(2)成立.

设结论(2)对 $q-1$ 成立,即 $P(n,p,q-1) \leqslant Q(n,p,q-1)$. 考虑 q 的情形,设图 G 中以 A 为顶点之一的 K_p 的个数为 $f(A)$,以 A 为顶点之一的边的条数为 $d(A)$,又设 A 是使 $f(A)$ 最大的一个顶点,$d(A) = r$,与 A 相邻的点的集合为 $P = \{A_1, A_2, \cdots, A_r\}$,与 A 不相邻的点的集合为 $Q = \{B_1, B_2, \cdots, B_{n-r-1}\}$(图 2.21).

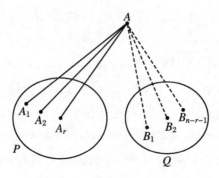

图 2.21

因为 G 中无 K_q,所以 P 中无 K_{q-1},图 P 中 K_{p-1} 的个数不多于 $P(r,p-1,q-1)$. 又图 P 中 K_{p-1} 的个数就是以 A 为顶点的 K_p 的个数,所以

$$f(A) \leqslant P(r,p-1,q-1).$$

对于任何一个 K_p,如果它的顶点都在 P 中,因为 P 中无 K_{q-1},这样的 K_p 个数不多于 $P(r,p,q-1)$. 如果它的顶点不都在 P 中,这样的 K_p 个数不多于

$$f(A) + f(B_1) + f(B_2) + \cdots + f(B_{n-r-1})$$
$$\leqslant (n-r)f(A)$$
$$\leqslant (n-r)P(r,p-1,q-1).$$

所以

$$P(n,p,q) \leqslant \max_{0 \leqslant r \leqslant n-1}(P(r,p,q-1) + (n-r)P(r,p-1,q-1)).$$

由归纳假设

$$P(r,p,q-1) \leqslant Q(r,p,q-1), P(r,p-1,q-1)$$
$$\leqslant Q(r,p-1,q-1),$$

所以

$$P(n,p,q) \leqslant \max_{0 \leqslant r \leqslant n-1}(Q(r,p,q-1) + (n-r)Q(r,p-1,q-1)).$$

由引理,对确定的 $r(0 \leqslant r \leqslant n-1)$,最大值 $Q(r,p,q-1)$ 与 $Q(r,p-1,q-1)$ 在 r 的同一个 $q-2$ 分拆中达到,设此分拆为 $r = y_1 + y_2 + \cdots + y_{q-2}$,那么

$$P(n,p,q) \leqslant \max_{0 \leqslant r \leqslant n-1}(\sigma_p(y_1, y_2, \cdots, y_{q-2})$$
$$+ (n-r)\sigma_{p-1}(y_1, y_2, \cdots, y_{q-2}))$$
$$= \max_{0 \leqslant r \leqslant n-1}\sigma_p(n-r, y_1, y_2, \cdots, y_{q-2}).$$

因为 $(n-r) + y_1 + y_2 + \cdots + y_{q-2} = (n-r) + r = n$,所以

$$\max_{0 \leqslant r \leqslant n-1}\sigma_p(n-r, y_1, y_2, \cdots, y_{q-2}) \leqslant Q(n,p,q),$$

所以 $P(n,p,q) \leqslant Q(n,p,q)$. 由归纳原理,结论成立.

综合(1)和(2),有 $P(n,p,q) = Q(n,p,q)$.

最后,设 $n = k(q-1) + r$,由引理

$$Q(n,p,q) = \sigma_p(k,\cdots,k,k+1,\cdots,k+1),$$

其中有 r 个 $k+1$,$q-1-r$ 个 k.所以

$$P(n,p,q) = \sigma_p(k,\cdots,k,k+1,\cdots,k+1)$$
$$= \sum_j C_{q-1-r}^j C_r^{p-j} k^j (k+1)^{p-j}.$$

此处和式取遍一切非零项,即对所有满足 $j \leqslant q-1-r, 0 \leqslant p-j \leqslant r$,$j \geqslant 0$ 的 j 求和,这等价于 $\max\{0, p-r\} \leqslant j \leqslant \min\{p, q-1-r\}$.

推论1(托兰定理) 若 n 阶简单图 G 中不含 $K_q(q \geqslant 3)$,则 G 中边数的最大值为 $P(n,2,q) = \dfrac{(q-2)(n^2-r^2)}{2(q-1)} + \dfrac{r(r-1)}{2}$,其中 r 是 n 模 $q-1$ 的余数.

我们只需说明

$$\sum_j C_{q-1-r}^j C_r^{p-j} k^j (k+1)^{p-j} = \frac{(q-2)(n^2-r^2)}{2(q-1)} + \frac{r(r-1)}{2},$$
$$\max\{0, p-r\} \leqslant j \leqslant \min\{p, q-1-r\}.$$

实际上,设 $n = k(q-1) + r$,则 $n^2 = k^2(q-1)^2 + r^2 + 2kr(q-1)$,于是

$$\frac{(q-2)(n^2-r^2)}{2(q-1)} + \frac{r(r-1)}{2}$$
$$= \frac{(q-1)(q-2)k^2 + 2kr(q-2) + r(r-1)}{2}$$
$$= C_{q-1}^2 k^2 + C_{q-2}^1 C_r^1 k + C_r^2.$$

当 $r = 0$ 时,$\max\{0, 2-r\} = 2, \min\{2, q-1-r\} = 2$,于是,$j = 2$,故

$$\sum_j C_{q-1-r}^j C_r^{p-j} k^j (k+1)^{p-j} = C_{q-1}^2 k^2 = C_{q-1}^2 k^2 + C_{q-2}^1 C_r^1 k + C_r^2.$$

当 $r = 1$ 时,$\max\{0, 2-r\} = 1, \min\{2, q-1-r\} = 2$,于是,$j =$

1,2,故

$$\sum_j C_{q-1-r}^j C_r^{p-j} k^j (k+1)^{p-j} = C_{q-2}^1 k(k+1) + C_{q-2}^2 k^2$$

$$= (q-2)(k^2+k) + \frac{(q-2)(q-3)k^2}{2}$$

$$= \frac{(q-2)((q-1)k^2+2k)}{2}$$

$$= C_{q-1}^2 k^2 + C_{q-2}^1 k$$

$$= C_{q-1}^2 k^2 + C_{q-2}^1 C_r^1 k + C_r^2.$$

当 $2 \leqslant r \leqslant q-3$ 时，$\max\{0, 2-r\} = 0$，$\min\{2, q-1-r\} = 2$，于是，$j = 0, 1, 2$，故

$$\sum_j C_{q-1-r}^j C_r^{p-j} k^j (k+1)^{p-j}$$

$$= C_r^2 (k+1)^2 + C_{q-1-r}^1 C_r^1 k(k+1) + C_{q-1-r}^2 k^2$$

$$= \frac{r(r-1)(k+1)^2}{2} + (q-1-r)r(k^2+k)$$

$$\quad + \frac{(q-1-r)(q-2-r)k^2}{2}$$

$$= \frac{r(r-1)(k+1)^2}{2} + \frac{(q-1-r)((q-2+r)k^2 + 2rk)}{2}$$

$$= \frac{r(r-1)(k+1)^2}{2} + \frac{((q-1)(q-2) + r - r^2)k^2}{2}$$

$$\quad + kr(q-1-r)$$

$$= \frac{(r^2-r)(k+1)^2}{2} + \frac{(q-1)(q-2)k^2}{2}$$

$$\quad + \frac{(r-r^2)k^2}{2} + kr(q-1-r)$$

$$= \frac{(q-1)(q-2)k^2}{2} + \frac{(r^2-r)((k+1)^2 - k^2)}{2}$$

$$\quad + kr(q-1-r)$$

$$= \frac{(q-1)(q-2)k^2}{2} + \frac{(r^2-r)(2k+1)}{2} + kr(q-1) - kr^2$$

$$= \frac{(q-1)(q-2)k^2}{2} + kr^2 - kr + \frac{r^2-r}{2} + kr(q-1) - kr^2$$

$$= \frac{(q-1)(q-2)k^2}{2} + \frac{r^2-r}{2} + kr(q-2)$$

$$= C_{q-1}^2 k^2 + C_{q-2}^1 C_r^1 k + C_r^2.$$

当 $r = q-2$ 时,$\max\{0, 2-r\} = 0$,$\min\{2, q-1-r\} = 1$,于是, $j = 0, 1$,故

$$\sum_j C_{q-1-r}^j C_r^{p-j} k^j (k+1)^{p-j}$$

$$= C_{q-2}^2 (k+1)^2 + C_{q-2}^1 k(k+1)$$

$$= \frac{(q-2)(q-3)(k+1)^2}{2} + (q-2)(k^2 + k)$$

$$= \frac{(q-2)((q-3)(k+1)^2 + 2k^2 + 2k)}{2}$$

$$= \frac{q-2}{2}((q-3)k^2 + (2q-6)k + q - 3 + 2k^2 + 2k)$$

$$= \frac{q-2}{2}((q-1)k^2 + (2q-4)k + q - 3)$$

$$= C_{q-1}^2 k^2 + C_{q-2}^1 C_{q-2}^1 k + C_{q-2}^2$$

$$= C_{q-1}^2 k^2 + C_{q-2}^1 C_r^1 k + C_r^2.$$

从而结论成立.

特别地,若 $n(n \geqslant 2)$ 阶图 G 中不含 K_4,那么,其边数最大的图唯一存在,即 $T_{n,3}$. 最大的边数为

$$\frac{n^2 - r^2}{3} + \frac{r(r-1)}{2} = \frac{n^2}{3} + \frac{r(r-3)}{6} = \left[\frac{n^2}{3}\right],$$

其中 r 是 n 模 3 的余数.

推论 2 若 n 阶简单图 G 不含 K_{p+1},则 G 中 K_p 个数的最大

值为
$$P(n,p,p+1) = \left(\frac{n-r}{p}\right)^{p-r}\left(\frac{n+p-r}{p}\right)^r,$$
其中 r 是 n 模 p 的余数.

特别地,不含三角形的 n 阶简单图 G 的最大边数为
$$P(n,2,3) = \left(\frac{n-r}{2}\right)^{2-r}\left(\frac{n+2-r}{2}\right)^r = \left[\frac{n^2}{4}\right],$$
其中 r 是 n 模 2 的余数.

推论 3 若 n 阶简单图 G 中不含 K_5,则 G 中三角形个数的最大值为
$$P(n,3,5) = \sum_j C_{q-1-r}^j C_r^{p-j} k^j (k+1)^{p-j},$$
其中 $\max\{0, 3-r\} \leqslant j \leqslant \min\{3, 4-r\}$.

当 $r=0$ 时,$3 \leqslant j \leqslant 3$,且
$$P(n,3,5) = C_4^3 k^3.$$

当 $r=1$ 时,$2 \leqslant j \leqslant 3$,且
$$P(n,3,5) = \sum_{j=2}^3 C_3^j C_1^{3-j} k^j (k+1)^{3-j}$$
$$= 3k^2(k+1) + k^3 = 4k^3 + 3k^2.$$

当 $r=2$ 时,$1 \leqslant j \leqslant 2$,且
$$P(n,3,5) = \sum_{j=1}^2 C_2^j C_2^{3-j} k^j (k+1)^{3-j}$$
$$= 3k(k+1)^2 + 2k^2(k+1) = 4k^3 + 6k^2 + 2k.$$

当 $r=3$ 时,$0 \leqslant j \leqslant 1$,且
$$P(n,3,5) = \sum_{j=0}^1 C_1^j C_3^{3-j} k^j (k+1)^{3-j}$$
$$= (k+1)^3 + 3k(k+1)^2 = 4k^3 + 9k^2 + 6k + 1.$$

所以

$$P(n,3,5) = 4k^3 + 3rk^2 + \left[\frac{r+1}{2}\right]\left[\frac{r}{2}\right]rk + \left[\frac{r+1}{4}\right]$$

$$= \begin{cases} \dfrac{n^3}{16} & (r=0) \\[2mm] \dfrac{n^3-3n+2}{16} & (r=1) \\[2mm] \dfrac{n^3-4n}{16} & (r=2) \\[2mm] \dfrac{n^3-3n-2}{16} & (r=3) \end{cases}$$

$$= \frac{(n-2)r^2}{16} - \frac{(n-1)r}{4} + \frac{r}{12}\left[\frac{r+1}{4}\right],$$

其中 r 是 n 模 4 的余数.

习 题 2

1. 平面上存在有限个点,其中任何两点之间的距离不大于 1,任何 3 点都不构成锐角三角形. 求证:可以用一个直径为 1 的圆覆盖这些点.

2. 试证:周长为 4 的平行四边形可以用 1 个半径为 1 的圆覆盖.

3. 一个几何体的任何截面都是圆,证明:这个几何体是球.

4. 试证:对于任意的凸五边形,在它的 5 条对角线中,一定有 3 条可以构成一个三角形.

5. 求出所有的实数 $a_1, a_2, \cdots, a_{100}$,使其满足
$$\begin{cases} a_1 - 3a_2 + 2a_3 \geqslant 0, \\ a_2 - 3a_3 + 2a_4 \geqslant 0, \\ \cdots, \\ a_{100} - 3a_1 + 2a_2 \geqslant 0. \end{cases}$$

6. 设 $a_i \in \mathbf{N}^*, a_{i+1} \mid a_i + a_{i+2} (1 \leqslant i \leqslant n, n > 2)$,求证:

$$2n \leqslant \frac{a_1+a_3}{a_2} + \frac{a_2+a_4}{a_3} + \cdots + \frac{a_{n-1}+a_1}{a_n} + \frac{a_n+a_2}{a_1} \leqslant 3n.$$

7. 设实数 $a_0, a_1, \cdots, a_n$ 满足 $a_0 = a_n = 0$，且 $a_0 - 2a_1 + a_2 \geqslant 0$，$a_1 - 2a_2 + a_3 \geqslant 0, \cdots, a_{n-2} - 2a_{n-1} + a_n \geqslant 0$，求证：$a_k \leqslant 0 (k = 1, 2, \cdots, n-1)$。

8. 设 6 阶简单图 G 中不含 K_4，求 $\|G\|$ 的最大值。

9. 已知 $3n(n \geqslant 2)$ 阶图 G 中不含 K_4，求 $\|G\|$ 的最大值。

10. n 个城市之间连了 $2n-1(n \geqslant 2)$ 条单行线，且两个城市之间可连多条线，使从每个城市都可以到达另一个城市。求证：可以关闭一个城市，使连通性仍然成立。(1988 年列宁格勒（现称圣彼得堡）数学奥林匹克试题)

11. 给定凸多边形内一点 P，过点 P 向多边形的各边作垂线。求证：所有垂足中必有一个在多边形的边上（内部或其端点上）。

12. 一个大于 1 的正整数称为好的，若它等于它的所有不同的"真因数"（指大于 1 小于其本身的因数）之积，求出前 10 个好数。(第 5 届美国数学邀请赛试题)

13. 设自然数 n 的约数中没有非 1 的平方数，且它的所有正约数的和为 $2n$，求 n。

14. 新上任的宿舍管理员拿着 20 把钥匙去开 20 个房间的门，他知道每把钥匙只能打开其中的一个门，但不知道哪一把钥匙开哪一个门，现在要打开所有关闭的 20 个门，他最多要开多少次？

15. 将凸 n 边形 $A_1 A_2 \cdots A_n$ 的边与对角线染上红、蓝两色之一，使得没有三边均为蓝色的三角形。对 $k = 1, 2, \cdots, n$，记 b_k 是由顶点 A_k 引出的蓝色边的条数。求证：$b_1 + b_2 + \cdots + b_n \leqslant \frac{n^2}{2}$。(2010 年全国高中数学联赛江苏赛区复赛试题)

16. 现有一根由 n 颗珠子串成的项链（环行线串成）。每颗珠子上都标着一个整数，且它们的和为 $n-1$。求证：我们可以把这串项链绳从某处截断,使它成为一根线段上串着 n 颗珠子的珠串,它们的相继标号顺次为 $x_1, x_2, \cdots, x_n$,且对一切 $k = 1, 2, \cdots, n$ 恒有 $\sum_{i=1}^{k} x_i \leqslant k - 1$ 成立.

17. 对于一个 $m \times m$ 的矩阵 A,设 X_i 为第 i 行中的元素构成的集合,Y_j 是第 j 列中的元素构成的集合,$1 \leqslant i, j \leqslant m$. 如果 $X_1, X_2, \cdots, X_m, Y_1, Y_2, \cdots, Y_m$ 是不同的集合,则称 A 是"金色的". 求最小的正整数 n,使得存在一个 $2\,004 \times 2\,004$ 的"金色的"矩阵,其每一项元素均属于集合 $\{1, 2, \cdots, n\}$.

18. 给定整数 n,求所有的函数 $f: \mathbf{Z} \to \mathbf{Z}$,满足对任意整数 x, y,均有
$$f(x + y + f(y)) = f(x) + ny, \qquad ①$$
其中 $\mathbf{Z}$ 是整数集.(第 53 届国际数学奥林匹克中国国家队选拔测试题)

19. 设 $S = \{1, 2, \cdots, 2\,005\}$. 若 S 中任意 n 个两两互质的数组成的集合中都至少有一个质数,试求 n 的最小值.(2005 年中国西部地区数学奥林匹克试题)

20. 给定正整数 $m \geqslant 17$,有 $2m$ 个选手进行单循环赛,每轮将 $2m$ 个选手分成 m 组,每组的 2 个选手比赛. 下一轮重新分组比赛,共进行 $2m - 1$ 轮比赛,使得每个选手都恰和其他 $2m - 1$ 个选手比赛一场.

求最小可能的正整数 n,使得存在一个可行的程序赛 n 轮以后,对任何 4 个选手,他们间或者都没有赛过,或总共至少赛了两场.(2002 年中国集训队测试题)

21. 对于平面上任意 3 点 P, Q, R,记 $m(PQR)$ 为 $\triangle PQR$ 中最短的一条高的长度,当 P, Q, R 共线时,规定 $m(PQR) = 0$,给定平面上三点 A, B, C,又 X 是平面上任意一点,求证:$m(ABC) \leqslant$

$m(ABX) + m(AXC) + m(XBC)$. (第 34 届 IMO 试题)

22. 在 100×25 的长方形表格中的每一格上填入一个非负实数,第 i 行第 j 列中填入的数为 x_{ij} ($i = 1, 2, \cdots, 100$;$j = 1, 2, \cdots, 25$)(表 2.2). 然后将表 2.2 每列中的数按由大到小的次序从上到下重新排列为 $x'_{1j} \geqslant x'_{2j} \geqslant \cdots \geqslant x'_{100,j}$ ($j = 1, 2, \cdots, 25$)(表 2.3).

表 2.2

$x_{1,1}$	$x_{1,2}$	$\cdots$	$x_{1,25}$
$x_{2,1}$	$x_{2,2}$	$\cdots$	$x_{2,25}$
$\cdots$	$\cdots$	$\cdots$	$\cdots$
$x_{100,1}$	$x_{100,2}$	$\cdots$	$x_{100,25}$

表 2.3

$x'_{1,1}$	$x'_{1,2}$	$\cdots$	$x'_{1,25}$
$x'_{2,1}$	$x'_{2,2}$	$\cdots$	$x'_{2,25}$
$\cdots$	$\cdots$	$\cdots$	$\cdots$
$x'_{100,1}$	$x'_{100,2}$	$\cdots$	$x'_{100,25}$

求最小的正整数 k,使得只要表 2.2 中填入的数满足 $\sum_{j=1}^{26} x_{ij} \leqslant 1$ ($i = 1, 2, \cdots, 100$),则当 $i \geqslant k$ 时,在表 2.3 中就能保证 $\sum_{j=1}^{26} x'_{ij} \leqslant 1$ 成立.
(1997 年全国数学联赛试题)

23. 平面上有限点集 M 满足:对 M 中任意两点 A, B,必存在第三点 C,使 $\triangle ABC$ 为正三角形,求 M 中元素个数的最大值. (1993 年德国数学奥林匹克试题)

24. 排成一排的 10 名学生生日的月份均不相同,有 n 名教师,依次挑选这些学生参加 n 个兴趣小组,每个学生恰被一名教师挑选,且保持学生的排序不变,每名教师挑出的学生必须满足生日的月份是逐渐增加或逐渐减少的(挑选一名或两名学生也认为是逐渐增加或逐渐减少的),每名教师尽可能多选学生,对于学生所有可能的排序,求 n 的最小值.(2007年全国高中数学联赛天津赛区预赛试题)

25. 给定整数 $n \geqslant 3$,证明:存在 n 个互不相同的正整数组成的集合 S,使得对 S 的任意两个不同的非空子集 A,B,数 $\dfrac{\sum\limits_{x \in A} x}{|A|}$ 与 $\dfrac{\sum\limits_{x \in B} x}{|B|}$ 是互素的合数,这里 $\sum\limits_{x \in X} x$ 与 $|X|$ 分别表示有限数集 X 的所有元素之和及元素个数.(2009年中国数学奥林匹克试题)

26. 试求对哪些正整数 n,存在正整数 m 及正整数 $a_1, a_2, \cdots, a_{m-1}$,使得
$$n = a_1(m-a_1) + a_2(m-a_2) + \cdots + a_{m-1}(m-a_{m-1}),$$
其中 $a_1, a_2, \cdots, a_{m-1}$ 可以相同,且 $1 \leqslant a_i \leqslant m-1 (i=1,2,\cdots,m-1)$.(2004年IMO中国国家集训队测试题)

27. 求所有适合 $f(x)f(x+1) = f(x^2+x+1)$ 的实系数多项式 $f(x)$.

28. 确定所有的正整数对 (n,p),满足以下条件:p 是一个素数,$n \leqslant 2p$,且 $(p-1)^n + 1$ 能被 n^{p-1} 整除.(第40届IMO试题)

29. 对正合数 n,记 $f(n)$ 为其最小的三个正约数之和,$g(n)$ 为其最大的两个正约数之和.求所有的正合数 n,使得 $g(n)$ 等于 $f(n)$ 的某个正整数次幂.(2012年中国东南地区数学奥林匹克试题)

习题 2 解答

1. 考察其中距离最远的两个点,设为 A,B,我们证明:以 AB 为直径的圆覆盖这些点.

实际上,考察任意一个点 P,如果 A,B,P 共线,则因 AB 最大,所以 P 在线段 AB 上,于是 P 在圆内.如果 A,B,P 不共线,则考察 $\triangle ABP$,依题意,它是直角或钝角三角形,而 AB 是最大边,所以

$\angle APB \geqslant 90°$,于是 P 在圆内.

2. 设平行四边形为 $ABCD$,$AC \geqslant BD$(AC 是所有线段中的最长者).以 AC 为直径作圆,我们证明此圆覆盖了平行四边形.

实际上,设 AC 的中点为 O,对平行四边形内任意一点 P,不妨设 P 在 $\triangle OCD$ 内(图 2.22),连 OP 交 CD 于点 Q.

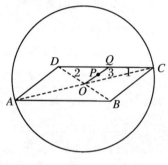

图 2.22

因为 $BD \leqslant AC$,所以 $OD \leqslant OC$,$\angle 1 \leqslant \angle 2$.

因为 $\angle 3$ 是 $\triangle OQD$ 的一个外角,所以 $\angle 3 > \angle 2 \geqslant \angle 1$,$OC > OQ$,$OP \leqslant OQ < OC$,故 P 在圆 O 内.

因为 $AC < AB + BC = 2$,所以圆 O 的半径小于 1,从而平行四边形可以被半径为 1 的圆覆盖,证毕.

3. 考察几何体的直径,即距离最大的两点的连线段,设为 AB,考察过 AB 的所有截面,因为截面为圆,则 AB 必定是该截面圆的直径,否则,AB 是截面圆的弦,小于截面圆的直径,与 AB 是几何体的直径矛盾.

考察几何体上的任意一个异于 A,B 的点 P,过 A,B,P 作截面,由上可知,AB 是其截面圆的直径,从而 $OP = \dfrac{1}{2} AB$,其中 O 是 AB 的中点,由 P 的任意性可知,几何体为球.

4. 设凸五边形 $ABCDE$ 中,AC 是最长的对角线,与 AC 有公共点的另两条对角线为 AD, CE(图 2.23). 我们证明 AC, AD, CE 可构成一个三角形.

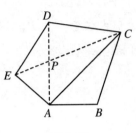

图 2.23

因为 AC 最长,所以 $AC + AD > CE$, $AC + CE > AD$. 其次,设 AD, CE 交于点 P,则 $AD + CE \geq AP + CP > AC$. 证毕.

5. 我们先证明 $a_1 = a_2 = \cdots = a_{100}$,用反证法.

如果不然,假定 a_k 是 $a_1, a_2, \cdots, a_{100}$ 中的最大者,不妨设 a_k 是 $a_1, a_2, \cdots, a_{100}$ 的最大者中下标最小的,即 $a_{k-1} < a_k$(其中规定 $a_i = a_{100+i}$). 注意到 $a_k \geq a_{k+1}$,所以 $3a_k = a_k + 2a_k > a_{k-1} + 2a_{k+1}$. 但由方程 $a_{k-1} - 3a_k + 2a_{k+1} \geq 0$,有 $3a_k \leq a_{k-1} + 2a_{k+1}$,矛盾. 所以 $a_1 = a_2 = \cdots = a_{100}$.

反之,当 $a_1 = a_2 = \cdots = a_{100}$ 时,不等式组中每一个不等式都成立,故所求的实数 $a_1, a_2, \cdots, a_{100}$ 为 $a_1 = a_2 = \cdots = a_{100} = t$,其中 t 为任意实数.

另解:令 $S_i = a_i - 3a_{i+1} + 2a_{i+2}(i = 1, 2, \cdots, 100)$,其中规定 $a_i = a_{100+i}$. 各不等式变为 $S_i \geq 0(i = 1, 2, \cdots, 100)$,相加,得 $S_1 + S_2 + \cdots + S_{100} = 0$,所以 $S_i = 0(i = 1, 2, \cdots, 100)$. 不妨设 a_1 是 $a_1, a_2, \cdots, a_{100}$ 中的最大者,那么 $a_1 \geq a_2$,由 $S_1 = 0$,得 $3a_2 = a_1 + 2a_3 \geq a_2 + 2a_3$,所以 $a_2 \geq a_3$. 如此下去,有 $a_1 \geq a_2 \geq a_3 \geq \cdots \geq a_{100} \geq a_1$,所以 $a_1 = a_2 = \cdots = a_{100}$.

6. 首先,令 $S_n = \dfrac{a_1 + a_3}{a_2} + \dfrac{a_2 + a_4}{a_3} + \cdots + \dfrac{a_{n-1} + a_1}{a_n} + \dfrac{a_n + a_2}{a_1}$,则

$$S_n = \left(\dfrac{a_1}{a_2} + \dfrac{a_2}{a_1}\right) + \left(\dfrac{a_2}{a_3} + \dfrac{a_3}{a_2}\right) + \cdots + \left(\dfrac{a_n}{a_1} + \dfrac{a_1}{a_n}\right)$$

2 相关极端

$$\geqslant 2+2+\cdots+2=2n.$$

下面用数学归纳法证明 $S_n \leqslant 3n$. 当 $n=3$ 时,$S_3 = \dfrac{a_1+a_3}{a_2} + \dfrac{a_2+a_1}{a_3} + \dfrac{a_3+a_2}{a_1}$.

为了放缩估计,不妨设 a_3 最大,则

$$\dfrac{a_2+a_1}{a_3} \leqslant \dfrac{a_3+a_3}{a_3} = 2. \qquad ①$$

(1) 若 $\dfrac{a_2+a_1}{a_3}=2$,则式①等号成立,有 $a_1=a_2=a_3$. 此时,$S_3=6<9=3n$.

(2) 若 $\dfrac{a_2+a_1}{a_3}=1$,则 $a_3=a_1+a_2$. 此时

$$S_3 = \dfrac{a_1+a_3}{a_2} + \dfrac{a_2+a_1}{a_3} + \dfrac{a_3+a_2}{a_1}$$

$$= \dfrac{a_1+a_1+a_2}{a_2} + 1 + \dfrac{a_1+a_2+a_2}{a_1} = 3 + 2\cdot\dfrac{a_1}{a_2} + 2\cdot\dfrac{a_2}{a_1}.$$

由于 $2\cdot\dfrac{a_1}{a_2}, 2\cdot\dfrac{a_2}{a_1}$ 都是自然数,所以 $\dfrac{a_1}{a_2}=1$ 或 $\dfrac{1}{2}$,故

$$S_3 = 3+2\cdot(1+1) \text{ 或 } 3+2\cdot\left(\dfrac{1}{2}+2\right) < 9 = 3n.$$

综上所述,$n=3$ 时结论成立. 设 $n=k-1$ 时,结论成立,当 $n=k>3$ 时,考察

$$S_k = \dfrac{a_1+a_3}{a_2} + \dfrac{a_2+a_4}{a_3} + \cdots + \dfrac{a_{k-1}+a_1}{a_k} + \dfrac{a_k+a_2}{a_1},$$

不妨设 $a_k = \max\{a_1,a_2,\cdots,a_k\}$,则 $\dfrac{a_{k-1}+a_1}{a_k} \leqslant \dfrac{a_k+a_k}{a_k} = 2$.

(1) 若 $\dfrac{a_{k-1}+a_1}{a_k}=2$,则 $a_1=a_{k-1}=a_k$,此时,将 a_k 换作 a_{k-1} 或 a_1,则可化为 $k-1$ 的情形;

$$S_k = \frac{a_1+a_3}{a_2} + \frac{a_2+a_4}{a_3} + \cdots + \frac{a_{k-2}+a_k}{a_{k-1}} + \frac{a_{k-1}+a_1}{a_k} + \frac{a_k+a_2}{a_1}$$

$$= \frac{a_1+a_3}{a_2} + \frac{a_2+a_4}{a_3} + \cdots + \frac{a_{k-2}+a_1}{a_{k-1}} + 2 + \frac{a_{k-1}+a_2}{a_1}.$$

对数组$(a_1,a_2,\cdots,a_{k-1})$使用归纳假设,有$S_k \leqslant 3(k-1)+2 < 3k$,结论成立.

(2) 若 $\dfrac{a_{k-1}+a_1}{a_k}=1$,则 $a_{k-1}+a_1=a_k$,此时,将 $a_k=a_1+a_{k-1}$ 代入消去 a_k,即可化为 $k-1$ 的情形:

$$S_k = \frac{a_1+a_3}{a_2} + \frac{a_2+a_4}{a_3} + \cdots + \frac{a_{k-2}+a_k}{a_{k-1}} + \frac{a_{k-1}+a_1}{a_k} + \frac{a_k+a_2}{a_1}$$

$$= \frac{a_1+a_3}{a_2} + \frac{a_2+a_4}{a_3} + \cdots + \frac{a_{k-2}+a_1+a_{k-1}}{a_{k-1}} + 1 + \frac{a_1+a_{k-1}+a_2}{a_1}$$

$$= \frac{a_1+a_3}{a_2} + \frac{a_2+a_4}{a_3} + \cdots + \left(\frac{a_{k-2}+a_1}{a_{k-1}}+1\right) + 1 + \left(\frac{a_{k-1}+a_2}{a_1}+1\right)$$

$$= \frac{a_1+a_3}{a_2} + \frac{a_2+a_4}{a_3} + \cdots + \frac{a_{k-2}+a_1}{a_{k-1}} + \frac{a_{k-1}+a_2}{a_1} + 3,$$

对数组$(a_1,a_2,\cdots,a_{k-1})$使用归纳假设,有$S_k \leqslant 3(k-1)+3 = 3k$,结论成立.

7. 假设 $a_k(k=1,2,\cdots,n-1)$ 中至少有一个正数,不妨设 a_r 是 $a_1,a_2,\cdots,a_{n-1}$ 中下标最小的正数,则 $a_1 \leqslant 0, a_2 \leqslant 0, \cdots, a_{r-1} \leqslant 0, a_r > 0$.于是 $a_r - a_{r-1} > 0$,依题设 $a_{k+1}-a_k \geqslant a_k-a_{k-1}(k=1,2,\cdots,n-1)$,所以从 $k=r$ 起有 $a_n-a_{n-1} \geqslant a_{n-1}-a_{n-2} \geqslant \cdots \geqslant a_r-a_{r-1} > 0$.

因此 $a_n \geqslant a_{n-1} \geqslant \cdots \geqslant a_{r+1} \geqslant a_r > 0$,与 $a_n = 0$ 矛盾.

8. 先构造,即构造合乎条件的图,使之含有尽可能多的边.利用等价构造:不含 K_4,等价于任何 4 点中有两点不相邻,等价于 4 个元素必有两个属于同一个集合.于是想到构造 3 个抽屉,每个抽屉内的点两两不相邻.一共有 6 个点,从而每个抽屉内有两个点,得到 3 部

分图.此时$\|G\| = C_6^2 - 3 = 12$.

下面证明$\|G\| \geqslant 13$时,G中必有K_4.取相关极端元:不妨设点x_1的度最大,对$d(x_1)$的取值进行讨论:

(1) 若$d(x_1) \leqslant 4$,则$\|G\| \leqslant \dfrac{4 \times 6}{2} = 12$,矛盾.

(2) 若$d(x_1) = 5$,则x_1与$x_2, x_3, \cdots, x_6$都相邻,考察$x_2, x_3, \cdots, x_6$,由于$\|G\| \geqslant 13$,这5点中必有两个点相邻,不妨设x_2, x_3相邻,则得到三角形$P = \{x_1, x_2, x_3\}$.

现在找到第四点:考察另外3点构成的集合$Q = \{x_4, x_5, x_6\}$与三角形P之间连的边数,它不少于$13 - \|P\| - \|Q\| \geqslant 13 - 3 - 3 = 7$,将至少7条边归结为$Q$中的3个点,由抽屉原理,$Q$中至少有一个点,设为$x_4$,它向三角形$P$引出了$\left[\dfrac{7}{3}\right] + 1 = 3$条边,这样便得到一个$K_4$(图2.24).

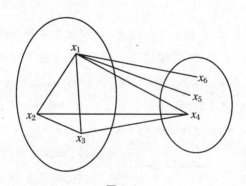

图 2.24

9. 设$\|G\| = e$,我们证明$e \leqslant 3n^2$,对n归纳.

当$n = 2$时,由上题可知,结论成立;设结论对小于n的自然数成立,考察$3n$阶简单图G,我们要证$e \leqslant 3n^2$.

反设$e \geqslant 3n^2 + 1$,由于G中没有K_4,可添上一些边,得到图G',使G'中含有三角形而不含有K_4,这只需使G变成不含K_4的边数

最大的图 G' 即可,取 G' 的一个三角形 $x_1x_2x_3$(与此三角形相连的边较少,去掉此三角形则去掉的边较少,从而可满足归纳假设的条件),令 $P=\{x_1,x_2,x_3\}$,$Q=\{x_4,x_5,\cdots,x_{3n}\}$,因为 G' 中无 K_4,所以 Q 中的每一个点至多从 P 引出两条边,所以
$$\|P\sim Q\|\leqslant 2\times 3(n-1)=6n-6.$$

在 G' 中去掉 x_1,x_2,x_3 及其相邻的边,得到图 G'',那么图 G'' 是 $3(n-1)$ 阶图,且无 K_4,由于至多去掉了 $\|G\|+\|P\sim Q\|\leqslant 3+6n-6=6n-3$ 条边,所以图 G'' 的边数 e' 满足
$$e'\geqslant e-(6n-3)\geqslant 3n^2+1-(6n-3)=3(n-1)^2+1.$$

由归纳假设,G'' 中必有 K_4,矛盾.

最后,取 $G=K_{n,n,n}$,则 G 中不含 K_4,且有 $3n^2$ 条边,故 $\|G\|$ 的最大值为 $3n^2$.

10. 当 $n=2$ 时,关闭一个城市,剩下一个城市,当然连通,结论成立.

设结论对小于 n 的自然数成立,考察 n 个城市的情形.

由连通性,必有圈(沿边行走,必经过重复的点).选取一个长度最小的圈 $(a_1,a_2,\cdots,a_k,a_1)(2\leqslant k\leqslant n)$.易知,此圈共有 k 条边,否则,会得到长度更小的圈.将 $(a_1,a_2,\cdots,a_n)$ 看作一个点 A,则得到 $n-k+1$ 个城市,共连了 $2n-1-k\geqslant 2(n-k+1)-1$ 条边,利用归纳假设,存在关闭的城市.

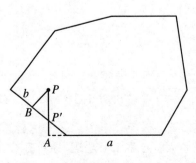

图 2.25

11. 考察点 P 到凸多边形各边的距离,设最小的一个距离是 P 到边 a 的距离,并记 P 在边 a 上的射影为 A.

若 A 在 a 的延长线上(图 2.25),则 PA 必与 a 的一条邻边 b 相交,设交点为 P',点 P

在 b 上的射影为 B，那么，$PB < PP' < PA$，于是，P 到 b 的距离小于 P 到 a 的距离，与 P 到 a 的距离最小矛盾．

12. 设正整数 a 是好的，且 a 共有 k 个不同的真因数 $d_1 < d_2 < \cdots < d_k$，则 $a = d_1 d_2 \cdots d_k$．

注意到若 d 是 a 的真因数，则 $\dfrac{a}{d}$ 也是 a 的真因数，由此可知，$\dfrac{a}{d_1}$ 是 a 的真因子，由 d_1 的最小性，$\dfrac{a}{d_1}$ 是 a 的最大的真因数，所以 $\dfrac{a}{d_1} = d_k$，即 $a = d_1 d_k = d_1 d_2 \cdots d_k$，所以 $k = 2$，即 a 只有两个真因数．

设 $a = d_1 d_2$，因为 d_1 是 a 的最小的真因数，所以 d_1 为质数．再由 $k = 2$ 知，d_2 不含非 d_1 的真因数，否则设 $d_2 = xy$，则 $a = d_1 xy$，与 $k = 2$ 矛盾，所以 d_2 为质数或 d_1 的方幂．

当 d_2 为质数时，$a = pq$（p, q 都是质数）．

当 d_2 是 d_1 的方幂时，设 $d_2 = d_1^r$，则 $a = d_1 d_2 = d_1^{r+1}$，于是 a 有 $d_1, d_1^2, \cdots, d_1^r$ 共 r 个真因数，但 $k = 2$，所以 $r = 2$，故 $a = d_1^3 = p^3$（p 为质数）．

因此，当 $a = p^3$（p 为质数）时，a 有两个真因数 p, p^2，且 $a = p^3 = p \times p^2$；

当 $a = pq$（p, q 为质数）时，a 有两个真因数 p, q，且 $a = pq = p \times p$．

综上所述，当且仅当 $a = pq$ 或 p^3（p, q 都是质数，$p < q$）时，a 是好的，由此可知前 10 个好数为 $6, 8, 10, 14, 15, 21, 22, 26, 27, 33$，它们的和为 182．

13. 问题涉及 n 的所有约数，应写出 n 的标准分解式 $n = p_1^{r_1} p_2^{r_2} \cdots p_k^{r_k}$，其中 $p_1, p_2, \cdots, p_k$ 是互异的质数．

因为所有大于 1 的平方数都不是 n 的约数，所以 $r_1 = r_2 = \cdots = r_k = 1$，即 $n = p_1 p_2 \cdots p_k$．所以，依题意，有

$$1 + p_1 + p_2 + \cdots + p_k + p_1 p_2 + \cdots + p_1 p_k + \cdots$$

$$+ p_{k-1}p_k + \cdots + p_1p_2\cdots p_k$$
$$= 2n = 2p_1p_2\cdots p_k,$$
$$(1+p_1)(1+p_2)\cdots(1+p_k) = 2p_1p_2\cdots p_k. \quad ①$$

下面对等式①进行因数分析,自然要考虑最大的因数,所以不妨设 $p_1 < p_2 < \cdots < p_k$,那么 $p_k \mid (1+p_1)(1+p_2)\cdots(1+p_k)$.

注意到 $p_k \geq 1 + p_{k-1} > 1 + p_{k-2} > \cdots > 1 + p_1$,且 $p_k < 1 + p_k$,所以只能是 $p_k \mid 1 + p_{k-1}$,所以 $p_k \leq 1 + p_{k-1}$,从而 $p_k = 1 + p_{k-1}$.

因为两个连续自然数为质数只有2和3,所以 $p_{k-1} = 2, p_k = 3$. 结合 $p_1 < p_2 < \cdots < p_k = 3$,可知 $k = 2, n = p_1p_2 = 2 \times 3 = 6$.

14. 从最不利的极端情况考虑:打开第一个房间需要20次,打开第二个房间需要19次……共计最多要开 $20 + 19 + 18 + \cdots + 1 = 210$(次).

15. 不妨设 $b = \max\{b_1, b_2, \cdots, b_n\}$,并且由点 A 向 $A_1, A_2, \cdots, A_b$ 引出 b 条蓝色边,则 $A_1, A_2, \cdots, A_b$ 之间无蓝色边,$A_1, A_2, \cdots, A_b$ 以外的 $n - b$ 个点,每点至多引出 b 条蓝色边,因此蓝色边总数 $\leq (n-b)b \leq \left(\dfrac{(n-b)+b}{2}\right)^2 = \dfrac{n^2}{4}$,故 $b_1 + b_2 + \cdots + b_n \leq 2 \times \dfrac{n^2}{4} = \dfrac{n^2}{2}$.

16. 对项链绳圈任意选择一个初始位置和一个旋转方向,并令其珠子上的标号依次为 $y_1, y_2, \cdots, y_n$,由已知 $\sum_{i=1}^{n} y_i = n - 1$,设第 i 颗珠子对应的坐标为 $(i, y_1 + y_2 + \cdots + y_i)(i = 1, 2, \cdots, n)$,把第 i 个坐标 $(i, y_1 + y_2 + \cdots + y_i)$ 和 (i, i) 比较,横坐标相同,纵坐标之差 $(y_1 + y_2 + \cdots + y_i) - i$ 形成一个集合,若集合中所有值均为负数,则命题获证. 故设其中有非负数,则当 $i = 1, 2, \cdots, n$ 时,必存在 k,使 $\sum_{j=1}^{k} y_j - k$ 最大,选取达到最大值时的最大 k 为 k_0. 建立新坐标,以第

k_0+1 颗珠子作为新的初始位置,重新排列珠子的标号(方向依原方向不变),所得珠子的标号依次为 $x_1, x_2, \cdots, x_n$,所对应的新坐标为 $(1, x_1), (2, x_1 + x_2), (3, x_1 + x_2 + x_3), \cdots, (i, \sum_{j=1}^{i} x_j), \cdots,$ $(n, \sum_{j=1}^{n} x_j)$. 此时 $\sum_{i=1}^{k} x_i \leqslant k-1$,否则若存在 $\sum_{i=1}^{m} x_i \geqslant m$,则 $\sum_{j=1}^{k_0} y_j - k_0 + \sum_{j=1}^{m} x_j - m = \sum_{j=1}^{k_0+m_0} y_j - (k_0 + m) \geqslant \sum_{j=1}^{k_0} y_j - k_0$. 若 $k_0 + m \leqslant n$,与 k_0 为达到最大值时的最大 k 矛盾;若 $k_0 + m > n$,则由 $\sum_{i=1}^{n} y_i = n - 1$ 知 $\sum_{j=1}^{k_0+m_0-n} y_j - (k_0 + m - n) > \sum_{j=1}^{k_0} y_j - k_0$,也矛盾. 所以截断项链的位置安排在第 k_0 和第 $k_0 + 1$ 颗珠子之间.

17. 满足这个要求的最小的 n 是 13.

(1) 若有一个 $2\,004 \times 2\,004$ 的"金色的"矩阵,其元素属于集合 $\{1, 2, \cdots, n\}$,则 $X_1, X_2, \cdots, X_{2004}, Y_1, Y_2, \cdots, Y_{2004}$ 是 $\{1, 2, \cdots, n\}$ 的两两不同的非空子集. 所以,有 $4\,008 \leqslant 2^n - 1$,即 $n \geqslant 12$.

(2) 假设存在一个 $2\,004 \times 2\,004$ 的"金色的"矩阵,其元素属于集合 $S = \{1, 2, \cdots, 12\}$. 设 $A = \{X_1, X_2, \cdots, X_{2004}, Y_1, Y_2, \cdots, Y_{2004}\}$, $X = \{X_1, X_2, \cdots, X_{2004}\}$, $Y = \{Y_1, Y_2, \cdots, Y_{2004}\}$. 因为 S 有 $2^{12} = 4\,096$ 个子集,所以,恰有 $4\,096 - 4\,008 = 88$ 个子集不在 A 中出现. 又因为第 i 行和第 j 列有一个公共元素,所以,对于所有的 $1 \leqslant i, j \leqslant 2\,004$,有 $X_i \cap Y_j \neq \varnothing$.

假设存在一对下标 i, j,使得 $|X_i \cup Y_j| \leqslant 5$($|B|$ 表示集合 B 中元素的个数),则 $X_i \cup Y_j$ 的补集 $S - X_i \cup Y_j$ 至少有 $2^7 = 128$ 个子集. 这些子集均不在 A 中(因为与 X_i、与 Y_j 的交集都是空集),矛盾,因为不在 A 中的子集有 88 个. 于是,可得要么所有行元素分别构成的集合 $X_1, X_2, \cdots, X_{2004}$,要么所有列元素分别构成的集合 Y_1,

$Y_2,\cdots,Y_n$ 满足每个集合中元素的个数都大于3.实际上,若存在一个集合 Y_j,有 $|Y_j|\leqslant 3$.由于对于任意的 $i(1\leqslant i\leqslant n)$,有 $|X_i\bigcup Y_j|\geqslant 6$,且 $|X_i\bigcap Y_j|\geqslant 1$,所以

$$|X_i|=|X_i\bigcup Y_j|+|X_i\bigcap Y_j|-|Y_j|\geqslant 4 \quad (1\leqslant i\leqslant n).$$

不妨假设对于所有的 $i(1\leqslant i\leqslant n)$,有 $|X_i|\geqslant 4$.设 $k=\min\limits_{1\leqslant i\leqslant 2\,004}|X_i|$,则存在 i,使得 $|X_i|=k$.于是,$S-X_i$ 中长度小于 k 的子集均不在 X 中(因为 k 是行元素构成的集合中元素个数的最小值),也均不在 Y 中(因为这些子集与 $0X_i$ 的交集是空集).若 $k=4$,则 $S-X_i$ 中长度分别为 $0,1,2,3$ 的子集共有 $C_8^0+C_8^1+C_8^2+C_8^3=93>88$,矛盾.若 $k=5$,则 $S-X_i$ 中长度小于5的子集共有 $C_7^0+C_7^1+C_7^2+C_7^3+C_7^4=99>88$,矛盾.于是,$k\geqslant 6$,即 X 中不包含长度小于6的 S 的子集.但最多有88个前面提到的子集不在 A 中,于是,至少有 $C_{12}^0+C_{12}^1+C_{12}^2+C_{12}^3+C_{12}^4+C_{12}^5-88=1\,498$ 个长度小于6的 S 的子集在 Y 中.它们的补集的长度大于6,且均不属于 X(因为 Y 中集合的补集与这个集合的交集是空集,所以,Y 中集合的补集不能在 X 中),从而,至少有 $2\times 1\,498=2\,996$ 个 S 的子集不在 X 中.因为 $4\,096-2\,996<2\,004$,矛盾.于是,对 $\forall 1\leqslant i,j\leqslant n$,$|X_i|\geqslant 4$,$|Y_j|\geqslant 4$.但这样一来,$S$ 的子集中至少有 $C_{12}^0+C_{12}^1+C_{12}^2+C_{12}^3>88$ 个子集不在 A 中,矛盾.因此,$n\geqslant 13$.

另一方面,定义矩阵序列如下:$A_1=\begin{pmatrix}1&1\\2&3\end{pmatrix}$,$A_m=\begin{pmatrix}A_{m-1}&A_{m-1}\\A_{m-1}&B_{m-1}\end{pmatrix}(m=2,3,\cdots)$,其中 B_{m-1} 是一个 $2^{m-1}\times 2^{m-1}$ 的矩阵,且所有元素均为 $m+2$.对于每一个 $m(m\geqslant 1)$,A_m 是元素属于集合 $\{1,2,\cdots,m+2\}$ 的 $2^m\times 2^m$ 的矩阵.下面证明:A_m 是金色的矩阵.

显然,A_1 是金色的矩阵.假设 A_{m-1} 是金色的矩阵,则 A_{m-1} 的行

元素和列元素分别构成的集合 $X_1, X_2, \cdots, X_{2^{m-1}}, Y_1, Y_2, \cdots, Y_{2^{m-1}}$ 两两不同,且均为集合 $\{1, 2, \cdots, m+1\}$ 的子集. 于是, A_m 的行元素和列元素分别构成的集合为

$$X_1, X_2, \cdots, X_{2^{m-1}}, X_1 \cup \{m+2\},$$
$$X_2 \cup \{m+2\}, \cdots, X_{2^{m-1}} \cup \{m+2\};$$
$$Y_1, Y_2, \cdots, Y_{2^{m-1}}, Y_1 \cup \{m+2\},$$
$$Y_2 \cup \{m+2\}, \cdots, Y_{2^{m-1}} \cup \{m+2\}.$$

它们也是两两不同的. 所以,对于所有的正整数 m, A_m 是金色的矩阵. 设 $n = 2^{m-1} + j$, 其中 $1 \leqslant j \leqslant 2^{m-1}$, 则金色的矩阵 A_m 的左上角的 $n \times n$ 的子矩阵也是金色的矩阵,其中 $n \times n$ 的金色的矩阵中的元素属于集合 $\{1, 2, \cdots, m+2\}$, $n \in (2^{m-1}, 2^m]$. 因为 $2^{10} < 2\,004 < 2^{11}$, 所以,存在一个 $2\,004 \times 2\,004$ 的金色的矩阵,其元素属于集合 $\{1, 2, \cdots, 13\}$.

18. 记 $S = \{y + f(y) \mid y \in \mathbf{Z}\}$, 先考虑 $n = 0$ 的情况.

若 $S = \{0\}$, 则 $f(x) = -x (x \in \mathbf{Z})$, 易验证满足要求.

若 S 中含有非零数,则 f 是周期函数,设 d 是 f 的最小正周期,那么 f 完全由 $f(0), f(1), \cdots, f(d-1)$ 的取值决定,并且由于 S 中的每个数都必须是 d 的倍数,我们有 $f(i) \equiv -i \pmod{d} (i = 0, 1, \cdots, d-1)$.

易验证这样构造的 f 都满足要求.

由此可见,当 $n = 0$ 时,或者 $f(x) = -x (x \in \mathbf{Z})$, 或者 f 是周期函数,由上面的构造方式给出.

下面考虑 $n \neq 0$ 的情况,首先 f 是单映射,这是因为若 $f(x) = f(y)$, 在式①中交换 x, y, 得

$$f(x) + ny = f(x + y + f(y)) = f(y + x + f(x))$$
$$= f(y) + nx. \qquad ②$$

于是 $x = y$.

在式①中令 $x = y = 0$, 有 $f(f(0)) = f(0)$, 再由 f 是单映射知

$f(0) = 0$.

在式①中令 $x = 0$,得
$$f(y + f(y)) = ny \quad (y \in \mathbf{Z}). \qquad ③$$

于是,在式①中将 $y + f(y)$ 用 s 代替,我们有
$$f(x + s) = f(x) + f(s) \quad (x \in \mathbf{Z}, s \in S). \qquad ④$$

由式③知,$f(S) = n\mathbf{Z}$,并且由 f 是单映射知,$n \mid f(x) \Leftrightarrow x \in S$.

对任意 $s \in S$,有 $0 = f(-s + s) = f(-s) + f(s)$,于是 $f(-s) \in n\mathbf{Z}$,即 $-s \in S$.

类似地,对任意 $s_1, s_2 \in S$,有 $f(s_1 - s_2) = f(s_1) + f(-s_2) \in n\mathbf{Z}$,于是 $s_1 - s_2 \in S$.

我们证明了 S 是对减法封闭的整数集合,又显然 S 是无限集,于是存在正整数 d,使得 $S = d\mathbf{Z}$.

事实上,设 $d = \min_{0 \neq s \in S} |s|$,则 $S = d\mathbf{Z}$. 否则存在 $s \in S$,使 $d \nmid s$,作带余除法,设 $s = dq + r (0 < r < d)$,则 $r = s - dq \in S$,但 $|r| < d$,这与 d 的最小性矛盾.

我们有 $f: S = d\mathbf{Z} \to n\mathbf{Z}$ 满足柯西方程,且是一一对应的,所以
$$f(dt) = tf(d) = \varepsilon nt \quad (t \in \mathbf{Z}), \qquad ⑤$$

其中 $\varepsilon = \pm 1$,与 t 无关. 最后在式①中将 y 换为 $y + 1$,我们有
$$f(x + y + 1 + f(y + 1)) = f(x) + ny + n$$
$$= f(x + \varepsilon d) + ny$$
$$= f(x + \varepsilon d + y + f(y)).$$

由 f 的单映射性知 $f(y + 1) = f(y) + \varepsilon d - 1$,这样 $f(y) = ky$,$k = \varepsilon d - 1$.

代入式①中验算知,当且仅当 $n = k(k + 1)$ 时,$f(x) = kx$ 是满足要求的解.

综上所述,当 $n \neq 0$ 时,n 必须为正整数,且存在正整数 k 使得 $n = k(k + 1) = -(k + 1)(-k)$ 时才有解,且共有两个解,$f(x) = kx$

和 $f(x) = -(k+1)x$.

19. 首先证明 $n \geqslant 16$. 事实上,取集合 $A_0 = \{1, 2^2, 3^2, 5^2, \cdots, 41^2, 43^2\}$,则 $A_0 \subseteq S, |A_0| = 15, A_0$ 中任意两数互质,但其中无质数,这表明 $n \geqslant 16$.

其次,我们证明:对任意 $A \subseteq S, n = |A| = 16, A$ 中任两数互质,则 A 中必存在一个质数. 利用反证法,假设 A 中无质数. 记 $A = \{a_1, a_2, \cdots, a_{16}\}$,分两种情况讨论.

(1) 若 $1 \notin A$,则 $a_1, a_2, \cdots, a_{16}$ 均为合数,又因为 $(a_i, a_j) = 1$ $(1 \leqslant i < j \leqslant 16)$,所以 a_i 与 a_j 的质因数均不相同,设 a_i 的最小质因数为 p_i,不妨设 $p_1 < p_2 < \cdots < p_{16}$,则 $a_1 \geqslant p_1^2 \geqslant 2^2, a_2 \geqslant p_2^2 \geqslant 3^2, \cdots, a_{15} \geqslant p_{15}^2 \geqslant 47^2 > 2\,005$,矛盾.

(2) 若 $1 \in A$,则不妨设 $a_{16} = 1, a_1, \cdots, a_{15}$ 均为合数,同(1)所设,同理有 $a_1 \geqslant p_1^2 \geqslant 2^2, a_2 \geqslant p_2^2 \geqslant 3^2, \cdots, a_{15} \geqslant p_{15}^2 \geqslant 47^2 > 2\,005$,矛盾.

由(1)和(2)知,反设不成立,从而 A 中必有质数,即 $n = |A| = 16$ 时结论成立. 故所求的 n 的最小值为 16.

20. 对 $m \geqslant 3$,最小可能的 $n_{\min} = m - 1$.

我们先证明 $n \geqslant m - 1$.

反设 $n \leqslant m - 2$,取最大的正整数 k,使得存在 k 个选手,两两都赛过(最大的完全图),设这 k 个选手为 $A_1, A_2, \cdots, A_k$,则 A_1 除与 $A_2, A_3, \cdots, A_k$ 赛过外,还与另 $n - (k-1) = n - k + 1$ 个选手赛过.

对 A_2 也是如此,因此与 A_1, A_2 赛过的选手数至多为 $2(n-k+1) + k = 2n - k + 2 \leqslant 2(m-2) - k + 2 = 2m - k - 2$,从而至少有 $k+2$ 个选手与 A_1, A_2 都没赛过.

设 $B_1, B_2, \cdots, B_{k+2}$ 为其中 $k+2$ 个选手,由关于 k 的假设,存在 B_i, B_j,使 B_i, B_j 没赛过,这样 A_1, A_2, B_i, B_j 间总共只赛一场,矛盾.

因此 $n \geqslant m - 1$.

下面证明 $n = m - 1$ 合乎条件.

为此,只要证明存在一个可能的程序,赛 $m-1$ 轮后,对任何 4 个选手,他们之间或都没赛过或总共至少赛了两场.

情形 1：m 为偶数.

安排比赛如下:对 $1\leqslant k\leqslant m-1$,在第 k 轮中,若 $i+j\equiv 2k\pmod{m-1}$,$1\leqslant i\neq j\leqslant m-1$,则 i 与 j 分在同一组,$i+m$ 与 $j+m$ 分在同一组,k 与 m 分在同一组,$k+m$ 与 $2m$ 分在同一组.

后 m 轮按如下分组：

$(1,m+1),(2,m+2),\cdots,(m,m+m)$,

$(1,m+2),(2,m+3),\cdots,(m,m+1)$,

$\cdots$,

$(1,m+m),(2,m+1),\cdots,(m,m+m-1)$.

这样,$m-1$ 轮比赛后,$1,2,\cdots,m$ 间两两赛过,$m+1,m+2,\cdots,2m$ 间两两赛过,故任何 4 个选手间总共至少赛两场.

所以 $n_{\min}\leqslant m-1$,故 $n_{\min}=m-1$.

情形 2：m 为奇数.

安排比赛如下:在前 $m-1$ 轮中,按如下分组：

$(1,m+2),(2,m+3),\cdots,(m,m+1)$,

$(1,m+3),(2,m+4),\cdots,(m,m+2)$,

$\cdots$,

$(1,m+m),(2,m+1),\cdots,(m,m+m-1)$.

在后 m 轮中,对 $1\leqslant k\leqslant m-1$,这样安排第 $m-1+k$ 轮：

若 $i+j\equiv 2k\pmod{m}$,$1\leqslant i\neq j\leqslant m$,则 i 与 j 分在同一组,$i+m$ 与 $j+m$ 分在同一组,k 与 $k+m$ 分在同一组.

这样,$m-1$ 轮比赛后,任何 4 个选手,或没赛过,或总共至少赛过两场.

所以 $n_{\min}\leqslant m-1$,故 $n_{\min}=m-1$.

21.(1) 当 X 在 $\triangle ABC$ 内时,设 AB 为 $\triangle ABC$ 的最大边(相关

极端元),则 $AB \geqslant AX, BX, CX$,且 AB 边上的高最小,所以

$$AB \cdot m(ABC) = 2S(ABC)$$
$$= 2S(ABX) + 2S(BCX) + 2S(CAX)$$
$$\leqslant m(ABX) \cdot AB + m(BCX) \cdot AB + m(CAX) \cdot AB.$$

结论成立.

(2) 当 X 在 $\angle BAC$ 的对顶角内时,若 BC 为 $\triangle XBC$ 的最大边,则 BC 也是 $\triangle ABC$ 的最大边,此时,X 到 BC 的距离 $\geqslant A$ 到 BC 的距离,即 $m(XBC) \geqslant m(ABC)$,结论成立.

若 BC 不是 $\triangle XBC$ 的最大边,不妨设 XB 是 $\triangle XBC$ 的最大边,XB 上的高 CE 交 AB 于 F,则 $m(XBC) = CE \geqslant CF \geqslant C$ 到 AB 的距离 $\geqslant m(ABC)$,结论成立.

以上的(1)和(2)均包括点 X 在三角形的边及其延长线上的情况.

(3) 设 X 在"开梯形"区域内,设"开梯形"的一条边界为 AC,XB 交 AC 于 D,则由(2),有

$$m(ABD) \leqslant m(ABX), \quad m(BCD) \leqslant m(XBC).$$

两式相加并利用(1),得

$$m(ABC) \leqslant m(ABD) + m(BCD) + m(ADC)$$
$$\leqslant m(ABX) + m(XBC),$$

结论成立.

22. 将表 2.3 中的极端元 $x'_{98,1}, x'_{98,2}, \cdots, x'_{98,25}, \cdots, x'_{100,1}, x'_{100,2}, \cdots, x'_{100,25}$ 所在的行划去,至多划去 75 行,剩下的每一行中的第 j 个数不小于 $x'_{97,j}(1 \leqslant j \leqslant 25)$,因此表 2.3 中第 97 行的行和不大于表 2.2 中剩下的每一行的行和.在表 2.2 各行的行和不大于 1 时,表 2.3 的第 97 行的行和不大于 1,第 98、99、100 行的行和当然更不大于 1.

另一方面,这样作表 2.2,使得 1~4 行中,第一列数为 0;5~8 行中,第二列数为 0;…;96~100 行中,第 25 列数为 0,其余的数均为

$\frac{1}{24}$.显然,此表中各行之和均为 $0+24 \cdot \frac{1}{24}=1$ 满足条件.由表 2.2 得到的表 2.3 中,1~96 行的数全是 $\frac{1}{24}$,第 96 行的和为 $25 \cdot \frac{1}{24}>1$,故 k 的最小值为 97.

23. 不妨设 AB 为 M 中两点间的距离之最大者,且 $\triangle ABC$ 为正三角形.于是 M 中的点均在如图 2.26 所示的曲边三角形 ABC 中.若 M 中有异于 A,B,C 的点 P,则正三角形 APP' 的顶点 P,P' 不可能都在 $\triangle ABC$ 内部.不妨设 P' 在 AB 边与 $\overparen{AB}$ 构成的弓形内 (或边界上),连 CP',则正三角形 $CP'P''$ 的顶点 P'' 若与 A 在 CP' 的同侧,则 $\angle P''AC=\angle P'BC>60°$,所以 P'' 在曲边三角形 ABC 外,矛盾.若 P'' 与 B 在 CP' 的同侧,同样可推得矛盾.故 M 中元素个数的最大值为 3.

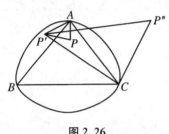

图 2.26

24. n 的最小值为 4.

先证明 $n \geqslant 4$.用反证法,若 $n \leqslant 3$,不妨假设这 10 名学生生日的月份分别为 $1,2,\cdots,10$,当学生按生日排序为 $4,3,2,1,7,6,5,9,8,10$ 时,存在一名教师至少要挑选前四名学生中的两名,由于这两名学生生日的月份是逐渐减少的,且后六名学生生日的月份均大于前四名学生生日的月份,因此这名教师不可能再挑选后六名学生.

在余下的不超过两名教师中,一定存在一名教师至少要挑选第五名至第七名学生中的两名,同理,这名教师不可能再挑选后三名学生.

余下的不超过一名教师也不可能挑选后三名学生,矛盾.

其次证明 $n=4$ 合乎要求.

实际上,我们可以证明:对于互不相同的有序实数列 $a_1, a_2, \cdots, a_m$,当 $m \geqslant 5$ 时,一定存在三个数 $a_i, a_j, a_k (i<j<k)$ 满足 $a_i<a_j<a_k$ 或 $a_i>a_j>a_k$.

2 相关极端

从极端元素出发,设最大数和最小数分别为 a_s, a_t,不妨假设 $s<t$,则 $s+1 \leqslant t$.

若 $s+1 < t$,则 a_s, a_{s+1}, a_t 满足 $a_s > a_{s+1} > a_t$;

若 $s+1 = t$,因为 $m \geqslant 5$,所以要么在 a_s, a_{s+1} 的前面,要么在 a_s, a_{s+1} 的后面至少有两个数,不妨假设在 a_s, a_{s+1} 的后面有两个数 a_{s+2}, a_{s+3},从而 $a_s > a_{s+2} > a_{s+3}$ 与 $a_s < a_{s+2} < a_{s+3}$ 中一定有一个成立.

利用上面的结论,当 $n=4$ 时,第一名教师至少可以挑选三名学生;若余下的学生大于或等于 5 名,则第二名教师也至少可以挑选三名学生;这时剩下的学生的数目不超过 4 名,可以被两名教师全部挑选,因此,n 的最小值为 4.

25. 我们用 $f(X)$ 表示有限数集 X 中元素的算术平均.首先,可以证明正整数的 n 元集合 $S_1 = \{(m+1)! \mid m=1,2,\cdots,n\}$ 具有下述性质:对 S_1 的任意两个不同的非空子集 A, B,有 $f(A) \neq f(B)$.

实际上,对任意 $A \subseteq S_1, A \neq \varnothing$,设正整数 k 满足
$$k! < f(A) \leqslant (k+1)!. \quad \text{①}$$
并设 l 是使 $lf(A) \geqslant (k+1)!$ 的最小正整数,我们首先证明必有 $|A| = l$.

考察极端元:设 $(k'+1)!$ 是 A 中最大的数,则由 $A \subseteq S_1$,易知 A 中至多有 k' 个元素,即 $|A| \leqslant k'$,故 $f(A) \geqslant \dfrac{(k'+1)!}{k'} > k'!$. 又由 $f(A)$ 的定义知 $f(A) \leqslant (k'+1)!$,故由式①知 $k = k'$. 特别地有 $|A| \leqslant k$. 此外,显然 $|A| f(A) \geqslant (k'+1)! = (k+1)!$,故由 l 的定义可知 $l \leqslant |A|$. 于是我们有 $l \leqslant |A| \leqslant k$. 若 $l = k$,则 $|A| = l$;否则有 $l \leqslant k - 1$,则
$$(l+1)f(A) = \left(1 + \frac{1}{l}\right) lf(A)$$

$$\geq \left(1 + \frac{1}{k-1}\right)(k+1)!$$

$$> (k+1)! + k! + \cdots + 2!.$$

由于 $(k+1)!$ 是 A 中最大元,故上式表明 $|A| < l+1$. 结合 $|A| \geq l$, 即知 $|A| = l$.

现在,假设有 S_1 的两个不同的非空子集 A, B, 使得 $f(A) = f(B)$, 则由上述证明知 $|A| = |B| = l$, 故 $A|f(A)| = B|f(B)|$, 但这等式两边分别是 A, B 的元素和,利用 $(m+1)! > m! + \cdots + 2!$ 易知必须 $A = B$, 矛盾.

其次,设 K 是一个固定的正整数, $K > n! \cdot \max\limits_{A_1 \subseteq S_1} f(A_1)$, 我们证明,对任何正整数 x, 正整数的 n 元集合 $S_2 = \{K!n!x\alpha + 1 \mid \alpha \in S_1\}$ 具有下述性质:对 S_2 的任意两个不同的非空子集 A, B, 数 $f(A)$ 与 $f(B)$ 是两个互素的整数.

事实上,由 S_2 的定义易知,有 S_1 的两个子集 A_1, B_1, 满足 $|A_1| = |A|, |B_1| = |B|$, 且

$$f(A) = K!n!xf(A_1) + 1, \quad f(B) = K!n!xf(B_1) + 1. \quad ②$$

显然 $n!f(A_1)$ 及 $n!f(B_1)$ 都是整数,故由式②知 $f(A)$ 与 $f(B)$ 都是正整数.

现在,设正整数 d 是 $f(A)$ 与 $f(B)$ 的一个公约数,则 $n!f(A)f(B_1) - n!f(B)f(A_1)$ 是 d 的倍数,故由式②可知 $d \mid n!f(A_1) - n!f(B_1)$, 但由 K 的选取及 S_1 的构造可知, $|n!f(A_1) - n!f(B_1)|$ 是小于 K 的非零整数,故它是 $K!$ 的约数,从而 $d \mid K!$. 再结合 $d \mid f(A)$ 及式②可知 $d = 1$, 故 $f(A)$ 与 $f(B)$ 互素.

最后,我们证明,可选择正整数 x, 使得 S_2 中的数都是合数. 由于素数有无穷多个,故可选择 n 个互不相同且均大于 K 的素数 $p_1, p_2, \cdots, p_n$. 将 S_1 中的元素记为 $\alpha_1, \alpha_2, \cdots, \alpha_n$, 则 $(p_i, K!n!\alpha_i) = 1 (1 \leq i \leq n)$, 且 $(p_i^2, p_j^2) = 1 (1 \leq i < j \leq n)$, 故由中国剩余定理可

知,同余方程组 $K!n!x\alpha_i \equiv -1 \pmod{p_i^2}$ $(i=1,2,\cdots,n)$ 有正整数解.任取这样一个解 x,则相应的集合 S_2 中每一项显然都是合数.结合第二步的结果,该 n 元集合满足问题的全部要求.

26. 先设 $n \geqslant 12$,且 n 不满足要求.

取 m 为偶数,令 $m=2p$, $b_i = |p-a_i|$ $(i=1,2,\cdots,m-1)$,则 $0 \leqslant b_i \leqslant p-1$ $(1 \leqslant i \leqslant m-1)$,且

$$a_1(m-a_1) + a_2(m-a_2) + \cdots + a_{m-1}(m-a_{m-1})$$
$$= p^2(2p-1) - b_1^2 - b_2^2 - \cdots - b_{2p-1}^2.$$

取极端元:设 p 为最小的正整数,使得 $p^2(2p-1) \geqslant n$.

令 $r = p^2(2p-1) - n = (p-1)^2 t + s$,其中 t,s 为自然数,$0 \leqslant s < (p-1)^2$.

由于 n 不满足要求,故 r 不可表示为不超过 $2p-1$ 个平方和,且其中每一个不超过 $(p-1)^2$,从而 s 不可表示为不超过 $2p-1-t$ 个平方和.

当 $p \geqslant 6$ 时,由 $n > (p-1)^2(2p-3)$,知 $r < 7(p-1)^2$,因此 $t \leqslant 6$.

设 k_1 为非负整数,$k_1^2 \leqslant s < (k_1+1)^2$,则由 $k_1^2 \leqslant s < (p-1)^2$,知 $k_1 \leqslant p-2$,从而 $0 \leqslant s - k_1^2 \leqslant 2p-4$.

若 $s - k_1^2 \leqslant 3$,则 s 可表示为不超过 4 个平方和,$4 \leqslant 2p-1-t$,矛盾.

若 $4 \leqslant s - k_1^2 \leqslant 7$,则 s 可表示为不超过 5 个平方和,$5 \leqslant 2p-1-t$,矛盾.

若 $s - k_1^2 \geqslant 8$,则 $0 \leqslant s - k_1^2 - 2^2 - 2^2 \leqslant 2p-12 \leqslant 2p-1-t-3$,$s$ 可表示为不超过 $2p-1-t$ 个平方和,矛盾.因此 $p \leqslant 5$.

当 $p=5$ 时,$2p-1=9$,$0 \leqslant r < 6p^2-8p+3 = 113$.设 $r = 4^2 t + s$,$0 \leqslant s \leqslant 15$,则 $t \leqslant 7$.

若 $t=7$,则由 $r \leqslant 112$ 知 $s=0$.此时 r 可表示为 7 个 4^2 之和,

矛盾.

若 $t=6$,可以验证知:当 $0 \leqslant s \leqslant 15, s \neq 7, 15$ 时,s 可表示为 3 个平方和.

又 $42 \times 6 + 7 = 42 \times 5 + 3^2 + 3^2 + 2^2 + 1^2, 42 \times 6 + 15 = 42 \times 5 + 3^2 + 3^2 + 3^2 + 2^2$,矛盾.

当 $p=4$ 时,$2p-1=7, 0 \leqslant r < 6p^2 - 8p + 3 = 67$.

若 $t \leqslant 4, s \neq 7$,则 s 可表示为不超过 3 个平方和,$3 \leqslant 2p-1-t$,矛盾.

若 $1 \leqslant t \leqslant 4, s=7$,则 $r = 32(t-1) + 4 \times 2^2, t-1+4 \leqslant 7$,矛盾.

若 $t=0, s=7$,则 r 可表示为 7 个 1^2 之和,矛盾.

因此 $t \geqslant 5$,从而 $r \geqslant 32t \geqslant 45, n = p^2(2p-1) - r \leqslant 112 - 45 = 67$.

当 $p \leqslant 3$ 时,$n \leqslant p^2(2p-1) \leqslant 45$.

下面只要考虑 $n \leqslant 67$. 由于 $a_1(m-a_1) + \cdots + a_{m-1}(m-a_{m-1}) \geqslant (m-1)^2$,故只要考虑 $m \leqslant 9$. 结果列于表 2.4 中.

表 2.4

m	$a(m-a)$ 可能取值	$m-1$ 个形如 $a(m-a)$ 之和且 $\leqslant 67$
9	8,14,18,20	64
8	7,12,15,16	49,54,57,59,62,63,64,65,66,67
7	6,10,12	36,40,42,44,46,48,50,52,54,56,58,60,62,64,66
6	5,8,9	25,28,29,31,32,33,34,35,36,37,38,39,40,41,42,43,44,45
5	4,6	16,18,20,22,24
4	3,4	9,10,11,12
3	2	4
2	1	1

查表知不满足要求的 n 为 $2,3,5,6,7,8,13,14,15,17,19,21,23,26,27,30,47,51,53,55,61$,其余 n 均满足要求.

27. 因为
$$f(x)f(x+1) = f(x^2+x+1), \qquad ①$$
将其中的 x 换成 $x-1$,有
$$f(x-1)f(x) = f(x^2-x+1). \qquad ②$$

(1) 若 $f(x)=c$,则 $c^2=c$,所以 $f(x)=0$ 或 $f(x)=1$,它们显然合乎要求.

(2) 设 $\deg f(x)>0$,则 $f(x)$ 至少有一个复根,取相关极端元:设 a 是绝对值最大的复根,由式①及式②,有 $f(a)=0$,$f(a^2+a+1)=f(a^2-a+1)=0$,即 a^2+a+1,a^2-a+1 都是 $f(x)$ 的根.

由此可知,$a\neq 0$,否则,$|a^2+a+1|>|a|$,与 $|a|$ 的最大性矛盾.

下面证明:$a=\pm i$.实际上
$$|a^2+1+a|^2+|a^2-a+1|^2 = 2|a|^2+2|a^2+1|^2$$
$$\geq 2|a^2|.$$
由 $|a|$ 的最大性,此式等号成立,故
$$a^2+1=0, \quad 即 \quad a=\pm i.$$
但 $f(x)$ 是实系数多项式,虚根成对出现,从而
$$f(x) = (x^2+1)^m g(x) \quad (m\in\mathbf{N}), \qquad ③$$
其中 $g(x)$ 是实系数多项式,且不被 x^2+1 整除.将式③代入式①,有
$$(x^2+1)^m g(x) \cdot (x^2+2x+2)^m g(x+1)$$
$$= (x^4+2x^3+3x^2+2x+2)g(x^2+x+1).$$
注意到
$$(x^2+1)(x^2+2x+2) = x^4+2x^3+3x^2+2x+2. \qquad ④$$
从而有 $g(x)g(x+1) = g(x^2+x+1)$,即 $g(x)$ 同样满足 $f(x)$ 的

方程.

对 $g(x)$ 进行类似的讨论,若 $g(x)$ 有复根,则 i 或 $-$i 是 $g(x)$ 的根,由于 x^2+1 不整除 $g(x)$,从而 $g(x)$ 必为常数,由(1)的讨论, $g(x)=1$. 故 $f(x)=(x^2+1)^m (m \in \mathbf{N})$.

由式④,此函数合乎条件.

综上所述,$f(x) = 0, 1$ 或 $(x^2+1)^m (m \in \mathbf{N})$.

28. 当 $p=2$ 时,经代入后得到两组解:$(n,p)=(1,2)$ 及 $(2,2)$.

当 $p \geqslant 3$ 时,明显地,$(n,p)=(1,p)$ 也是一组解.

现对 $p \geqslant 3$ 时,找出其他 $n>1$ 能满足题目要求.首先证明 $p \mid n$.

因为 p 是一个素数,$p \geqslant 3$,所以 $(p-1)^n+1$ 是奇数,而 $n^{p-1} \mid (p-1)^n+1$,因此 n 也是奇数.利用题设 $n \leqslant 2p$,可知 $n<2p$.

取相关极端元:设 q 是 n 的最小奇素因子.则由题设知,$q \mid (p-1)^n+1$,所以 $(p-1)^n \equiv -1 \pmod{q}$ 及 $(p-1, q)=1$.

此外由 q 的定义得知 $(n, q-1)=1$,所以存在两个整数 u, v 使得 $un+v(q-1)=1$.

由于 $q-1$ 是偶数,得知 u 是奇数.利用费马小定理,有

$$(p-1) = (p-1)^{un+v(q-1)}$$
$$\equiv ((p-1)^n)^u ((p-1)^{q-1})^v$$
$$\equiv (-1)^u 1^v \equiv -1 \pmod{q}.$$

特别地,$p \equiv 0 \pmod{q}$,所以 $q \mid p$,即 $p=q$,因此 $p \mid n$.

其中注意当幂数是负数时,要加上适当大的 $q-1$ 倍数,然后再利费马小定理.由于 p 能整除 n 及 $n<2p$,所以 $n=p$.下面要找出素数 p 满足

$$p^{p-1} \mid (p-1)^p + 1 = p^p - C_p^{p-1} p^{p-1} + C_p^{p-2} p^{p-2} - \cdots + C_p^2 p^2 + C_p^1 p$$

$$= p^2(p^{p-2} - C_p^{p-1}p^{p-3} + C_p^{p-2}p^{p-4} - \cdots + C_p^2 + 1).$$

因此 p^{p-3} 能整除最后的一个因子,所以 $p-3=0$,即 $p=n=3$. 经检验,$(n,p)=(3,3)$ 也是一组解.

综上所述,所有的正整数对 $(n,p)=(2,2),(3,3),(1,p)$,其中 p 是任意的素数.

29. 若 n 是奇数,则 n 的一切约数都是奇数,故由题意知 $f(n)$ 为奇数,$g(n)$ 为偶数,这样 $g(n)$ 不可能等于 $f(n)$ 的某个正整数次幂. 因此只需考虑 n 是偶数的情况,此时 $1,2$ 是 n 最小的两个正约数,$n,\dfrac{n}{2}$ 是 n 最大的两个正约数. 设 d 是 n 除 $1,2$ 以外的最小正约数. 若存在 $k\in\mathbf{N}^*$ 使 $g(n)=f^k(n)$,则

$$\frac{3n}{2}=(1+2+d)^k=(3+d)^k\equiv d^k\pmod 3.$$

由于 $\dfrac{3n}{2}$ 显然是 3 的倍数,故 $3\mid d^k$,即 $3\mid d$,由 d 的最小性知 $d=3$. 因此 $\dfrac{3}{2}n=6^k$,解得 $n=4\times 6^{k-1}$,又 $3\mid n$,故其中 $k\geqslant 2$.

综上所述,n 的所有可能值为 $n=4\times 6^l(l\in\mathbf{N}^*)$.

另解:设合数 n 满足 $g(n)=f^k(n)(k\in\mathbf{N}^*)$,并设 n 的最小素因子为 p,则 n 的第二大正约数为 $\dfrac{n}{p}$. 若 n 的第三小正约数为 p^2,则 $\dfrac{n}{p^2}\in\mathbf{Z}$,此时

$$f(n)=1+p+p^2\equiv 1\pmod p,$$
$$g(n)=n+\frac{n}{p}=p(1+p)\cdot\frac{n}{p^2}\pmod p,$$

从而 $1^k\equiv f^k(n)=g(n)\equiv 0\pmod p$,矛盾. 因此 n 的第三小正约数不是 p^2,从而必为某一素数 $q(q>p)$. 易知此时 $\dfrac{n}{pq}\in\mathbf{Z}$,故有

$$f(n) = 1 + p + q \equiv 1 + p \pmod{q},$$

$$g(n) = n + \frac{n}{p} = q(1+p) \cdot \frac{n}{pq} \pmod{q},$$

因此

$$(1+p)^k \equiv f^k(n) = g(n) \equiv 0 \pmod{q}.$$

又 q 为素数,故 $q \mid 1+p$,从而 $p < q \leqslant 1+p$,只有 $p=2, q=3$. 此时有 $6^k = f^k(n) = g(n) = \frac{3}{2}n$,解得 $n = 4 \times 6^{k-1}$,又 $3 \mid n$,故其中 $k \geqslant 2$.

3 分界极端

本章介绍考察极端的另一种方式:分界极端.所谓分界极端,就是某个过程进行中某种对象由一种形态变成另一种形态的极端时刻.在有些问题中,根据题目条件,题中给定的对象可按某种标准排成一定的顺序,而上述极端时刻,往往就是该序列中最先或最后出现具有某种性质的对象的时刻.

3.1 序列分界

所谓序列分界,就是考察题中若干对象构成一个序列,按一定顺序观察序列的各个项的特征,找到由具有某种性质的项变成具有另一性质的项的极端时刻,由此发现题中相关对象的某些性质,使问题获解.

例1 设 k 是给定的正整数,$f(f(x)) = f^k(x)$,求实系数多项式 $f(x)$.(第 7 届加拿大数学竞赛题)

分析与解 若 $f(x) = c$,则 $c = c^k$,所以 $c = 0$ 或 $c^{k-1} = 1$.

当 $c = 0$ 时,$f(x) = 0$ 显然是合乎条件的解.

此外,当 $k = 1$ 时,$c^{k-1} = 1$ 恒成立,此时 $f(x) = c$(c 为任何实数)是合乎条件的解;

当 $k > 1$ 且 k 为奇数时,$c = \pm 1$,此时 $f(x) = 1, f(x) = -1$ 都是

合乎条件的解；

当 $k>1$ 且 k 为偶数时，$c=1$，此时 $f(x)=1$ 是合乎条件的解.

若 $f(x)$ 非常数，令

$$f(x) = a_n x^n + a_{n-1} x^{n-1} + \cdots + a_1 x + a_0 \quad (a_n \neq 0, n \in \mathbf{N}),$$

则

$$f(f(x)) = a_n(a_n x^n + a_{n-1} x^{n-1} + \cdots + a_0)^n$$
$$+ a_1(a_n x^n + a_{n-1} x^{n-1} + \cdots + a_0) + a_0, \quad ①$$

$$f^k(x) = (a_n x^n + a_{n-1} x^{n-1} + \cdots + a_1 x + a_0)^k. \quad ②$$

比较式①、式②中最高次项的指数（不比较所有系数是因为难发现同类项），有 $n^2 = nk$，即 $n = k$. 所以

$$f(x) = a_k x^k + a_{k-1} x^{k-1} + \cdots + a_1 x + a_0 \quad (a_k \neq 0, k \in \mathbf{N}).$$

再比较式①、式②中的首项系数，得 $a_k(a_k)^k = (a_k)^k$，所以 $a_k = 1$，故

$$f(x) = x^k + a_{k-1} x^{k-1} + \cdots + a_1 x + a_0 \quad (k \in \mathbf{N}).$$

由此可猜想 $a_{k-1} = a_{k-2} = \cdots = a_0 = 0$.

考察分界极端：若 $a_{k-1}, a_{k-2}, \cdots, a_0$ 中存在非 0 项，取其下标最大的一个为 a_t，则有

$$f(x) = x^k + a_t x^t + \cdots + a_1 x + a_0$$
$$(a_t \neq 0, 0 \leqslant t \leqslant k-1, k \in \mathbf{N}),$$

此时

$$f(f(x)) = (x^k + a_t x^t + \cdots + a_0)^k$$
$$+ a^t (x^k + a_t x^t + \cdots + a_0)^t + \cdots + a_0,$$

$$f^k(x) = (x^k + a_t x^t + \cdots + a_1 x + a_0)^k.$$

两式相减，得

$$0 = f(f(x)) - f^k(x) = a^t(x^k + a_t x^t + \cdots + a_0)^t + \cdots + a_0,$$

比较两边最高次项系数，得 $a_t = 0$，矛盾. 所以 $f(x) = x^k$（k 为题中给定的自然数）.

综上所述，当 $k=1$ 时，$f(x)=c$（c 为任何实常数），或 $f(x)=x$；

当 $k>1$ 且 k 为奇数时，$f(x)=0$，$f(x)=1$，$f(x)=-1$，或 $f(x)=x^k$；

当 $k>1$ 且 k 为偶数时，$f(x)=0$，$f(x)=1$，或 $f(x)=x^k$.

另解 当 $f(x)=c$（常数）时，解法同上.

当 $f(x)$ 非常数时，不妨设 $f(x)$ 的次数为 $n(n\in \mathbf{N})$，则 $f(x)$ 至少有一个根. 注意到 $f(f(t))=(f(t))^k$，所以对任何实数 t，有 $f(t)$ 都是方程 $f(x)=x^k$ 的根. 由于 $f(x)$ 非常数，$f(x)$ 的值域为无限集.

实际上，反设 $f(x)$ 的值域为有限集 $\{a_1,a_2,\cdots,a_r\}$，则 $f(x)=a_i(i=1,2,\cdots,r)$ 的解集的并为 $\mathbf{R}$，由抽屉原理，必存在方程 $f(x)=a_i$ 的解集是无限集，于是 $f(x)-a_i$ 是零多项式，矛盾. 于是 $f(t)$ 至少有 $k+n$ 个不同取值，即方程 $f(x)=x^k$ 至少有 $k+n$ 个不同的根.

但 $k+n>k$，$k+n>n$，所以 $f(x)-x^k$ 是 0 多项式.

例2 设 $f(x)=x^n+5x^{n-1}+3$，其中 n 是大于 1 的整数，求证：$f(x)$ 不能表示成两个整系数的非常数的多项式的积.（第 34 届 IMO 试题）

分析与证明 反设存在整系数多项式
$$g(x)=\sum_{i=0}^{p}a_ix^i, \quad h(x)=\sum_{j=0}^{q}b_jx^j \quad (p+q=n),$$
使
$$f(x)=g(x)h(x). \qquad ①$$
比较式①两边的系数可知
$$a_0b_0=3, \qquad ②$$
$$a_pb_q=1, \qquad ③$$
$$a_pb_{q-1}+a_{p-1}b_q=5.$$

从等式中的质数(不能分解)入手,则由式②可知

$$|a_0| \cdot |b_0| = 3, \quad 且 \quad |a_0| \neq |b_0|.$$

于是 $\{|a_0|, |b_0|\} = \{1, 3\}$. 再由式③知 $|a_p| = |b_q| = 1$. 不妨设 $|a_0| = 3, |b_0| = 1$, 则

$$f(x) = (a_p x^p + a_{p-1} x^{p-1} + \cdots \pm 3)(a_q x^q + a_{q-1} x^{q-1} + \cdots \pm 1).$$

至此,要充分利用新信息"± 3":多项式中有的系数是 3 的倍数,有的系数不是 3 的倍数(由于 $|a_p| = 1$, 有 $3 \nmid a_p$),由此发现分界极端.

考察多项式各项的系数 $a_0, a_1, \cdots, a_p$, 不妨设其中不被 3 整除的下标最小的数为 a_k, 注意到 $3 \mid a_0$, 所以 $1 \leq k \leq p$. 比较式①中 x^k 的系数,有

$$c_k = a_k b_0 + a_{k-1} b_1 + \cdots + a_0 b_k, \qquad ④$$

其中 c_k 是 $f(x)$ 中 x^k 的系数. 对式④进行因数分析,有

$$3 \mid a_{k-1} b_1 + a_{k-2} b_2 + \cdots + a_0 b_k, \quad 3 \nmid a_k b_0,$$

所以 $3 \nmid c_k (k = 1, 2, \cdots, p)$. 又由 $f(x) = x^n + 5x^{n-1} + 3$ 知

$$3 \mid c_i \quad (i = 0, 1, 2, \cdots, n-2),$$

所以只能是 $3 \nmid c_{n-1}, 3 \nmid c_n$, 即 $k \geq n - 1$. 于是, $p \geq k \geq n - 1$, 即 $n - q \geq n - 1$, 解得 $q \leq 1$. 但 $h(x)$ 非常数, 有 $q \neq 0$, 所以 $q = 1$. 这样

$$f(x) = (x + b_0)(a_p x^p + a_{p-1} x^{p-1} + \cdots + a_0),$$

比较系数得 $a_0 b_0 = 3$, 所以 $|b_0| = 1$ 或 3.

但直接验证 $1, -1, 3, -3$ 都不是 $f(x)$ 的根,这与 $f(x) = (x + b_0) g(x)$ 矛盾.

例3 给定实数 $a_1, a_2, \cdots, a_n$, 对每个 $i (1 \leq i \leq n)$, 定义 $d_i = \max\{a_j : 1 \leq j \leq i\} - \min\{a_j : i \leq j \leq n\}$, 且令 $d = \max\{d_i : 1 \leq i \leq n\}$.

(1) 证明:对任意实数 $x_1 \leq x_2 \leq \cdots \leq x_n$, 有 $\max\{|x_i - a_i| : 1 \leq i \leq n\} \geq \dfrac{d}{2}$.

(2) 证明:存在实数 $x_1 \leqslant x_2 \leqslant \cdots \leqslant x_n$,使(1)中的等号成立.

(2007年国际数学奥林匹克试题)

分析与证明 (1) 不妨设 $d = d_g (1 \leqslant g \leqslant n)$,记 $a_p = \max\{d_j : 1 \leqslant j \leqslant g\}$,$a_r = \min\{d_j : g \leqslant j \leqslant n\}$,则
$$1 \leqslant p \leqslant g \leqslant r \leqslant n, \quad 且 \quad d = a_p - a_r.$$
对任意实数 $x_1 \leqslant x_2 \leqslant \cdots \leqslant x_n$,因为
$$(a_p - x_p) + (x_r - a_r) = (a_p - a_r) + (x_r - x_p)$$
$$\geqslant a_p - a_r = d,$$
所以由平均值抽屉原理,有
$$a_p - x_p \geqslant \frac{d}{2}, \quad 或 \quad x_r - a_r \geqslant \frac{d}{2}.$$
于是
$$\max\{|x_i - a_i| : 1 \leqslant i \leqslant n\} \geqslant \max\{|x_p - a_p|, |x_r - a_r|\}$$
$$\geqslant \max\{a_p - x_p, x_r - a_r\} \geqslant \frac{d}{2},$$
结论成立.

(2) 令 $x_1 = a_1 - \dfrac{d}{2}$,$x_k = \max\left\{x_{k-1}, a_k - \dfrac{d}{2}\right\} (2 \leqslant k \leqslant n)$,下面证明,这样定义的序列 $\{x_i\} (1 \leqslant i \leqslant n)$ 满足 $x_1 \leqslant x_2 \leqslant \cdots \leqslant x_n$,且使(1)中的等号成立.

其中单调性显然成立,且对 $1 \leqslant k \leqslant n$,有 $x_k - a_k \geqslant -\dfrac{d}{2}$.此外,可以证明,对 $1 \leqslant k \leqslant n$,有 $x_k - a_k \leqslant \dfrac{d}{2}$.

实际上,对 $1 \leqslant k \leqslant n$,考察分界极端:设 $t \leqslant k$ 是使 $x_k = x_t$ 成立的最小下标,那么,或者 $t = 1$,或者 $t \geqslant 2$ 且 $x_t > x_{t-1}$,无论哪种情况,都有
$$x_k = x_t = a_t - \frac{d}{2}. \quad ①$$

因为 $a_t - a_k \leqslant \max\{a_j : 1 \leqslant j \leqslant k\} - \min\{a_j : k \leqslant j \leqslant n\} = d_k \leqslant d$,所以,由式①得 $x_k - a_k = a_t - a_k - \dfrac{d}{2} \leqslant d - \dfrac{d}{2} = \dfrac{d}{2}$.

由上我们有 $|x_k - a_k| \leqslant \dfrac{d}{2}$,于是,$\max\{|x_i - a_i| : 1 \leqslant i \leqslant n\} \leqslant \dfrac{d}{2}$.

但由(1),有 $\max\{|x_i - a_i| : 1 \leqslant i \leqslant n\} \geqslant \dfrac{d}{2}$,故 $\max\{|x_i - a_i| : 1 \leqslant i \leqslant n\} = \dfrac{d}{2}$,从而等号成立.

例 4 一位魔术师有一百张卡片,分别写有数字 1~100,他把这一百张卡片放入三个盒子里,一个盒子是红色的,一个是白色的,一个是蓝色的,每个盒子里至少都放入了一张卡片.一位观众从三个盒子中挑出两个,再从这两个盒子里各选取一张卡片,然后宣布这两张卡片上的数字之和,知道这个和之后,魔术师便能够指出哪一个是没有从中选取卡片的盒子.

问共有多少种放卡片的方法,使得这个魔术总能够成功?其中两种方法被认为是不同的,如果至少有一张卡片被放入不同颜色的盒子.(2000 年国际数学奥林匹克试题)

分析与解 考虑 1~100 之间的整数,为简便起见,将整数 i 所放入的盒子的颜色定义为该整数的颜色,用 r 代表红色,w 代表白色,b 代表蓝色.

情形 1 存在某个 i,使得 $i, i+1, i+2$ 的颜色互不相同,例如分别为 rwb.

此时,因 $i + (i+3) = (i+1) + (i+2)$,所以 $i+3$ 的颜色既不能是 $i+1$ 的颜色 w,也不能是 $i+2$ 的颜色 b,只能是 r.可见,只要三个相邻的数字有互不相同的颜色,就能够确定下一个数字的颜色.进一步,这三个数字的颜色模式必定反复出现:rwb 后面一定是 r,然后

又是 $w,b,\cdots$,依此类推.

同理可得上述过程对于相反方向也成立:rwb 的前面一定是 $b,\cdots$,依此类推.

因此,只需确定 $1,2,3$ 的颜色,而这有 6 种不同的方法,这 6 种方法都能够使魔术成功,因为它们的和 $r+w,w+b,b+r$ 给出模 3 的互不相同的余数.

情形 2 不存在三个连续的数字,其颜色互不相同.

假设 1 是红色的,令 i 为最小的不是红色的数字,不妨假设 i 为白色的,考察分界极端:设 k 为最小的蓝色数字,则由假设必有 $i+1 < k$.如果 $k < 100$,因为 $i+k=(i-1)+(k+1)$,所以 $k+1$ 一定要是红色的.但又由于 $i+(k+1)=(i+1)+k$,所以 $i+1$ 一定要是蓝色的,与 k 是最小蓝色数字相矛盾,所以 $k=100$.换言之,只有 100 是蓝色的.

下面证明只有 1 是红色的.

实际上,反设存在 $t>1$ 是红色的,则由 $t+99=(t-1)+100$ 推出 $t-1$ 是蓝色的,与只有 100 是蓝色的相矛盾.

于是这些数字的颜色必须是 $rww\cdots wwb$,而这种方法确实可行:如果被选取的两张卡片上的数字之和小于或等于 100,则没有从中选取卡片的盒子一定是蓝色的;如果数字之和等于 101,则没有从中选取卡片的盒子一定是白色的;如果数字之和大于 101,则没有从中选取卡片的盒子一定是红色的.

最后,共有 6 种按照上述方式排列颜色的方法,故所有方法数为 12.

例 5 给定正整数 a,设 $X=\{a_1,a_2,a_3,\cdots,a_n\}$ 是由正整数构成的集合,其中 $a_1 \leqslant a_2 \leqslant a_3 \leqslant \cdots \leqslant a_n$,且 $a_1+a_2+a_3+\cdots+a_n=a$,若对任何整数 $p(1 \leqslant p \leqslant a)$,都存在 X 的子集 A,使 $S(A)=p$,其中规定 $S(A)$ 为集合 A 中的元素的和,求 n 的最小值.(原创题)

分析与解 设 $X = \{a_1, a_2, a_3, \cdots, a_n\}$ 是满足条件且使 n 最小的集合,我们先证明:对任何 $i = 1, 2, \cdots, n$,都有 $a_i \leq 2^{i-1}$.

反设存在 $i (1 \leq i \leq n)$,使 $a_i \geq 2^{i-1} + 1$,考察分界极端:设 i 是这样的 i 中的最小者,即

$$a_1 \leq 2^0, \quad a_2 \leq 2^1, \quad a_3 \leq 2^2, \quad \cdots, \quad a_{i-1} \leq 2^{i-2},$$

而 $a_i \geq 2^{i-1} + 1$,那么,对 X 的任一不含 $a_i, a_{i+1}, \cdots, a_n$ 中任何元素的子集 A,有

$$S(A) \leq a_1 + a_2 + \cdots + a_{i-1}$$
$$\leq 2^0 + 2^1 + 2^2 + \cdots + 2^{i-2} = 2^{i-1} - 1,$$

而对 X 的任一含有 $a_i, a_{i+1}, \cdots, a_n$ 中至少一个元素的子集 A,有

$$S(A) \geq a_i \geq 2^{i-1} + 1,$$

于是,不存在 X 的子集 A,使 $S(A) = 2^{i-1}$,所以 $a \leq 2^{i-1} - 1$.

因为 X 的子集的和取遍了 $1, 2, \cdots, a$,而 X 的任一含有 $a_i, a_{i+1}, \cdots, a_n$ 中至少一个元素的子集 A,都有 $S(A) > a$,于是 $X \setminus \{a_i, a_{i+1}, \cdots, a_n\}$ 的子集的和也取遍了 $1, 2, \cdots, a$,这与 n 的最小性矛盾.

对给定的 a,设 $2^r \leq a < 2^{r+1}$,若 $n \leq r$,则因为 $a_i \leq 2^{i-1} (i = 1, 2, \cdots, n)$,所以对 X 的任何子集 A,有

$$S(A) \leq S(X) = a_1 + a_2 + \cdots + a_n$$
$$\leq 2^0 + 2^1 + 2^2 + \cdots + 2^{n-1} = 2^n - 1 \leq 2^r - 1 < 2^r \leq a,$$

所以不存在 X 的子集 A,使 $S(A) = a$,矛盾,所以 $n \geq r + 1$.

当 $n = r + 1$ 时,令 $a_i = 2^i - 1 (i = 1, 2, \cdots, r)$,$a_{r+1} = a + 1 - 2^r$,下面证明 $X = \{a_1, a_2, a_3, \cdots, a_{r+1}\}$ 满足条件.

实际上,由二进制可知,$\{a_1, a_2, a_3, \cdots, a_r\}$ 的子集的和取遍了 $1, 2, \cdots, 2^r - 1$,X 的含有 a_{r+1} 的子集的和取遍了 $a_{r+1}, a_{r+1} + 1, a_{r+1} + 2, \cdots, a_{r+1} + 2^r - 1 = a$. 又 $2^r \leq a < 2^{r+1}$,有 $a_{r+1} = a + 1 - 2^r < 2^{r+1} + 1 - 2^r = 2^r + 1$,所以 $a_{r+1} \leq 2^r$,于是 X 的子集的和取遍了 $1, 2,$

$\cdots, a$.

综上所述，n 的最小值为 $r+1$，其中 r 满足 $2^r \leqslant a < 2^{r+1}$，即 $r = [\log_2 a]$（因为 $2^r \leqslant a < 2^{r+1}$，有 $r \leqslant \log_2 a < r+1$，从而 $r = [\log_2 a]$）.

3.2 状态分界

所谓状态分界，就是通过对题中对象进行适当的操作，其操作可能是题目本身定义的，也可能是解题过程中即时定义的，每次操作都得到题中对象的一种状态，而当状态性质最先或最后发生改变时的操作，便是状态分界的极端时刻.

例 1 给定几个物体，每个重不超过 1. 已知它们不能被分为两组，使每一组的重量都大于 1，求这些物体最大可能的总重量.

分析与解 自然的想法是，先将物体分为两组，其中至少有一组（称为第一组）的重量不超过 1. 但问题是，第二组的重量可能相当大.

我们构造这样的操作过程：依次从第二组中拿一些物体放入第一组，每次拿一个，使第二组的重量逐步减少直至第二组中物体总重量不超过 1 时操作停止.

在操作停止的那一刻，设最后一次从第二组中拿出的物体为 A. 当 A 为从第二组中拿出时，第二组中物体总重量不超过 1，而物体 A 的重量也不超过 1，从而将物体 A 放入第二组后，第二组中物体总重量不超过 2. 此外，拿出 A 后，第二组中物体总重量不超过 1，所以所有物体的总重量不超过 $2+1=3$.

另一方面，三个重量为 1 的物体显然合乎题目要求，此时物体的总重量为 3.

综上所述，这些物体最大可能的总重量为 3.

上述解答还可以简化为如下的表述，但方法本质上是一致的.

想象进行如下操作：依次把物体放进天平的一个盘子里，一次一

个,当盘子中物体总重量超过 1 时操作停止.在操作停止的那一刻,因为最后放进盘子的物体的重量不超过 1,所以天平上物体总重量不超过 2.此外,由题设,此刻没有放进盘子的物体的总重量不超过 1,所以所有物体的总重量不超过 3.

例 2 在 n 个人中,每个人知道某个传闻的一些不同片段(任何两个人知道的片段是不同的),他们通过电话闲聊各自知道的内容.在通话过程中,每次都是只有一个人说话,告诉对方他知道的所有传闻.要使每个人都完整地知道该传闻的所有内容,求最少的通话次数.

分析与解 要使每个人都完整地知道该传闻的所有内容,可任取(以后再优化)其中一个人 A 来研究:探索至少要通话多少次,A 才能完整地知道该传闻的所有内容.

显然,至少需要 $n-1$ 次通话,这是因为对 A 外的任意一个人 B,A 要获取 B 所知道的片段(当然未必从 B 处获取),从而 B 至少向一个其他的人告诉 B 所知的消息,所以 A 外的每个人 B,都必须至少参与一次由 B 说的通话.

能否说:同样可知,对任何一个人,都至少需要 $n-1$ 次通话,他才能完整地知道该传闻的所有内容,于是通话次数不少于 $n(n-1)$?

非也!严格地说,在我们上面获得的结论中,当 A 完整地知道该传闻的所有内容时(得到的是一个时刻,而不是某个人具有的性质),尽管 A 完整地知道该传闻的所有内容时刻 t_1 使整体通话次数不少于 $n-1$,同样 B 完整地知道该传闻的所有内容时刻 t_2 使整体通话次数不少于 $n-1$,但并非 A,B 都完整地知道该传闻的所有内容时刻使整体通话次数不少于 $n-1+n-1=2n-2$,因为这些通话中可能有重复.

比如,若 $t_1 < t_2$,即 B 比 A 后知道完整的传闻,那么,B 与 A 通一次话即可获得全部传闻.

3 分界极端

对 A 外的每个人 B, B 是否在 A 完整地知道该传闻的所有内容后,还一定要通过一次通话才能获取全部传闻呢?这显然只要 B 此刻还没有知道全部传闻,就至少需要一次通话获取他所不知道的信息.

选取分界极端:假定 A 是最先知道全部传闻的人,则 A 之外的每一个人在 A 知道全部传闻后,至少要通一次话才可获得全部传闻.

这样,通话最小次数至少为 $(n-1)+(n-1)=2n-2$. 容易证明 $2n-2$ 确实是所需的最小次数.

例如,一个人 A 可以打电话给 A 之外的所有人(这产生了 $n-1$ 次通话),收集他们的传闻片段,然后 A 再依次打电话给每一个人告诉对方所不知道的所有内容(又产生了 $n-1$ 次通话).

例 3 有一个珠宝商酷爱数学. 一天,他发布了一则这样的广告:"本店新推出一种'数学钻石项链',它含有珍珠和钻石共 n(n 是大于 1 的整数)颗. 为感谢广大顾客的一贯支持,今实行下列优惠:凡购买此种项链者,都可用 n 个连续正整数对项链上的 n 个位置(表示珍珠和钻石所在处)进行编号,本店则用珍珠替换你编号中的合数,用钻石替换你编号中的质数. 如果你的编号替换得到的项链恰含 2 颗钻石,则此项链免费赠送."一位数学家看到此广告后高兴地说:"哈哈,我可以为太太送一条免费'数学钻石项链'了."试问:对哪些正整数 n,数学家的愿望一定可以实现?(原创题)

分析与解 先考察简单一点的情形,对任意大于 1 的整数 n,如何找到 n 个连续的正整数,其中恰有一个数为质数,其余都是合数?

我们分两步走,第一步:找到 n 个连续正整数,使它们都是合数. 这是一个大家都很熟悉的问题,比如,可取这样的 n 个正整数为 $(n+1)!+2, (n+1)!+3, \cdots, (n+1)!+n, (n+1)!+n+1$.

第二步:构造如下操作过程,将上述数列向前"平移",每次移动一个数,直至第一个数变成质数.

令 $A=(n+1)!+1$，设不超过 A 的最大质数为 p，则 $p, p+1, p+2, \cdots, p+n-1$ 中恰有 p 为质数，其余都是合数.

能否再继续平移，使其中再含有一个质数，从而一共含有 2 个质数？——否！当再含有一个质数时，前面的那个质数可能"跑出去"了！为了使前面的那个质数不跑出去，需要考察分界极端.

将所有质数由小到大依次排列为 $p_1, p_2, p_3, \cdots$，对任意两个质数 $p_i, p_j (i<j)$，定义 $W(p_i, p_j)=1+p_j-p_i$ 为该数对的跨度（即由 p_i 到 p_j 的正整数的个数）.

根据前面的结论，对任何大于 1 的正整数 n，都存在连续质数对 (p_i, p_i+1)，使 $W(p_i, p_i+1)>n$.

设质数 p_i 是满足 $d(p_i, p_{i+1})>n$ 的最小质数，即 $d(p_i, p_{i+1})>n$，且 $d(p_{i-1}, p_i) \leqslant n$，那么，因为 $d(p_1, p_2)=d(2,3)=2<n$，所以 $i>1$，那么，连续自然数列 $p_{i-1}, p_{i-1}+1, p_{i-1}+2, \cdots, p_{i-1}+n-1$ 中恰 2 个为质数：p_{i-1}, p_i，这是因为 $d(p_i, p_{i+1})>n$，从而质数 p_{i+1} 不在上述数列中.

这表明，对任何大于 1 的正整数 n，数学家的愿望都一定可以实现.

该问题可推广为如下的例题.

例 4 对任意大于 3 的整数 n，都存在 n 个连续的正整数，其中恰有 3 个数为质数，而其余数都是合数.（原创题）

分析与证明 将所有质数由小到大依次排列为 $p_1, p_2, p_3, \cdots$，对任意两个质数 $p_i, p_j (i<j)$，定义 $W(p_i, p_j)=1+p_j-p_i$ 为该数对的跨度（即由 p_i 到 p_j 的正整数的个数）.

根据上面的结论，对任何大于 3 的正整数 n，都存在连续质数对 (p_i, p_{i+1})，使 $W(p_i, p_{i+1})>n$，从而 $W(p_i, p_{i+2})>n$.

设质数 p_i 是满足 $W(p_i, p_{i+2})>n$ 的最小质数，即 $W(p_i, p_{i+2})>n$，且 $W(p_{i-1}, p_{i+1}) \leqslant n$，因为 $W(p_1, p_3)=W(2,5)=4 \leqslant$

n,所以 $i>1$,那么,连续自然数列 $p_{i-1}, p_{i-1}+1, p_{i-1}+2, \cdots, p_{i-1}+n-1$ 中恰有 3 个为质数:p_{i-1}, p_i, p_{i+1},这是因为 $W(p_i, p_{i+2})>n$,从而质数 p_{i+2} 不在上述数列中,命题获证.

该问题可进一步推广如下.

例 5 对于给定的正整数 r,都存在正整数 $n_0(r)$,使对任意大于 $n_0(r)$ 的整数 n,都存在 n 个连续的正整数,其中恰有 r 个数为质数,而其余数都是合数.(原创题)

分析与证明 将所有质数由小到大依次排列为 $p_1, p_2, p_3, \cdots$,设第 r 个质数为 p_r,则 $p_r - 1$ 个连续的正整数:$2, 3, 4, 5, \cdots, p_r$ 恰包含 r 个质数 $p_1, p_2, p_3, \cdots, p_r$.

由此可见,n 至少为 $p_r - 1$,即 $n > p_r - 2$,由此猜想:$n_0(r) = p_r - 2$ 合乎条件.

对任意两个质数 $p_i, p_j (i<j)$,定义 $W(p_i, p_j) = 1 + p_j - p_i$ 为该数对的跨度(即由 p_i 到 p_j 的正整数的个数).

当 $n > p_r - 2$ 时,根据上面的结论,都存在连续质数对 (p_i, p_{i+1}),使 $W(p_i, p_{i+1}) > n$,进而有 $W(p_i, p_{i+r-1})$(连续 r 个相邻质数的首尾之距)$> n$.

设质数 p_i 是满足 $W(p_i, p_{i+r-1}) > n$ 的最小质数,即 $W(p_i, p_{i+r-1}) > n$,且 $W(p_{i-1}, p_{i+r-2}) \leqslant n$,因为 $W(p_1, p_r) = W(2, p_r) = p_r - 1 \leqslant n$,所以 $i > 1$.

这样一来,连续自然数列 $p_{i-1}, p_{i-1}+1, p_{i-1}+2, \cdots, p_{i-1}+n-1$ 中恰有 r 个为质数:$p_{i-1}, p_i, \cdots, p_{i+r-2}$,这是因为 $W(p_{i-1}, p_{i+r-2}) \leqslant n$,所以 $p_{i-1}, p_i, \cdots, p_{i+r-2}$ 都在上述数列中.而 $W(p_i, p_{i+r-1}) > n$,所以质数 p_{i+r-1} 不在上述数列中,命题获证.

注 由前面的情况可知,当 $r = 1, 2, 3$ 时,最小的 $n_0(r) = r$.

下面证明 $r = 4$ 时,最小的 $n_0(4) = 5 = p_4 - 2$.

首先,对于任何连续 5 个大于 1 的正整数 $a < b < c < d < e$,则

a,b,c,d,e 中至少有 2 个合数. 实际上, 当 a,b,c 中 2 奇 1 偶时, a,b,c 中的偶数大于 2, 是合数; 当 a,b,c 中 2 偶 1 奇时, a,b,c 中至少有一个偶数是合数. 又 d,e 中至少有一个偶数为合数, 所以 $n_0(4) \geqslant 5 = p_4 - 2$.

其次, 由"再推广"的结果, $n_0(4) = p_4 - 2$ 合乎条件, 故 $n_0(4)$ 的最小值为 $p_4 - 2$.

猜想: 对一般的正整数 $r \geqslant 3$, $n_0(r)$ 的最小值为 $p_r - 2$.

以上结论表明, $r = 3, 4$ 时, 猜想成立. 下面证明, $r = 5$ 时猜想仍成立, 即最小的 $n_0(5) = 9 = p_5 - 2$.

我们只需证明: 任何 9 个大于 1 的连续正整数中至多有 4 个质数.

实际上, 如果 9 个连续正整数中有 5 个奇数, 则另 4 个偶数都是合数. 设 5 个连续奇数为 $2k-3, 2k-1, 2k+1, 2k+3, 2k+5$, 则 $2k+1, 2k+3, 2k+5$ 构成模 3 的完系, 其中必有一个为 3 的倍数, 且它大于 3, 从而它为合数, 于是至少有 5 个数为合数.

如果 9 个连续正整数中有 5 个偶数, 当这些偶数中含有 2 时, 9 个连续正整数为 $2, 3, \cdots, 10$, 其中只有 4 个质数 $2, 3, 5, 7$. 当这些偶数中不含 2 时, 这些偶数都是合数, 从而至多有 4 个质数. 所以 $n_0(5) \geqslant 9 = p_5 - 2$.

其次, 由例 5 的结果, $n_0(5) = p_5 - 2$ 合乎条件, 故 $n_0(5)$ 的最小值为 $p_5 - 2$.

可以证明, $r = 6, 7, 8, 9$ 时猜想仍成立. 但对一般的正整数 $r \geqslant 3$, 猜想是否成立, 还是悬而未决的, 希望读者能深入讨论.

3.3 划分序列

如果递增序列 $\{a_n\}$ 满足 $a_n \to \infty (n \to \infty)$, 我们称 $\{a_n\}$ 为区间

$M=[a_1,+\infty)$ 的一个划分序列,它具有如下性质:

对每一个实数 $x \in M$,总存在正整数 n,使 $a_n \leqslant x < a_{n+1}$.

实际上,因为 $x \geqslant a_1$,考察分界极端:设 n 是满足 $x \geqslant a_n$ 的最大下标,则 $a_n \leqslant x < a_{n+1}$.

如果令 $M'=(a_1,+\infty)$,那么,对每一个实数 $x \in M'$,总存在正整数 m,使 $a_m < x \leqslant a_{m+1}$.

例1 设函数 $f: \mathbf{N} \to \mathbf{N}$ 满足:

(1) $f(x)$ 严格单调递增;

(2) 对任何自然数 m,n,有 $f(mn)=f(m)f(n)$;

(3) 若 $m \neq n$,且 $m^n = n^m$,则 $f(m)=n$ 或 $f(n)=m$.

求 $f(n)$.(第 30 届 IMO 预选题)

分析与解 首先需要指出的是,f 仅在离散集合 $\mathbf{N}$ 上满足柯西 (Cauchy) 方程,从而能利用柯西方程的结论求解,我们期望通过特殊函数值归纳出 f 的表达式.

在(2)中令 $m=n$,有 $f(n^2)=f^2(n)$.结合数学归纳法,可得
$$f(n^k)=f^k(n). \qquad ①$$
因为 $m^n=n^m$ 的一组解为 $(m,n)=(2,4)$,于是,由(3),有
$$f(2)=4 \quad \text{或} \quad f(4)=2.$$
但由(1),有 $f(4) \geqslant 4$,所以只能是 $f(2)=4$.这样,由(2),有
$$4=f(2)=f(2 \cdot 1)=f(2)f(1)=4f(1),$$
解得 $f(1)=1$.

下面考察 $f(3)$,此时只能利用式①求 $f(3)$ 的某个方幂,最简单的方幂当然是平方.

$$f^2(3)=f(3^2)=f(9)>f(8)=f(2^3)=f^3(2)=4^3=64,$$
所以 $f(3)>8$.我们希望有 $f(3)<10$,再考察 $f(3)$ 的立方,有

$$f^3(3)=f(3^3)=f(27)<f(2^5)=f^5(2)=4^5=2^{10}=1\,024,$$
所以 $f(3)<11$,但估计过宽.

再考察 $f(3)$ 的 4 次方,同样估计过宽,幸运的是,考察 $f(3)$ 的 5 次方,则可以达到目的:

$$f^5(3) = f(3^5) = f(243) < f(256)$$
$$= f(2^8) = f^8(2) = 2^{16} = 2^5 \cdot 2^{11}$$
$$= 2^5 \cdot 2\,048 < 2^5 \cdot 3\,125 = 10^5,$$

所以 $f(3) < 10$,故 $f(3) = 9$。由此猜想:$f(n) = n^2 (n \in \mathbf{N}^*)$。

设结论对不大于 n 的自然数成立,考察 $f(n+1)$:

(i)若 $n+1$ 为合数,设 $n+1 = ab(1 < a, b < n+1)$,则
$$f(n+1) = f(ab) = f(a)f(b) = a^2 b^2 = (ab)^2 = (n+1)^2,$$
结论成立;

(ii)若 $n+1$ 为质数,则 n 为偶数,设 $n+2 = 2t(1 < t < n+1)$,我们有
$$f(n+2) = f(2t) = f(2)f(t) = 2^2 t^2 = (2t)^2 = (n+2)^2.$$

下面估计 $f(n+1)$。一方面
$$f^2(n+1) = f((n+1)^2) = f(n^2 + 2n + 1) > f(n(n+2))$$
$$= f(n)f(n+2) = n^2 (n+2)^2,$$
所以
$$f(n+1) > n(n+2), \quad f(n+1) \geqslant (n+1)^2.$$

下面证明 $f(n+1) \leqslant (n+1)^2$,即 $f(n+1) < (n+1)^2 + 1$。我们设法找到一个 k(待定系数),使
$$f^k(n+1) < ((n+1)^2 + 1)^k.$$

先设 k 已找到,则对找到的 k,由划分序列性质,必存在自然数 h,使
$$n^{h-1} \leqslant (n+1)^k < n^h.$$

因为 f 是单调递增的,所以由上式,有
$$f((n+1)^k) < f(n^h) = n^{2h} < (期望) \cdots \leqslant ((n+1)^2 + 1)^k,$$
这就要求

$$((n+1)^2+1)^k = (n+1)^{2k} + k(n+1)^{2k-2} + \cdots$$
$$> k(n+1)^{2k-2} = k(n+1)^{-2}(n+1)^{2k}$$
$$\geqslant k(n+1)^{-2} n^{2h-2} (利用式 ①)$$
$$= k(n(n+1))^{-2} n^{2h} = (期望)n^{2h}.$$

取 $k(n(n+1))^{-2} = 1$,即 $k = n^2(n+1)^2$,上述要求都可实现.

综上所述,我们有 $f(n) = n^2 (n \in \mathbf{N}^*)$.

另解 我们证明:$f(n) = n^2 (n \in \mathbf{N}^*)$. 对 n 归纳,当 $n = 1, 2$ 时,结论成立.设结论对小于 n 的自然数成立,考察 $f(n)$.

由于 $n-1 > 1$,对任何正整数 k,由划分序列性质,必存在正整数 t,使

$$(n-1)^t < n^k \leqslant (n-1)^{t+1}.$$

于是由条件(1)、(2)及归纳假设,得

$$f^k(n) = f(n^k) \leqslant f((n-1)^{t+1}) = f^{t+1}(n-1) = (n-1)^{2(t+1)}$$
$$= (n-1)^{2t}(n-1)^2 < n^{2k}(n-1)^2,$$

从而,$f(n) < n^2(n-1)^{\frac{2}{k}}$.

令 $k \to +\infty$,得 $f(n) \leqslant n^2$.

同样可以证明:$f(n) \geqslant n^2$.

$$f^k(n) = f(n^k) > f((n-1)^t) = f^t((n-1)^2)$$
$$= (n-1)^{2t} = (n-1)^{2t+2}(n-1)^{-2}$$
$$= \frac{((n-1)^{t+1})^2}{(n-1)^2} \geqslant \frac{(n^k)^2}{(n-1)^2} = \frac{n^{2k}}{(n-1)^2},$$

从而,$f(n) > \frac{n^2}{(n-1)^{\frac{2}{k}}}$.

令 $k \to +\infty$,得 $f(n) \geqslant n^2$.

例2 给定 $k \in \mathbf{N}^*, k > 1$. 对 $n \in \mathbf{N}^*$,定义

$$f(n) = n + [(n + n^{\frac{1}{k}})^{\frac{1}{k}}],$$

求 $f(n)$ 的值域,其中 $[x]$ 是高斯函数,表示不超过 x 的最大整数.

(《美国数学月刊》1991年1月号问题 3340)

分析与解 首先,$f(n)$可看成是两个数列 $x_n = n$,$y_n = [(n + n^{\frac{1}{k}})^{\frac{1}{k}}]$ 的叠合,观察它们前若干项的取值,期望发现某种规律.

n	1	2	3	4	5	6	7	8	…
x_n	1	2	3	4	5	6	7	8	…
y_n	1	1	2	2	2	2	3	3	…
$f(n)$	2	3	5	6	7	8	10	11	…

由 y_n 的取值,发现数列应分割为若干段,即考虑:对固定的 m,有哪些正整数 n 使

$$y_n = [(n + n^{\frac{1}{k}})^{\frac{1}{k}}] = m? \qquad ①$$

实际上,有多个 n 使式①成立,从而 $y_n = [(n + n^{\frac{1}{k}})^{\frac{1}{k}}]$ 是有重项的数列,但它与 x_n 叠合之后是递增的. 显然

$$\text{式①} \Leftrightarrow m \leqslant (n + n^{\frac{1}{k}})^{\frac{1}{k}} < m + 1$$
$$\Leftrightarrow m^k \leqslant n + n^{\frac{1}{k}} < (m+1)^k. \qquad ②$$

由于不等式②无法解出 n,只能转向"找充分条件".

设想 $n < (m+1)^k$ 能否推出式②的右边,否!由它只能得到

$$n + n^{\frac{1}{k}} < (m+1)^k + m + 1,$$

"多了"一个 $m + 1$,于是想到命题加强为

$$n < (m+1)^k - (m+1),$$

此时

$$n^{\frac{1}{k}} < ((m+1)^k - (m+1))^{\frac{1}{k}} < ((m+1)^k)^{\frac{1}{k}} = m + 1,$$

有 $n + n^{\frac{1}{k}} < (m+1)^k$.

仔细观察,发现 n 的范围还可缩小,上述两个不等式相加时,两个不等式都是严格的,而后一个不等式因舍弃了项一定是严格的,从而前一个不等式可以改变为非严格的,即可优化为 $n \leqslant (m+1)^k -$

$(m+1) =: a_{m+1}$.

于是,取划分数列$\{a_m\}$,其中$a_m = m^k - m$,那么$(0, \infty)$
$= \bigcup_{m=1}^{\infty}(a_m, a_{m+1}]$.

对任何正整数n,设存在正整数m,使$n \in (a_m, a_{m+1}]$,则
$$m^k - m < n \leqslant (m+1)^k - (m+1),$$
所以
$$m^k - m + 1 \leqslant n \leqslant (m+1)^k - (m+1). \qquad ③$$

由此容易得到$n > (m-1)^k$,这是因为$n \geqslant m^k - m + 1$,只需$m^k - m + 1 > (m-1)^k$,即
$$m^k > (m-1)^k + m - 1,$$
此不等式将$m^k = [(m-1)+1]^k$展开即证.所以
$(m-1)^k < n < (m+1)^k$, 即 $m - 1 < n^{\frac{1}{k}} < m + 1$. ④

③+④,得$m^k < n + n^{\frac{1}{k}} < (m+1)^k$,所以$[(n+n^{\frac{1}{k}})^{\frac{1}{k}}] = m$,当$n \in (a_m, a_{m+1}]$时,$f(n) = n + m$.

因为$n \in (a_m, a_{m+1}]$,令
$$n = a_m + i = m^k - m + i$$
$$(1 \leqslant i \leqslant a_{m+1} - a_m = (m+1)^k - m^k - 1),$$
则$f(n) = n + m = (m^k - m + i) + m = m^k + i$,于是,当$n \in (a_m, a_{m+1}]$时,$f(n)$的值域为$A_m = \{m^k + 1, m^k + 2, \cdots, (m+1)^k - 1\}$.

注意到m取遍所有正整数$m = 1, 2, 3, \cdots$,于是对$n \in \mathbf{N}^*$,$f(n)$的值域为$\bigcup_{m=1}^{\infty} A_m = \mathbf{N}^* \setminus \{x \mid x = m^k, m \in \mathbf{N}^*\}$.

探索:将数列改为$f(n) = kn + [(n + n^{\frac{1}{k}})^{\frac{1}{k}}]$,结果如何?

例3 将自然数集N划分为两个子集A, B,使得:同一个子集中的任何两个数之和不是形如$2^k + 2(k = 0, 1, 2, \cdots)$的数.若$1 \in A$,求证:上述划分是唯一存在的,并确定1 987,1 988,1 989所在的集合.
(第29届IMO预选题)

分析与证明 对任何自然数 x,y, 若 x,y 同属于 A,B 之一, 则记为 $x\oplus y$, 否则, 记为 $x\ominus y$; 如果对任何自然数 k, 有 $x+y\neq 2^k+2$, 则称 x,y 相容.

由于 $1+2=2^0+2,1+3=2^1+2$, 故, $1\ominus 2,1\ominus 3$, 所以 $2,3\in B$, 且 $2,3$ 相容 $(2+3\neq 2^k+2)$.

设所有小于 n 的自然数都已有唯一的归属, 且同一集合中的数都相容, 下面考虑自然数 $n(n>3)$. 对这个 n, 由划分序列性质, 总存在自然数 m, 使 $2^m\leqslant n<2^{m+1}$.

(1) 若 $n=2^m$, 由于 $n+2=2^m+2$, 所以 $n\ominus 2$, 只能有 $n\in A$. 此时, 还要证: 对任何 $a\in A, n$ 与 a 相容 (即 n 可以属于 A). 实际上, $2^m<n+a<2^{m+1}(a<n,n+a<2n)$, 若 n 与 a 不相容, 则 $n+a=2^m+a$, 又 $n=2^m$, 所以 $a=2$, 与 $a\in A$ 矛盾, 所以 n 有唯一归属.

(2) 若 $n=2^m+1$, 由于 $n+1=2^m+2$, 所以 $n\ominus 1$, 只能有 $n\in B$, 此时, 还要证: 对任何 $b\in B, n$ 与 b 相容. 实际上, $b\in B, 1<b<n, 2^m+2<n+b=2^m+b+1<2^{m+1}+n+1=2^{m+1}+2$, 所以 n 有唯一归属.

(3) 若 $2^m+1<n<2^{m+1}$, 此时, 解题的关键是: 由 $2^{m+1}+2=(2^{m+1}+2-n)+n$ (分离出有确定归属的数), 有
$$n\ominus(2^{m+1}+2-n). \qquad ①$$
注意到 $2^{m+1}+2=2(2^m+1)<2n$, 有 $2^{m+1}+2-n<n$, 于是由归纳假设, $2^{m+1}+2-n$ 有确定的归属, 再由式①, n 有确定的归属.

下面证明对任何 $c(1\leqslant c<n)$, 若 $c\oplus n$, 则 c 与 n 相容.

实际上, $1\leqslant c<n, 2^m+2<n+1\leqslant n+c<2n<=2^{m+2}<2^{m+2}+2$, 若 c 与 n 不相容, 则 $c+n=2^{m+1}+2$, 那么 $c=2^{m+1}+2-n$, 与 $c\oplus n$ 矛盾, 所以 n 有唯一归属.

最后, 我们有: $1\,987+63=2^{11}+2\Rightarrow 1\,987\ominus 63, 1\,988+62=2^{11}+2\Rightarrow 1\,988\ominus 62, 1\,989+61=2^{11}+2\Rightarrow 1\,989\ominus 61.$ 记为 $(1\,987,1\,988,$

$1989) \sim (\overline{63}, \overline{62}, \overline{61})$. 又 $3+63=2^6+2 \Rightarrow 3 \ominus 63, 4+62=2^6+2 \Rightarrow 4 \ominus 62, 5+61=2^6+2 \Rightarrow 5 \ominus 61$. 记为 $(3,4,5) \sim (\overline{63}, \overline{62}, \overline{61})$. 所以 $(1987, 1988, 1989) \sim (3,4,5)$.

而 $3 \in B; 2+4=2^2+2 \Rightarrow 4 \in A; 1+5=2^2+2 \Rightarrow 5 \in B$, 故 $1987 \in B, 1988 \in A, 1989 \in B$.

另证 因为 $1 \in A$, 易知 $2, 3 \in B$, 对任何 $n > 3$, 不妨设 $1, 2, 3, \cdots, n-1$ 都有唯一的归属, 且同一集合中的数都相容, 考察数 n.

设 $2^{k-1}+1 < n \leqslant 2^k+1$, 则 $0 \leqslant 2^k+2-n < n$, 由归纳假设, 2^k+2-n 有唯一归属, 设 $2^k+2-n \in P$, 而 n 与 2^k+2-n 不相容, 则 $n \in \overline{P}$ (即 n 只能属于 $\overline{P}$). 为了说明 n 可以属于 $\overline{P}$, 还要说明 n 与 $\overline{P}$ 中的任意数都相容.

对任何 $x \in \overline{P}$, 且 $x \leqslant n-1$, 因为 $n+x \leqslant 2n-1 \leqslant 2 \cdot (2^k+1)-1 = 2^{k+1}+1 < 2^{k+1}+2, n+x > 2^{k-1}+1+x \geqslant 2^{k-1}+2$, 若 n 与 x 不相容, 则只能是 $n+x=2^k+2$, 所以 $x=2^k+2-n \in P$, 与 $x \in \overline{P}$ 矛盾.

所以 n 有唯一的归属, 由归纳原理, 任何正整数 n 都有唯一的归属(下同).

3.4 二色链

对序列 $a_1, a_2, \cdots, a_n$ 中的项 2-染色(每个项染且只染给定的两种颜色之一), 若 $a_1, a_2, \cdots, a_n$ 不全同色, 则称 $a_1, a_2, \cdots, a_n$ 是一条二色链.

二色链具有如下性质:

设 $a_1, a_2, \cdots, a_n$ 是一条二色链, 则必存在 $i(1 \leqslant i \leqslant n-1)$, 使 a_i 与 a_{i+1} 异色, 其中 a_i 与 a_1 同色; 也必存在 $j(1 \leqslant j \leqslant n-1)$, 使 a_j 与 a_{j+1} 异色, 其中 a_{j+1} 与 a_n 同色.

实际上, 因为 a_1 与 a_1 同色, 考察分界极端: 设 i 是满足 a_i 与 a_1

同色的最大下标,则 a_{i+1} 与 a_1 异色,而 a_i 与 a_1 同色,所以 a_i 与 a_{i+1} 异色;又因为各项不全同色,必有项与 a_n 异色,考察分界极端:设 j 是满足 a_j 与 a_n 异色的最大下标,则 $j<n$,且 a_{j+1} 与 a_n 同色,而 a_j 与 a_n 异色,所以 a_j 与 a_{j+1} 异色.

例1 将平面上的点染红、蓝两色,使既有红点又有蓝点,对于给定的任意正数 a,试证:

(1) 平面上存在两个同色的点,它们的距离为 a;

(2) 平面上存在两个异色的点,它们的距离为 a.

(2008年中国科学技术大学自主招生试题)

分析与证明 (1) 很简单,它是典型的抽屉原理问题——3个元素(点),2个抽屉(颜色).但需要同时满足另一个条件:两点距离为 a.

为了满足这一条件,先构造这样一个点集 A,其中任何两个点的距离都为 a,这在平面上取一个边长为 a 的正 $\triangle ABC$ 即可,此时,由抽屉原理,A,B,C 中必定有两点同色,这两点合乎要求.

(2) 我们只需构造一个二色链,使每相邻两点的距离都为 a.

在平面内任取一个红点 P 和一个蓝点 Q,连线段 PQ. 设 $PQ = ka + r$,其中 $0 < r \leqslant a$,$k \in \mathbf{N}$,在线段 PQ 上取 k 个点 $P_1, P_2, \cdots, P_k$,使 $PP_1 = P_1P_2 = P_2P_3 = \cdots = P_{k-1}P_k$,则 $P_kQ = r$,以 P_kQ 为底边作一个腰长为 a 的等腰 $\triangle P_kQP_{k+1}$,则 $P_kP_{k+1} = P_{k+1}Q = a$.

因为 P, Q 异色,必定存在 $i (0 \leqslant i \leqslant k)$,使 P_i, P_{i+1} 异色,其中规定 $P_0 = P, P_{k+2} = Q$,于是,P_i, P_{i+1} 这两点合乎要求.

例2 在 $n \times n$ 的方格棋盘内放有 $n^2 - n + 1$ 枚白色棋子,每个格至多放一枚棋子.每次操作是从棋盘中取走一枚白色棋子、放入一枚黑色棋子(黑色棋子可以放入任何一个空格).直至取走所有的白色棋子、放入 $n^2 - n + 1$ 枚黑色棋子为止.求证:必定有一个时刻,有两个相邻(有公共边)的格中的棋子异色.(列宁格勒(现称圣彼得堡)

数学竞赛试题改编)

分析与证明　先考虑题中数字"n^2-n+1"是否有某种特殊意义.

棋盘内始终放有 n^2-n+1 枚棋(注意数目 n^2-n+1 涉及太多对象),从反面看,它等价于棋盘中有 $n-1$ 个空格,观察这 $n-1$ 个空格在棋盘中的分布,即可发现棋盘中至少有一行没有空格,我们称这样的行为"满行". 由对称性,也有一列为"满列". 我们称一个"满行"与一个"满列"构成一个"十字架",则棋盘每个状态都至少有一个"十字架".

为了找到两个相邻格中的棋子(称为相邻棋子)异色,这只需找到由一连串相邻棋子组成的一条二色链,首先观察所有的"十字架",看是否有一个十字架中存在二色链.

按操作的顺序,在棋盘的每一个状态中各取一个"十字架",依次记为 $W_0, W_1, \cdots, W_r$,其中 $r=n^2-n+1$,十字架 $W_i(0 \leqslant i \leqslant n^2-n+1)$ 对应的棋盘状态中有 i 枚黑色棋子.

如果存在一个十字架 W_i,其中含有两个异色的子 A,B,则"十字架"中有一条由一连串相邻棋子链连接 A 和 B(图 3.1),从而必有两个相邻的棋子异色,结论成立.

若所有十字架 $W_i(0 \leqslant i \leqslant n^2-n+1)$ 都是单色的,则因为最初 W_0 是白色的,最后 W_r 是黑色的,于是,$W_0, W_1, \cdots, W_r$ 又是一个二色链.

由二色链的性质,必定存在时刻 t,棋盘上有一个白色的十字架 W_i,而操作一次(取走一个白色子)后,棋盘上有一个黑色的十字架 W_{i+1}. 但这是不可能的,因为十字架 W_i 与 W_{i+1}

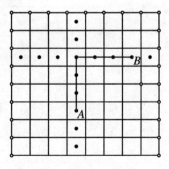

图 3.1

至少有两个公共的格,于是操作前 W_{i+1} 中至少有两个白色的格,操作一次后不能全变成黑色.

综上所述,命题获证.

例 3 在 $4n \times 4n$ 棋盘中,每个方格填上 $0, 1, -1$ 之一. 已知表中各数之和的绝对值不大于 $16n$,求证:棋盘中存在一个 $n \times n$ 的子数表,其各数之和的绝对值不大于 n.

分析与解 对任何棋盘 A,用 $S(A)$ 表示 A 中所填各数的和.

从目标看,要找到 $n \times n$ 的子棋盘 A,使 $|S(A)| \leqslant n$. 由于不易直接找到这样的集合,可用反证法.

假定所有的 $n \times n$ 的子棋盘 A,都有 $|S(A)| \geqslant n+1$,这等价于 $S(A_i) \geqslant n+1$(我们称这样的 A 为红色的),或 $S(A) \leqslant -n-1$(称这样的 A 为蓝色的).

为了说明是二色链,需要证明所有 $n \times n$ 的子棋盘 A 不全同色.——这利用条件:整体的和的绝对值不大于 $16n$ 即可.

如图 3.2 所示,将 $4n \times 4n$ 棋盘 X 依次划分为 16 个 $n \times n$ 的子棋盘 $A_1, A_2, \cdots, A_{16}$,我们证明各 $A_i (i=1,2,\cdots,16)$ 不全同色.

A_1	A_2	A_3	A_4
A_8	A_7	A_6	A_5
A_9	A_{10}	A_{11}	A_{12}
A_{13}	A_{14}	A_{15}	A_{16}

图 3.2

又用反证法,假定所有子棋盘 $A_i (i=1,2,\cdots,16)$ 都同色,那么
$$|S(X)| = |S(A_1) + S(A_2) + \cdots + S(A_{16})|$$
$$= |S(A_1)| + |S(A_2)| + \cdots + |S(A_{16})|$$
$$\geqslant (n+1) \times 16 > n \times 16 = 16n,$$

这与 $|S(X)| \leqslant 16n$ 矛盾. 于是,所有 $S(A_i)$ 不全同号,从而 A_1,

$A_2,\cdots,A_{16}$ 是一条二色链.

由二色链的性质,可以找到两个相邻的 A_i,A_{i+1},使 A_i,A_{i+1} 异色.但这两个相邻的异色子棋盘 A_i,A_{i+1} 并没有矛盾,进一步思考,两个异色子棋盘要相邻到什么程度才会产生矛盾.

假定 A 与 B 异色,不妨设 $S(A)\geqslant n+1,S(B)\leqslant -n-1$,那么,$S(A)$ 与 $S(B)$ 的值相差悬殊:
$$S(A)-S(B)\geqslant 2n+2.$$

由此想到,如果 A 与 B 尽可能重合,则不可能使得 $S(A)-S(B)\geqslant 2n+2$,从而产生矛盾.

A,B 能重合到什么程度?——可以有 $n-1$ 行(列)完全相同.

我们定义两个 $n\times n$ 的子棋盘有 $n-1$ 行(列)完全相同时为相邻的,由此去找新的二色链,这利用前面的 A_i,A_{i+1} 异色即可.

因为 A_i,A_{i+1} 具有公共边,它们合起来构成一个 $n\times 2n$ 或 $2n\times n$ 的棋盘,不妨设是一个 $n\times 2n$ 的棋盘 X_1.

将 $n\times 2n$ 的棋盘 X_1 依次划分为 $n+1$ 个 $n\times n$ 的子棋盘 B_j($j=1,2,\cdots,n+1$),其中 $B_1=A_i,B_{n+1}=A_{i+1}$,且每两个相邻的 B_j,B_{j+1} 有 $n-1$ 列公共的格(图3.3),这样,对任何两个相邻的 B_j,B_{j+1},有

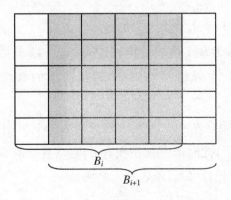

图 3.3

$$|S(B_j) - S(B_{j+1})| \leqslant n + n = 2n. \qquad ①$$

注意到 B_1, B_{n+1} 异色,所以 $B_1, B_2, \cdots, B_{n+1}$ 是一条二色链.

由二色链的性质,必存在 j,使

$$S(B_j) \geqslant n + 1, \quad S(B_{j+1}) \leqslant -n - 1.$$

所以 $|S(B_j) - S(B_{j+1})| \geqslant 2n + 2$,与式①矛盾.

综上所述,命题获证.

例 4 在 $n \times n (n < 1)$ 棋盘 C 中,两个具有公共边的格称为是相邻的.将 $1, 2, 3, \cdots, n^2$ 分别填入各格中,每格填一个数.对任何填法,求所有相邻两格所填的数的差的绝对值最大者的最小值 r_n. (1988 年 IMO 预选题)

分析与解 先看特殊情形.

当 $n = 2$ 时,本质上只有 3 种填法(图 3.4).所以,$r_2 = 2$.

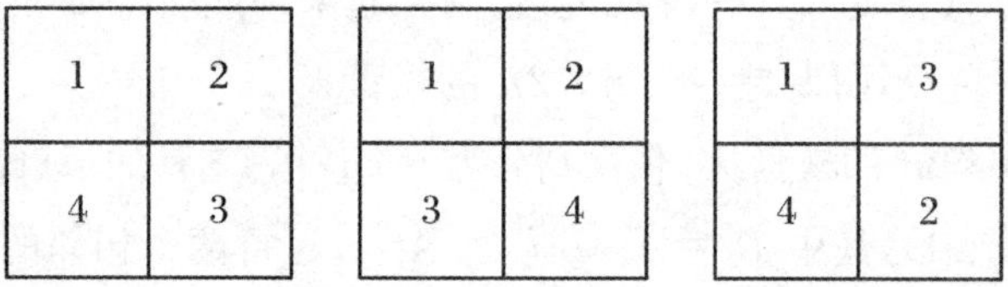

1	2
4	3

1	2
3	4

1	3
4	2

图 3.4

当 $n = 3$ 时,由上猜想 $r_3 = 3$.

若 $r_3 > 3$,考察 1 所填的位置.不难知道,1 只能填在角上,否则,1 至少有 3 个邻格,必有一个邻格所填的数与 1 之差 $< 3 < r_3$,矛盾.

不妨设 1 填在左上角,它的邻格只能填 2 和 3(图 3.5).同样知,9 只能填在角上,此时,9 只能填在右下角,而且它的邻格只能填 7 和 8.这时,6 没有位置可填,矛盾.

又如图 3.6 所示,存在一种填法,使 $r = 3$,所以,$r_3 = 3$.

一般地,猜想 $r_n = n$.

3 分界极端

1	2	
3		7
	8	9

图 3.5

1	2	3
4	5	6
7	8	9

图 3.6

首先,每行按自然递增顺序填数,得 $r=n$. 下面证明,对任何填法,必有两个邻格填数之差的绝对值不小于 n. 对于数对 $a>b$,要使 $b-a\geqslant n$,可先考虑等号成立的情形,即 $b-a=n$. 此时,$b=a+n$.

若令 $a=k$(参数),则 $b=n+k$,所以对任何 k,数对 $(k,n+k)$ 合乎条件. 进一步,考虑原不等式,知只要

$$a\leqslant k,\quad b\geqslant n+k,$$

则 (a,b) 也是合乎条件的数对(图 3.7),但其中要求 $n+k\leqslant b\leqslant n^2$,于是 $1\leqslant k\leqslant n^2-n$.

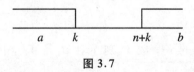

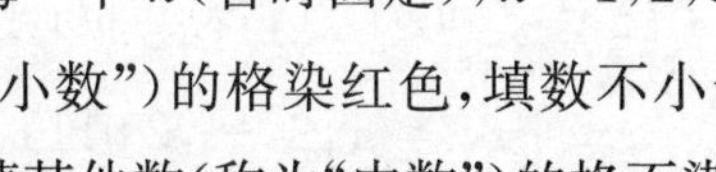

图 3.7

由此想到,对每一个 k(暂时固定),$k=1,2,3,\cdots,n^2-n$,将填数不大于 k(称为"小数")的格染红色,填数不小于 $n+k$(称为"大数")的格染蓝色,填其他数(称为"中数")的格不染色,红色、蓝色、无色格的集合分别记为 A_k,B_k,C_k.

显然,对给定的 k,红格中的数与蓝格中的数之差不小于 n. 因此,我们只需找到一个 k,使两个异色格相邻. 显然

$$|A_k|=k,$$
$$|B_k|=n^2-(n+k-1)=n^2-n-k+1,$$
$$|C_k|=n^2-|A_k|-|B_k|=n-1.$$

注意同一行(列)中必有两个格相邻,从而想到找一个充分条件,使某行(列)中含有两个异色格,然后利用一串相邻格构成一个二色链,逼出两个异色格相邻.

进一步想到,只需由某行某列构成的"十字架"中含有两个异色格,也可利用一串相邻格构成一个二色链,逼出两个异色格相邻.

首先,因为$|C_k|=n-1$,所以棋盘的n行中必有一个行,设为第p_k行,它的格都染色.同样,必有一个列,设为第q_k列,它的格都染色.于是,对每一个k,都存在相应的一行一列构成的"十字架"$p_k \bigcup q_k$,其格都染色.

反设结论不成立,则每个"十字架"中的格同色,但A_1中只有一个格,不能包含任何行,所以$p_1 \bigcup q_1$中的格为蓝色.

同理,由于B_{n^2-n}中只有一个格,知$p_{n^2-n} \bigcup q_{n^2-n}$中的格为红色.于是

$$p_1 \bigcup q_1, p_2 \bigcup q_2, \cdots, p_{n^2-n} \bigcup q_{n^2-n}$$

构成一个二色链.

由二色链的性质,必存在j,使$p_j \bigcup q_j$为蓝色,$p_{j+1} \bigcup q_{j+1}$为红色.取$p_j \bigcap q_{j+1}$中的一个数x,则x在$B_j \bigcap A_{j+1}$中.由$x \in A_{j+1}$,得$x \leqslant j+1$,由$x \in B_j$,得$x \geqslant n+j$,所以$n+j \leqslant x \leqslant j+1, n \leqslant 1$,矛盾.

例5 在圆周上任取$\sum_{i=1}^{2011} n_i$个点,每点都标上一个自然数,使其中标数为i的点恰有n_i个$(i=1,2,\cdots,2011)$,现要求作一批弦,使得:

(1) 任何两弦无公共点;

(2) 每条弦两端的标数不同.

若对任何标数方法,都能按上述要求连接所有标数的点作弦,问自然数$n_1, n_2, \cdots, n_{2011}$应满足的充要条件是什么?

分析与解 所求充要条件为:$\sum_{i=1}^{2011} n_i$为偶数,且对任何$j=1,2,$

$\cdots, n, 2n_j \leqslant \sum_{i=1}^{2011} n_i$.

（必要性）由于每条弦有两个端点,对应两个标数,不同的弦的端点不同,从而所有点的个数为偶数,即 $\sum_{i=1}^{2011} n_i$ 为偶数.

此外,假设 $2n_1 > \sum_{i=1}^{2011} n_i$,由于每个 1 号点引出一条弦,又标数为 1 的点恰有 n_1 个,从而至少引出 n_1 条弦,每条弦有两个端点,这样至少有 $2n_1 > \sum_{i=1}^{2011} n_i$ 个点,矛盾.

所以, $2n_1 \leqslant \sum_{i=1}^{2011} n_i$,同理,对任何 $j = 1, 2, \cdots, n$,有 $2n_j \leqslant \sum_{i=1}^{2011} n_i$.

（充分性）记 $S = \sum_{i=1}^{2011} n_i$,将标号为 i 的点染成第 i 号颜色,对 S 归纳.

当 $S = 2$ 时,结论显然成立;设结论对 S 成立,考虑 $S + 2$ 个点的情形,不妨设 n_1 最大.

由于 $2n_1 < \sum_{i=1}^{2011} n_i$,从而必有非 1 色的点,于是,由二色链性质,可找到一个 1 色点 A,它的一个邻点 B 是非 1 色的.连接 AB,在 $S+2$ 个点中去掉 A, B 两点,剩下 S 个点.

(1) 若 $2n_1 = \sum_{i=1}^{2011} n_i = S + 2$,则

$$\frac{1}{2}(S+2) = n_2 + n_3 + \cdots + n_{2011}$$
$$\geqslant n_i + 1 + 1 + \cdots + 1 = n_i + 2010,$$

所以 $n_i \leqslant n_1 - 2010$,故 $n_1 - 1 > n_i$,从而剩下的点中仍是 1 色的点最多.

由于 $n_1 - 1 = \frac{1}{2}(S+2) - 1 = \frac{S}{2}$,所以剩下的 S 个点仍满足题设条件,由归纳假设,可连 $\frac{S}{2}$ 条两两不交的异色弦,添进异色弦 AB 仍两两不交,结论成立.

(2) 若 $2n_1 < \sum_{i=1}^{2011} n_i = S+2$,令 $n' = n_2 + n_3 + \cdots + n_{2011}$,则因为 $S+2 = n_1 + n'$ 为偶数,于是,$n_1 \neq n'-1$,又 $n_1 < n'$,所以 $n_1 \leqslant n' - 2$. (*)

(i) 剩下的 S 个点中仍是 1 色点最多,则因 $n_1 - 1 < \frac{1}{2}(S+2) - 1 = \frac{S}{2}$,由归纳假设结论成立;

(ii) 剩下的 S 个点中,有一种颜色的点多于 1 色的点,不妨设 2 色的点最多,则因 $n_2 \geqslant n_1 - 1$,有 $n_2 \geqslant n_1$.

由 n_1 的最大性,有 $n_1 \geqslant n_2$,于是 $n_1 = n_2$.

由于剩下的点中 2 色的点多于 1 色的点,从而 B 非 2 色点,于是剩下的 S 个点中有 n_2 个 2 色点.

由于 $n_1 + n_3 + n_4 + \cdots + n_{2011} = n_2 + n_3 + n_4 + \cdots + n_{2011} = n'$,由 (*) 有 $n_2 \leqslant n' - 2$,利用归纳假设,结论成立.

另解 (充分性) 先将 S 个点两两配对,连 $\frac{S}{2}$ 条弦(可能相交,也可能同一弦上标数相同),我们先调整到同一弦上的标数不同.

取两端标数都为 j 的弦 AB,由于 $n_j \leqslant \frac{S}{2}$,从而必存在一条弦 CD,两端的标数均非 j. 否则,剩下的 $\frac{S}{2} - 1$ 条弦都有一端点标数 j,则 $n_j \geqslant 2 + \left(\frac{S}{2} - 1\right) = \frac{S}{2} + 1 > \frac{S}{2}$,矛盾.

将弦 AB, CD 改为弦 AC, BD,则 AC, BD 都是两端标数不同的弦.如此下去,可使每条弦的两端的标数不同.再设 AB,CD 是两条相交的弦,由于 A,B 的标数不同,C,D 的标数不同,从而每个数在 A,B,C,D 中至多出现两次,若此 4 点中有标数相同的点,不妨设 A 与 C 标数相同,那么 A 与 D 的标数不同,C 与 B 的标数不同.

将弦 AB,CD 改成弦 AD,BC,每条弦上的标数仍不同,且 AD,BC 不相交.对其他的任何一条弦 t,t 与弦 AD,BC 之一相交,则 t 必与原来的弦 AB,CD 之一相交,从而上述操作使弦的交点数至少减 1.如此下去,可使所有弦两两无交点.

例 6 将若干堆棋子任取 2 堆,在其中棋子数较多的一堆中拿出若干枚棋子放入另一堆,使另一堆棋子数增加一倍,我们称这样的操作为"倍增操作".将 2016 枚棋子分成 2 堆或 3 堆,使能通过适当的倍增操作将棋子并成一堆,共有多少种不同的分法?(原创题)

分析与解 先证明如下的引理.

引理 设 $n=2^r \cdot t$(t 为奇数),n 枚棋子分成若干堆(至少 2 堆),能通过适当的倍增操作将棋子并成一堆的充分必要条件是,每一堆的棋子数都是 t 的倍数.

(1)首先证明:如果 n 枚棋子可以通过适当操作将它们并成一堆,则每一堆的棋子数都是 t 的倍数.

用反证法,假定有这样一种合乎要求的分布状态,其中存在某一堆的棋子数不是 t 的倍数.

由于棋子最终合并为一堆,为 t 的倍数(二色链),从而必定存在正整数 p,使第 p 次操作前,所有堆的棋子数不全是 t 的倍数,而第 p 次操作后,所有堆的棋子数全是 t 的倍数.设第 $p-1$ 次操作后的状态为 M,由于 M 经过一次操作后,所有堆的棋子数全是 t 的倍数,从而 M 中至多有 2 堆的棋子数不是 t 的倍数.但 $t|n$,不可能恰有 1 堆的棋子数不是 t 的倍数,从而恰有 2 堆的棋子数不是 t 的倍数.

经过一次操作后,如果这两堆中有一堆的棋子数不改变,则这一

堆棋子数仍不是 t 的倍数,矛盾.如果这两堆的棋子数都改变,则必有其中一堆棋子数变成原来的 2 倍,但 $(2,t)=1$,所以仍不是 t 的倍数,矛盾.

(2) 其次证明:如果每一堆的棋子数都是 t 的倍数,则可以通过适当操作,将它们并成一堆.对 r 归纳.

当 $r=1$ 时,$n=2t$,因为每堆棋子数都是 t 的倍数,所以初始状态只能是 2 堆:(t,t),操作一次后得到 $(n,0)$,结论成立.

设 $r=k$ 时结论成立,考察 $r=k+1$ 的情形,此时 $n=2^{k+1} \cdot t$(t 为奇数).

若存在一些堆棋子数为奇数,则因为棋子总数 $n=2^{k+1} \cdot t$ 为偶数,从而棋子数为奇数的堆有偶数堆,每两堆进行一次操作,可使所有的堆棋子数都为偶数,设此时的状态为 $(2a_1, 2a_2, \cdots, 2a_s)$,其中 $t | 2a_i (i=1,2,\cdots,s)$,由于 $(2,t)=1$,所以 $t | a_i (i=1,2,\cdots,s)$.

将每两个棋子捆绑在一起看成一个"大棋子",则状态变成 $(a_1, a_2, \cdots, a_s)$,其中 $t | a_i (i=1,2,\cdots,s)$.由于 $a_1+a_2+\cdots+a_s = \frac{1}{2}n = 2^k \cdot t$,由归纳假设,所有棋子可以并成一堆,结论成立.

解答原题 因为 $2016 = 2^5 \cdot 63$,由引理可知,每堆棋子数都是 63 的倍数,从而其分法等价于将 $2^5 = 32$ 分成 2 个或 3 个正整数的和.

(1) 当 32 分成 2 个正整数的和时,设 $32 = a_1 + a_2$,其中 $a_1 \leqslant a_2$,则 $1 \leqslant a_1 \leqslant 16$,有 16 种分法.

(2) 当 32 分成 3 个正整数的和时,设 $32 = a_1 + a_2 + a_3$,其中 $a_1 \leqslant a_2 \leqslant a_3$.

当 $a_1 = 1$ 时,$a_2 + a_3 = 31, 1 \leqslant a_2 \leqslant 15$,有 15 种分法;

当 $a_1 = 2$ 时,$a_2 + a_3 = 30, 2 \leqslant a_2 \leqslant 15$,有 14 种分法;

当 $a_1 = 3$ 时,$a_2 + a_3 = 29, 3 \leqslant a_2 \leqslant 14$,有 12 种分法;

当 $a_1 = 4$ 时,$a_2 + a_3 = 28, 4 \leqslant a_2 \leqslant 14$,有 11 种分法;

当 $a_1 = 5$ 时,$a_2 + a_3 = 27, 5 \leqslant a_2 \leqslant 13$,有 9 种分法;

当 $a_1 = 6$ 时,$a_2 + a_3 = 26, 6 \leqslant a_2 \leqslant 13$,有 8 种分法;

当 $a_1 = 7$ 时,$a_2 + a_3 = 25, 7 \leqslant a_2 \leqslant 12$,有 6 种分法;

当 $a_1 = 8$ 时,$a_2 + a_3 = 24, 8 \leqslant a_2 \leqslant 12$,有 5 种分法;

当 $a_1 = 9$ 时,$a_2 + a_3 = 23, 9 \leqslant a_2 \leqslant 11$,有 3 种分法;

当 $a_1 = 10$ 时,$a_2 + a_3 = 22, 10 \leqslant a_2 \leqslant 11$,有 2 种分法.

所以此时共有 $15 + 14 + \cdots + 1 - (1 + 4 + 7 + 10 + 13) = 85$ 种分法.

综上所述,共有 $85 + 16 = 101$ 种分法.

习 题 3

1. 设多项式 $p(x)$ 满足 $p(x^2) = p^2(x)$,求 $p(x)$.

2. 有 11 个砝码,其重量分别为 $a_1, a_2, \cdots, a_{11}$,其中 $a_1 < a_2 < \cdots < a_{11}$,单位为克.若可用这 11 个砝码(砝码只能放在天平的一端),称出 $1 \sim 1\,500$ 的所有整数克的重量,求 a_{10} 的最小值.

3. 某天,若干个读者单独去同一图书馆,其中任何 3 个读者中都有两个人于这天在该图书馆相遇.证明:图书管理员可以在两个适当的时刻各发布一次广播通知,使这天到过该图书馆的读者至少听到其中一次通知.

4. 平面上给定有限多个多边形,任何两个多边形都有公共点.求证:可以作一直线 l,它与所有多边形都有公共点.(第 9 届全苏数学奥林匹克试题)

5. 在区间 $(0, 1)$ 中任取 $n(n \geqslant 2)$ 个互不相同的分数.证明:这些分数的分母之和不小于 $\frac{1}{3} n^{\frac{3}{2}}$.(2005 年中国国家集训队测试题)

6. 若 a, b 是任意两个整数,且 $b \neq 0$.试证:存在两个整数 s, t 使得 $a = bs + t, |t| \leqslant \left\lfloor \frac{b}{2} \right\rfloor$ 成立,并且当 b 是奇数时,s, t 是唯一存在的.当 b 是偶数时结果如何?

7. 试证:对任意非负整数 n,总存在正整数 $p(p>1)$ 和非负整数 x,y,使得
$$pn = (x+y)^p + (2p-1)x + (p-1)y.$$

8. 在 n 阶竞赛图 G 中,求证:下面的情形恰有一种发生.

(1) 可将 G 的顶点分为两个非空的集合 P,Q,使 P 中的点胜 Q 中的点;

(2) 存在长为 n 的有向圈.

9. 设 1 000 名学生围成一个圈. 试证:存在正整数 $k(100 \leqslant k \leqslant 300)$,使得在此圈中存在相邻的 $2k$ 名学生,满足:前面的 k 名学生与后面的 k 名学生中包含女生的数目相同. (2011 年 IMO 预选题)

习题 3 解答

1. 设 $p(x) = a_n x^n + a_{n-1} x^{n-1} + \cdots + a_1 x + a_0$,则
$$p(x^2) = a_n x^{2n} + a_{n-1} x^{2n-2} + \cdots + a_1 x^2 + a_0,$$
$$p^2(x) = a_n^2 x^{2n} + \cdots + a_0^2.$$

比较上述两式中最高次项与常数项,得 $a_n^2 = a_n, a_0^2 = a_0$.

若 $p(x)$ 为常数,令 $p(x) = c$,则 $c^2 = c$,所以 $c = 0$ 或 1. 此时,$p(x) = 0, p(x) = 1$ 都合乎条件.

若 $p(x)$ 是非常数的多项式,则 $a_n \neq 0$,于是 $a_n = 1$,即 $p(x) = x^n + a_{n-1} x^{n-1} + \cdots + a_1 x + a_0$. 所以
$$p(x^2) = x^{2n} + a_{n-1} x^{2n-2} + \cdots + a_1 x^2 + a_0. \qquad ①$$
$$p^2(x) = x^{2n} + 2x^n (a_{n-1} x^{n-1} + \cdots + a_1 x + a_0)$$
$$\qquad + (a_{n-1} x^{n-1} + \cdots + a_1 x + a_0)^2. \qquad ②$$

比较式①、式②中 x^{2n-1} 的系数,有 $2a_{n-1} = 0, a_{n-1} = 0$. 如此下去,有 $a_{n-1} = a_{n-2} = \cdots = a_0 = 0, p(x) = x^n$. 经检验,$p(x) = 0, 1, x^n$ 都是合乎条件的解.

以上证明中"如此下去"这一段不甚严格,若利用"分界极端"技

3 分界极端

巧,则可使之完美. 取 $a_{n-1}, a_{n-2}, \cdots, a_0$ 中下标最小的一个非零项,设为 a_k,那么

$$p(x) = x^n + a_k x^k + \cdots + a_1 x + a_0 \quad (a_k \neq 0, 0 \leqslant k \leqslant n-1),$$

此时

$$p(x^2) = x^{2n} + a_k x^{2k} + \cdots + a_1 x^2 + a_0,$$
$$p^2(x) = x^{2n} + 2x^n(a_k x^k + \cdots + a_1 x + a_0)$$
$$+ (a_k x^k + \cdots + a_1 x + a_0)^2.$$

比较以上两式中 x^{n+k} 的系数,有 $2a_k = 0$,矛盾!

2. 设 $X = \{a_1, a_2, \cdots, a_{11}\}$,用 $S(A)$ 表示集合 A 中所有元素之和,则由题意,对任何正整数 $n \leqslant 1\,500$,都存在 X 的子集 A,使 $S(A) = n$.

我们先证明:对任何 $i = 1, 2, \cdots, 11$,都有 $a_i \leqslant 2^{i-1}$.

反设存在 $i(1 \leqslant i \leqslant n)$,使 $a_i \geqslant 2^{i-1} + 1$,并设 i 是这样的 i 中的最小者,即 $a_1 \leqslant 2^0, a_2 \leqslant 2^1, a_3 \leqslant 2^2, \cdots, a_{i-1} \leqslant 2^{i-2}$,而 $a_i \geqslant 2^{i-1} + 1$,那么,对 X 的任一不含 $a_i, a_{i+1}, \cdots, a_n$ 中任何元素的子集 A,有 $S(A) \leqslant a_1 + a_2 + \cdots + a_{i-1} \leqslant 2^0 + 2^1 + 2^2 + \cdots + 2^{i-2} = 2^{i-1} - 1$;而对 X 的任一含有 $a_i, a_{i+1}, \cdots, a_n$ 中至少一个元素的子集 A,有 $S(A) \geqslant a_i \geqslant 2^{i-1} + 1$. 于是,不存在 X 的子集 A,使 $S(A) = 2^{i-1}$,所以 $2^{i-1} > 1\,500$,即 $i \geqslant 12$,矛盾.

其次,因为 $\{a_1, a_2, \cdots, a_{11}\}$ 的子集的和取遍了 $1, 2, \cdots, 1\,500$,从而 $S_{11} = a_1 + a_2 + \cdots + a_{11} \geqslant 1\,500$.

若 $a_{11} \geqslant 751$,则 $\{a_1, a_2, \cdots, a_{10}\}$ 的子集的和取遍了 $1, 2, \cdots, 750$,于是 $S_{10} = a_1 + a_2 + \cdots + a_{10} \geqslant 750$;

若 $a_{11} \leqslant 750$,则 $S_{10} = S_{11} - a_{11} \geqslant 1\,500 - 750 \geqslant 750$.

所以恒有 $S_{10} \geqslant 750$. 而 $a_1 + a_2 + \cdots + a_8 \leqslant 2^0 + 2^1 + 2^2 + \cdots + 2^7 = 2^8 - 1 = 255$,所以 $2a_{10} \geqslant a_9 + a_{10} = S_{10} - S_8 \geqslant 750 - 255 = 495$,即 $a_{10} \geqslant 248$.

当 $a_{10}=248$ 时,令 $X=\{1,2,4,8,16,32,64,128,247,248,750\}$,下面证明 X 合乎条件.

首先,由二进制可知,$M_1=\{1,2,4,8,16,32,64,128\}$ 的子集的和取遍了 $1,2,\cdots,255$,于是 $M_2=M_1\bigcup\{247\}$ 的子集的和取遍了 $1,2,\cdots,255+247=502$,$M_3=M_2\bigcup\{248\}$ 的子集的和取遍了 $1,2,\cdots,502+248=750$,$X=M_3\bigcup\{750\}$ 的子集的和取遍了 $1,2,\cdots,750+750=1\,500$.

3. 先看目标:要使所有人都听到通知,可任取一个人 x(代表元),证明 x 听到了通知.

再考虑如何利用条件"其中任何 3 个读者中都有两个人于这天在该图书馆相遇"来发布 2 次通知,这显然要由 2 次通知中相应的 2 人(相关元素)和前面任取的人 x 来构造 3 人组.

设发布 2 次通知时分别有 A,B 在馆(A,B 待定,以后优化假设),考察 3 人组 A,B,x,其中必有 2 人相遇.

如果 x 与 A 相遇,为了保证发布通知时 x 已进馆,可假定 A 是最后到达图书馆的读者,从而任一读者 x 早于 A 到馆.但还必须是 x 未离开,从而利用 x 与 A 相遇,可在 A 一进馆时就发布通知.

如果 x 与 B 相遇,此时可先考虑 x 还未离馆,于是可假定 B 是最先离开图书馆的读者,从而任一读者 x 在 B 离馆前还没有离馆.但还必须是 x 已经到馆,从而利用 x 与 B 相遇,可在 B 离馆那一刻发布通知.

最后,如果 A,B 相遇,那么 B 进入的时刻,任何人已进入(因为 B 最后进入),且任何人没有离开(因为最先离开的 A 都没有离开),从而任何人听到了通知.

4. 设共有 n 个多边形,将它们都投影到 x 轴上.并设第 i 个多边形在 x 轴上的投影为线段 A_iB_i,其端点坐标为 a_i,b_i,设 A_1B_1 的右端点坐标最小(图 3.8).

3 分界极端

依题意,对任何 $i>1$,投影 A_iB_i 与 A_1B_1 有公共点,从而 A_i 必在 B_1 的左边,即 $a_i\leqslant b_1$. 由 B_1 的最小性,有 $b_1\leqslant b_i$,所以 $a_i\leqslant b_1\leqslant b_i$. 这表明 B_1 是所有投影 A_iB_i 的公共点,过点 B_1 作垂直于 x 轴的直线 l,则 l 合乎条件.

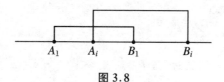

图 3.8

5. 取划分序列 $\left\{\dfrac{k(k+1)}{2}\right\}$,设 $\dfrac{k(k-1)}{2}\leqslant n<\dfrac{k(k+1)}{2}$. 将 $(0,1)$ 中的分数按分母从小到大排为如下的序列 A:$\dfrac{1}{2},\dfrac{1}{3},\dfrac{2}{3},\dfrac{1}{4},\dfrac{2}{4},\dfrac{3}{4}$, $\dfrac{1}{5},\cdots$;

将 A 中的非最简分数删去,仍按原顺序排为如下的序列 B:$\dfrac{1}{2}$, $\dfrac{1}{3},\dfrac{2}{3},\dfrac{1}{4},\dfrac{3}{4},\dfrac{1}{5},\cdots$.

易知,B 中的 n 个不同分数的分母之和 $S\geqslant A$ 中最前面的 n 个分数的分母之和,即不小于 $\sum\limits_{i=2}^{k}i(i-1)=\sum\limits_{i=2}^{k}i^2-\sum\limits_{i=2}^{k}i=\dfrac{(k+1)k(k-1)}{3}$,所以,欲证 $S\geqslant\dfrac{1}{3}n^{\frac{3}{2}}$,只需证 $\dfrac{(k+1)k(k-1)}{3}\geqslant\dfrac{1}{3}\left(\dfrac{k(k+1)}{2}\right)^{\frac{3}{2}}$. 注意到

$$\dfrac{(k+1)k(k-1)}{3}\geqslant\dfrac{1}{3}\left(\dfrac{k(k+1)}{2}\right)^{\frac{3}{2}} \Leftrightarrow 8(k-1)^2\geqslant k(k+1)$$
$$\Leftrightarrow f(k)=7k^2-17k+8\geqslant 0.$$

又 $f(k)$ 是开口向上的二次函数,且对称轴为 $\dfrac{17}{14}<2$,所以当 $k\geqslant 2$ 时,

$f(k) \geqslant f(2) = 2 > 0$,故命题成立.

6. 作无限划分序列:$\cdots, -\dfrac{3|b|}{2}, -|b|, -\dfrac{|b|}{2}, 0, \dfrac{|b|}{2}, |b|, \dfrac{3|b|}{2}, \cdots$,则 a 必在此序列的某两项之间,即存在一个整数 q,使 $\dfrac{q}{2}|b| \leqslant a < \dfrac{q+1}{2}|b|$ 成立.

(ⅰ) 当 q 为偶数时,若 $b > 0$,则令 $s = \dfrac{q}{2}, t = a - bs = a - \dfrac{q}{2}b$,则有

$$0 \leqslant a - bs = t = a - \dfrac{q}{2}b = a - \dfrac{q}{2}|b| < \dfrac{q}{2}|b|,$$

故 $|t| < \dfrac{|b|}{2}$.

若 $b < 0$,则令 $s = -\dfrac{q}{2}, t = a - bs = a + \dfrac{q}{2}b$,则同样有 $|t| < \dfrac{|b|}{2}$.

(ⅱ) 当 q 为奇数时,若 $b > 0$,则令 $s = \dfrac{q+1}{2}, t = a - bs = a - \dfrac{q+1}{2}b$,则有

$$-\dfrac{|b|}{2} \leqslant t = a - bs = a - \dfrac{q+1}{2}b = a - \dfrac{q+1}{2}|b| < 0,$$

故 $|t| \leqslant \dfrac{|b|}{2}$.

若 $b < 0$,则令 $s = -\dfrac{q+1}{2}, t = a - bs = a + \dfrac{q+1}{2}b$,则同样有 $|t| \leqslant \dfrac{|b|}{2}$.

综上所述,存在性得证. 下面证明唯一性. 当 b 为奇数时,设 $a =$

$bs + t = bs_1 + t_1$,则 $|t - t_1| = |b(s_1 - s)| > |b|$,而 $|t| \leqslant \dfrac{|b|}{2}$,$|t_1| \leqslant \dfrac{|b|}{2}$,故 $|t - t_1| \leqslant |t| + |t_1| \leqslant |b|$,矛盾,故 $s = s_1, t = t_1$.

当 b 为偶数时,s, t 不唯一,举例如下:此时 $\dfrac{b}{2}$ 为整数,$3 \cdot \dfrac{b}{2} = b \cdot 1 + \dfrac{b}{2} = b \cdot 2 + \left(-\dfrac{b}{2}\right)$,$t_1 = \dfrac{b}{2}$,$|t_1| \leqslant \dfrac{b}{2}$.

7. 我们证明 $p = 2$ 时,对任意非负整数 n,方程 $2n = (x+y)^2 + 3x + y$ 有唯一一组非负整数解 (x, y).

取划分序列 $\left\{\dfrac{s(s+1)}{2}\right\}$,可设 $\dfrac{s(s+1)}{2} \leqslant n < \dfrac{(s+1)(s+2)}{2}$,令 $n = \dfrac{1}{2}s(s+1) + t \ (0 \leqslant t \leqslant s)$,由于

$$\dfrac{(x+y)(x+y+1)}{2} \leqslant \dfrac{(x+y)^2 + 3x + y}{2}$$

$$\leqslant \dfrac{(x+y+1)(x+y+2)}{2} - 1$$

(因为 $0 \leqslant x \leqslant x + y$),

所以 $s = x + y$,从而 $t = n - \dfrac{s(s+1)}{2} = x$,即 $x = t$.

因 $0 \leqslant t \leqslant s$,所以 $\begin{cases} x + y = s \\ x = t \end{cases}$ 有唯一非负整数解 (x, y),故 $p = 2$ 满足要求.

8. 先证(1)、(2)不同时发生.实际上,若(1)发生,则 Q 中的点没有指向 P 中点的边,从而任何一条路都不能由 Q 到 P,所以,无包括所有点的有向圈.

再证(1)、(2)至少有一种发生.分类讨论如下:

当 $n = 2$ 时,将两个点分别归入 P, Q 即可,此时(1)发生.

当 $n \geqslant 3$ 时,由 $n = 2$ 的情形得到启发:若存在 x,使 $d^+(x) =$

$n-1$，则令 $P=\{x\}$ 即可.

为找长为 n 的有向圈，可去掉一个要求，先找有向圈，为此，利用相关极端元，可考察出度最大的点 x_1.

若 $d^+(x_1)<n-1$，则必有选手 x_3 胜 x_1，在被 x_1 胜的选手中，必有一个 x_2 胜 x_3，否则，x_3 比 x_1 至少多胜一场，与 x_1 的最大性矛盾，这样便得到一个长为 3 的圈 $x_1 \to x_2 \to x_3 \to x_1$.

为了证(2)成立，应找到最长的圈. 设含有 x_1 的最长的一个圈为 $x_1 \to x_2 \to x_3 \to \cdots \to x_m \to x_1$.

若 $m=n$，则结论成立. 不妨设 $m<n$，令 $C=\{x_1, x_2, \cdots, x_m\}$. 先考察圈如何扩大！——只要有 A 存在，使 $A_i \to A \to A_{i+1}$. 于是任取一个 $p \notin C$，必有 $p \to x_i$（对所有 $i=1,2,\cdots,m$），或者 $x_i \to p$（对所有 $i=1,2,\cdots,m$），否则 C 中有胜 p 者，又有被 p 胜者，由二色链原理，则必有 y，使 $x_i \to y$ 且 $y \to x_{i+1}$，从而圈可扩大，矛盾.

于是，可以将 C 外的点划分为两个集合 A, B，使 A 中的点都胜 C 中的点，而 C 中的点都胜 B 中的点（图 3.9）.

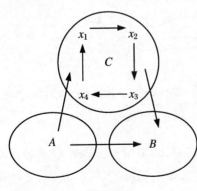

图 3.9

因为 $|C|=m<n$，所以，$|A|,|B|$ 不同时为 0. 若 $|A|>0$，则 A 中的点必都胜 B 中的点，否则 $b \to a$，得到更大的圈 $x_1 \to x_2 \to \cdots \to x_m \to b \to a \to x_1$. 于是，令 $P=A, Q=G\setminus A$ 即可. 若 $|A|=0$，则 $|B|>0$，此时，令 $P=C, Q=B$ 即可.

9. 将学生按圈的顺序依次编号为 $1,2,\cdots,1000$，如果编号为 i 的学生为女生，则令 $a_i=1$，否则 $a_i=0$，这样便得到一个 0,1 排列 $(a_1, a_2, \cdots, a_{1000})$. 记 $S_k(i)=a_i+a_{i+1}+\cdots+a_{i+k-1}$，其中 $i=1,2,\cdots,1000$，下标按模 1000 理解，则

问题变为证明:存在正整数 $k(100\leqslant k\leqslant 300)$ 及正整数 i,使 $S_k(i)=S_k(i+k)$.

假设结论不成立,我们选取 t,使 $S_{100}(t)$ 最大,则
$$S_{100}(t-100)-S_{100}(t)<0, \quad S_{100}(t+100)-S_{100}(t)<0,$$
于是,关于 j 的函数 $S_{100}(j)-S_{100}(j+100)$ 在区间 $[t-100,t]$ 上既有正值又有负值,由二色链性质,必定存在 $j\in[t-100,t-1]$,使
$$S_{100}(j)<S_{100}(j+100), \quad S_{100}(j+1)>S_{100}(j+101),$$
即
$$S_{100}(j)\leqslant S_{100}(j+100)-1, \quad S_{100}(j+1)\geqslant S_{100}(j+101)+1. \qquad ①$$

式①中两式相减,得 $a_{j+100}-a_j\geqslant a_{j+200}-a_{j+100}+2$. 但 $a_i=0$ 或 1,所以 $a_j=0, a_{j+100}=1, a_{j+200}=0$. 将其代入式①,得 $S_{99}(j+1)\leqslant S_{99}(j+101)\leqslant S_{99}(j+1)$,所以
$$S_{99}(j+1)=S_{99}(j+101). \qquad ②$$

设 p,q 分别是使 $a_{j-p}=1, a_{j+200+q}=1$ 的最小正整数,由对称性,不妨设 $p\geqslant q$. 若 $p\geqslant 200$,则 $a_j=a_{j-1}=\cdots=a_{j-199}=0$. 于是,$S_{100}(j-199)=S_{100}(j-99)=0$,矛盾. 所以,$q\leqslant p\leqslant 199$,进而
$$S_{100+q}(j-q+1)=(a_{j-q+1}+a_{j-q+2}+\cdots+a_j)$$
$$+S_{99}(j+1)+a_{j+100}=S_{99}(j+1)+1,$$
$$S_{100+q}(j+101)=(a_{j+200}+a_{j+201}+\cdots+a_{j+200+q-1})$$
$$+S_{99}(j+101)+a_{j+200+q}$$
$$=S_{99}(j+101)+1.$$

于是,结合式②得 $S_{100+q}(j-q+1)=S_{100+q}(j+101)$,其中 $100+q\leqslant 100+199=299$,矛盾.

综上所述,命题获证.

4 优化假设

解题中,为了找到合乎题目条件的对象,通常可以先任取一个题给的对象,然后考察所取的对象是否合乎题目要求.如果当前所取的对象不合乎要求,则需要对之进行"改造".

所谓改造,就是要在当前对象中找出破坏解题目标性质的因素,然后对这些因素进行修改,得到新的对象,研究新旧对象之间某种参数的改变量,进而通过"优化假设",将"任取"修改为"适当选取"(按照具有某种性质而选取),使之最终符合目标要求.这里的适当选取,在大多数情况下都是选取某种极端对象(以某个参数最大或最小来选取),使前述"改变量"与最初的极端假设产生矛盾,由此找到合乎要求的对象.

 4.1 取极端元破坏反面性质

假定当前的对象不具有目标所要求的性质 p,那么,从另一个角度看,该对象必定具有与 p 相反的另外一种性质 q,再结合题给的条件,由此可得到与当前对象相关的若干性质,我们称这些性质为解题目标的"反面性质".如果能适当选取某种极端元,使其具有的特性能破坏其中任何一个反面性质,则该对象必定合乎解题目标的要求.

例 1 平面上有 7 个点,其中任何 3 点中都有 2 点相连,问:至少连多少条线段?

分析与解 本题实质上是求满足条件的 7 阶简单图 G 的边数 $\|G\|$ 的最小值. 首先, 如图 4.1 所示, 存在图 G, 使 $\|G\| = 9$.

由于找不到边更少的图, 从而猜想对任何简单图 G, 有 $\|G\| \geqslant 9$.

为了在 G 中找到尽可能多的边, 先在 G 中"任取"一点 A, 设与 A 相邻的点的集合为 $M = \{A_1, A_2, \cdots, A_r\}$, 与 A 不相邻的点的集合为 $N = \{B_1, B_2, \cdots, B_s\}$, 其中 $r + s = 6$(图 4.2).

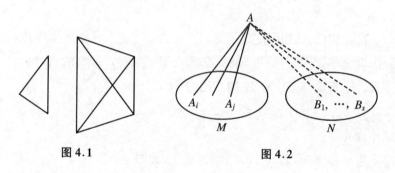

图 4.1　　　　　　图 4.2

考察集合 M, N 具有的性质, 依条件, 对任何 $1 \leqslant i < j \leqslant s$, 3 点组 $\{A, B_i, B_j\}$ 中必有 2 点相连, 而 A 与 B_i, B_j 都不相连, 所以 B_i, B_j 相连.

由 i, j 的任意性可知, N 中任何 2 点相连, 即 N 中的点构成一个 s 阶完全图, 于是 N 中有 C_s^2 条边.

找一个使 $\|G\| \geqslant 9$ 的充分条件: 若 $s \geqslant 5$, 则 $\|G\| \geqslant C_5^2 = 10 > 9$, 结论成立.

若 $s \leqslant 4$, 如何处理? 我们先考虑 $s = 4$ 的情形, 此时 $r = 2$, N 中有 $C_4^2 = 6$ 条边, 又 A 引出 2 条边, 所以 $\|G\| \geqslant C_4^2 + 2 = 6 + 2 = 8$.

如何再找到 1 条边? 显然, 这样的一条边只能是或者在 M 中, 或者是 M, N 之间的边, 不管是哪种情形, 都是点 A_1, A_2 向 A 之外的点连的边(图 4.3).若没有这样的边,会产生什么结果呢? 此时,显然有 $d(A_1)=1<2=d(A)$.

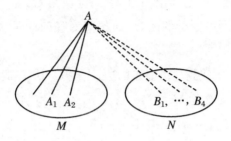

图 4.3

优化假设:适当限定最初"选定"的点 A,使上述情况不发生,这只需设 A 引出的边最少即可.设 A 是使度 $d(A)$ 最小的点,则由上可知,A_1 至少与一个非 A 的点连边,所以

$$\|G\| \geqslant C_4^2 + 2 + 1 = 6 + 2 + 1 = 9,$$

结论成立.

进一步发现,若 $s \leqslant 3$,结论也成立,此时 $r \geqslant 3$,由 $d(A)$ 的最小性,每个点至少连 3 条边,所以 $\|G\| \geqslant \dfrac{7 \times 3}{2} \geqslant 10$.

综上所述,G 的边数 $\|G\|$ 的最小值为 9.

例 2 Sikinia 州的每条道路都是单行道,每两个城市间恰有一条道路.证明:存在一个这样的城市,从另外每个城市,或者可直接到达该城市,或者可经过至多一个城市到达该城市.(德国数学奥林匹克训练题)

分析与证明 设 A 是合乎条件的一个城市,并设有 k 个城市有道路通向 A,设这 k 个城市为 $A_1, A_2, \cdots, A_k$.

对任何一个城市 B,如果 $B \in \{A_1, A_2, \cdots, A_k\}$,则结论成立;如果 $B \notin \{A_1, A_2, \cdots, A_k\}$,则需要找一个城市 $A_i (1 \leqslant i \leqslant k)$,$A_i$ 与 B 之间的道路是通向 A_i 的.

4 优化假设

反面思考:如果这样的城市 A_i 不存在,会出现怎样的现象? 此时,A_i 与 B 之间的道路都是通向 B 的,又 A 与 B 之间的道路都是通向 B 的,从而通向 B 的道路比通向 A 的道路至少多一条.

由此可见,可这样优化假设,选取极端对象:设"A 是通向该城市道路最多的一个城市",则至少存在一个城市 $A_i(1 \leqslant i \leqslant k)$,$A_i$ 与 B 之间的道路都是通向 A_i 的,这样 B 可经过 A_i 到达城市 A.

综上所述,通向该城市道路最多的一个城市合乎题目要求.

例3 有 3 所中学,每所有 n 名学生,每个学生都认识其他两个中学的 $n+1$ 名学生,求证:可以从每所中学中选取一个学生,使选出的 3 个学生两两认识.(1991 年江苏省中学生数学夏令营试题)

分析与证明 用点代表学生,分别用 A, B, C 表示学校的学生的集合,当且仅当两个学生属于两个不同的学校且相互认识时,则将对应的两个点连边,得到一个 3 部分图 G.

由条件可知,G 具有如下性质:G 中每个顶点的度都为 $n+1$,且 $|A|=|B|=|C|=n$.

我们的目标是证明 G 中存在一个三角形,为此,应从"角"或"边"入手,扩充为三角形.

任取一个点 x,以 x 为顶点找角,不妨设 $x \in A$,而 B 中与 x 相邻的点的集合为 B_1,C 中与 x 相邻的点的集合为 C_1(图 4.4).自然的想法是:在 B_1 中取一点 y,在 C_1 中取一点 z,使 y 与 z 相连.但是,B_1 中有点吗? 需要先证明 B_1 非空.实际上,因为每个点的度为 $n+1$,而 $|C_1| \leqslant n$,于是 B_1 非空.设 $y \in B_1$,期望 y 与 C_1 中的一个点 z 相邻,如何找 z?

反面考虑:如果这样的 z 不存在,会出现什么现象?

因为 $|C \backslash C_1| = n - q$,其中 $q = |C_1|$,所以 y 与 C 中点连的边数不多于 $n - q$,也即 y 与 A 至少连了 $n+1-(n-q) = q+1$ 条边.

注意到 $q+1 > q = |C_1|$,如何优化假设,使这一现象不发生?

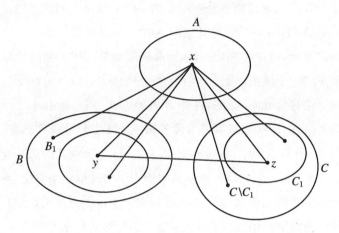

图 4.4

可否考察度最大的点?否!因每个点的度都为 $n+1$,诸点都是度最大者.注意到每个点引出的 $n+1$ 条边被分为两个不同的集合,于是每个点 u 对应的度 $d(u)$ 可分拆为两个数,我们称其中较大的一个数为该点的主度,记为 $d_{主}(u)$.

考察所有点的主度中的最大者,不妨设 $d_{主}(x)$ 最大,即可导出矛盾.

为了使 $d_{主}(x) = q = |C_1|$,需先限定 $|B_1| \leqslant |C_1|$(如果 $|B_1| > |C_1|$,则 B_1 为点 x 的主度,此时先证 C_1 非空即可).这样,由上所证,有

$$d_{主}(y) \geqslant n+1-(n-q) = q+1 > q = d_{主}(x),$$

这与 $d_{主}(x)$ 的最大性矛盾.

于是,对 B_1 中的任何点 y,必定在 C_1 中存在一个点 z,使 z 与 y 相邻,此时 xyz 是一个三角形,命题获证.

注 能否从一条边 xy 出发找到三角形?显然,这只需 x,y 同时与 C 中的一个点相邻,即 x,y 在 C 中的度之和不小于 $n+1$.大家

不妨一试.

例 4 求证:(1) 方程 $x^4 + y^4 = z^2$ 无正整数解.

(2) 方程 $x^4 - y^4 = z^2$ 无正整数解(x,y,z),使$(x,y) = 1$.

分析与证明 (1) 用反证法,反设方程有正整数解(x,y,z),首先证明$(x,y) = 1$.

实际上,若 x,y 有一个质因数 p,则由方程可知,$p^4 | x^4, p^4 | y^4$. 于是 $p^4 | x^4 + y^4 = z^2$,所以 $p^2 | z$. 这样,$\left(\dfrac{x}{p}, \dfrac{y}{p}, \dfrac{z}{p^2}\right)$ 也是 $x^4 + y^4 = z^2$ 的正整数解.

注意到 $\dfrac{x}{p} < x, \dfrac{y}{p} < y, \dfrac{z}{p^2} < z$,可优化假设,取极端元:不妨设 (x,y,z) 是使 x(或 y,z)最小的一个正整数解,上面的结果则与 x 的最小性矛盾.

进而,因为 $(x^2)^2 + (y^2)^2 = z^2$ 是关于 x^2, y^2, z 的勾股方程,不妨设 y 为偶数,则由勾股方程的通解公式可知

$$x^2 = a^2 - b^2, \quad y = 2ab, \quad z^2 = a^2 + b^2,$$
$$a > b > 0, \quad (a,b) = 1, \quad a > b.$$

若 a 为偶数,则 b 为奇数,此时 $a^2 - b^2 \equiv 3 \pmod 4$ 不能为平方数,矛盾. 所以 a 为奇数,则 b 为偶数. 又因为

$$\left(\dfrac{y}{2}\right)^2 = a \cdot \dfrac{b}{2}, \quad 且 \quad \left(a, \dfrac{b}{2}\right) = 1,$$

所以 $a = r^2, \dfrac{b}{2} = s^2, r$ 为奇数,$(r,s) = 1$. 于是

$$x^2 = a^2 - b^2 = r^4 - 4s^4,$$

即 $x^2 + (2s^2)^2 = (r^2)^2$.

由勾股方程的通解公式可知

$$x = m^2 - n^2, \quad 2s^2 = 2mn,$$
$$r^2 = m^2 + n^2, \quad m > n > 0, \quad (m,n) = 1.$$

由 $s^2 = mn$ 得 $m = f^2, n = g^2, (f, g) = 1$,且 $f^4 + g^4 = r^2$,这表明 (f, g, r) 也是原方程的解.

注意到 $z^2 = a^2 + b^2, a = r^2$,得 $z^2 = r^4 + b^2$,所以 $r < z$.

由此又可这样优化假设,取极端元:不妨设 (x, y, z) 是使 z 最小的一个正整数解(此假定同时合乎前一次极端元的要求),则由 $r < z$,与 z 的最小性矛盾.

(2) 用反证法,反设方程有合乎条件的正整数解 (x, y, z),同上面分析,不妨设它是使 x 最小的一个正整数解.

若 x 为偶数,则由 $(x, y) = 1$,有 y 为奇数,于是
$$x^4 \equiv 0, \quad y^4 \equiv 1 \pmod{4}.$$

这样
$$z^2 \equiv x^4 - y^4 \equiv -1 \pmod{4},$$

矛盾.于是 x 为奇数.将原方程变形为 $x^4 = y^4 + z^2$,则由 $(x, y) = 1$,知 $(y, z) = 1$.

否则,存在质数 p,使 $p | y, p | z$,由方程有 $p | x^4, p | x$,矛盾.于是,$(y^2, z) = 1$.

(ⅰ)若 y 为奇数,则由勾股方程的通解公式可知
$$y^2 = a^2 - b^2, \quad z = 2ab, \quad x^2 = a^2 + b^2,$$
$$a > b > 0, \quad (a, b) = 1.$$

所以
$$x^2 y^2 = a^4 - b^4.$$

这表明 (a, b, xy) 也是方程的解.

由 $x^2 = a^2 + b^2, a > b > 0$,知 $0 < a < x$,与 x 的最小性矛盾.

(ⅱ)若 y 为偶数,则由勾股方程的通解公式可知
$$z = a^2 - b^2, \quad y^2 = 2ab, \quad x^2 = a^2 + b^2,$$
$$a > b > 0, \quad (a, b) = 1, \quad a, b \text{ 一奇一偶}.$$

不妨设 a 为偶数,b 为奇数,则

$$\left(\frac{y}{2}\right)^2 = b \times \frac{a}{2}.$$

由 $(a,b)=1$,有 $\left(\frac{a}{2},b\right)=1$,所以

$$\frac{a}{2}=p^2, \quad b=q^2, \quad p>0, \quad q>0, \quad (p,q)=1, \quad q\text{ 为奇数}.$$

于是

$$x^2 = a^2+b^2 = 4p^4+q^4 = (2p^2)^2+(q^2)^2.$$

因为 $(p,q)=1$,所以 $(p^2,q^2)=1$. 又 q 为奇数,所以 $(2p^2,q^2)=1$. 由勾股方程的通解公式可知

$$q^2 = r^2-s^2, \quad 2p^2 = 2rs, \quad x = r^2+s^2,$$
$$r>s>0, \quad (r,s)=1. \quad r,s\text{ 一奇一偶}.$$

于是,由 $p^2=rs$,得

$$r=u^2, \quad s=v^2, \quad u>0, \quad v>0, \quad (u,v)=1.$$

这样,$q^2 = r^2-s^2 = u^4-v^4$,所以 (u,v,q) 为方程的解. 但 $u=\sqrt{r}\leqslant\sqrt{rs}=p<x$,与 x 的最小性矛盾.

例 5 如果一个直角三角形的三边的长都是整数,则称之为勾股三角形. 求证:任何勾股三角形的面积都不是平方数.

分析与证明 反设存在一个勾股三角形,其面积为平方数,为了利用本原勾股数公式,可取其中面积最小的一个为 (x,y,z),则

$$x^2+y^2 = z^2. \qquad ①$$

不妨设 $x<y<z$, $S=\dfrac{xy}{2}=t^2$,由面积的最小性,知 $(x,y,z)=1$. 结合式①知 $(x,y)=1$. 于是,由勾股数公式,有

$$x = a^2-b^2, \quad y = 2ab, \quad z = a^2+b^2.$$

又

$$\frac{xy}{2} = ab(a^2-b^2) = t^2,$$

且 $a,b,a+b,a-b$ 两两互质,所以

$$a = u^2, \quad b = v^2, \quad a+b = w^2, \quad a-b = t^2. \qquad ②$$

后两个方程相减,得 $2b = w^2 - t^2$,即

$$2v^2 = w^2 - t^2 = (w+t)(w-t). \qquad ③$$

因为 a,b 一奇一偶,所以 w,t 为奇数,所以 $(w+t, w-t) = 2$.

由式③解得

$$\{w+t, w-t\} = \{2s^2, 4r^2\}, \quad v^2 = 4r^2 s^2. \qquad ④$$

另外,由式①,有

$$u^2 = a = \frac{a+b}{2} + \frac{a-b}{2} = \frac{w^2 + t^2}{2}$$

$$= \frac{(w+t)^2 + (w-t)^2}{4} = \frac{(2s^2)^2 + (4r^2)^2}{4}.$$

所以 $(s^2, 2r^2, u^2)$ 又是一个勾股三角形. 此时,$S' = s^2 \times \frac{2r^2}{2} = (sr)^2$ 为平方数,但由式①~式③,有

$$(sr)^2 = \frac{v^2}{4} = \frac{b}{4} < (a^2 - b^2)ab = \frac{xy}{2} = S,$$

与 S 最小矛盾.

例6 给定正整数 a 与实数 A, B,试求出 A, B 的关系,使方程组

$$x^2 + y^2 + z^2 = (13a)^2, \qquad ①$$

$$x^2(Ax^2 + By^2) + y^2(Ay^2 + Bz^2) + z^2(Az^2 + Bx^2)$$
$$= (2A+B)\frac{(13a)^4}{4} \qquad ②$$

有正整数解. (1990年中国数学奥林匹克试题)

分析与解 方程②等价于(按 A, B 整理)

$$A(x^4 + y^4 + z^4) + B(x^2 y^2 + y^2 z^2 + z^2 x^2) = (2A+B)\frac{(13a)^4}{4}$$

③

先消去含 x^2y^2, y^2z^2, z^2x^2 的项，于是，③ $-$ ①$^2 \times \dfrac{B}{2}$，得

$$\left(A - \dfrac{B}{2}\right)(x^4 + y^4 + z^4) = \left(A - \dfrac{B}{2}\right)\dfrac{(13a)^4}{2}. \qquad ④$$

(1) 若 $A \neq \dfrac{B}{2}$，则式④等价于

$$2(x^4 + y^4 + z^4) = (13a)^4. \qquad ⑤$$

若式⑤有正整数解，设其中一个解为 (x, y, z). 因为 $2 \mid (13a)^4$，所以 a 为偶数.

令 $a = 2a_1$，代入式⑤，得

$$x^4 + y^4 + z^4 = 8(13a_1)^4. \qquad ⑥$$

由于 $4 \mid 8(13a_1)^4$，所以 $4 \mid x^4 + y^4 + z^4$. 由于 $x^4 \equiv 0, 1 \pmod 4$，于是 $x^4 \equiv y^4 \equiv z^4 \equiv 0 \pmod 4$，所以 x, y, z 全为偶数.

令 $x = 2x_1, y = 2y_1, z = 2z_1$，代入式⑥，有

$$2(x_1^4 + y_1^4 + z_1^4) = (13a_1)^4. \qquad ⑦$$

注意，虽然有 $x_1 + y_1 + z_1 < x + y + z$，但 (x_1, y_1, z_1) 不是式⑤的解（方程右边发生了变化），须更换方程.

把方程⑤看作是关于 x, y, z, a 的方程，优化假设，取极端元：设其中使 a 最小的一个解为 (x, y, z, a).

由上面的讨论可知，(x_1, y_1, z_1, a_1) 仍是方程⑤的正整数解，但 $a_1 = \dfrac{a}{2} < a$，与 a 的最小性矛盾，所以此时方程无正整数解.

(2) 若 $A = \dfrac{B}{2}$，则将 $B = 2A$ 代入式③，有

$$A(x^4 + y^4 + z^4) + 2A(x^2y^2 + y^2z^2 + z^2x^2) = A(13a)^4. \qquad ⑧$$

若 $A = 0$，则式⑧为恒等式.

若 $A \neq 0$，则式⑧变为 $(x^2 + y^2 + z^2)^2 = (13a)^4$.

不论哪种情况，只要式①成立，则式②必然成立，即式①的解都是式②的解，所以只需讨论式①有没有解.

注意到 $x=3a$, $y=4a$, $z=12a$ 是方程①的解,所以当 $A=\dfrac{B}{2}$ 时,方程组有正整数解.

综上所述,原方程组有正整数解的充要条件是 $A=\dfrac{B}{2}$.

例 7 设 a,b 为正整数,$ab+1 \mid a^2+b^2$. 求证:$\dfrac{a^2+b^2}{ab+1}$ 是平方数.(第 29 届 IMO 试题)

分析与证明 设 a,b 是一组合乎条件的正整数,则存在正整数 k,使

$$\frac{a^2+b^2}{ab+1}=k. \qquad ①$$

我们只需证明,当 k 不是平方数时,方程①无正整数解.

将式①化为

$$a^2-kab+b^2=k. \qquad ②$$

反设 k 不是平方数,且 (a,b) 是方程②的一个使 $f(a,b)$ 最小(其中 f 待定)的正整数解.

不妨设 $a \geqslant b$,固定 b,把式②看作是关于 a 的一元二次方程,此方程有一个根为 a,设它的另一个根为 a'.

由韦达定理,有

$$\begin{cases} a+a'=kb. & ③ \\ aa'=b^2-k. & ④ \end{cases}$$

由式③可知,a' 是整数.再由式④知,$a' \neq 0$,否则 $k=b^2$ 为平方数,矛盾.

将根 a' 代入方程②,有 $k(1+a'b)=a'^2+b^2 > 0$,所以 $a'b \geqslant 0$. 又 $b>0$,所以 $a'>0$,故 a' 为正整数. 于是 (a',b) 是方程②的一个正整数解,但由 $a \geqslant b$,有

$$a'=\frac{b^2-k}{a} \leqslant \frac{b^2-1}{a} \leqslant \frac{a^2-1}{a} < a.$$

取 $f(a,b) = a+b$,或 $f(a,b) = \max(a,b)$,都有 $f(a',b) < f(a,b)$,与 $f(a,b)$ 的最小性矛盾.

综上所述,命题获证.

例8 求方程 $x^4 + 4y^4 = 2(u^4 + 4v^4)$ 的整数解 (x,y,u,v).

分析与解 显然,$(0,0,0,0)$ 是原方程的一个解,下面证明原方程无非零解.

反设 (x,y,u,v) 是原方程的一个非零解,不妨设 $x>0$,并设它使 $f(x,y,u,v)$ 最小.

因为 $2|x^4+4y^4$,所以 x 为偶数.令 $x=2x_1$,代入原方程,有
$$8x_1^4 + 2y^4 = u^4 + 4v^4,$$
所以 u 为偶数.令 $u=2u_1$,代入上述方程,有
$$4x_1^4 + y^4 = 8u_1^4 + 2v^4,$$
所以 y 为偶数.令 $y=2y_1$,代入上述方程,有
$$2x_1^4 + 8y_1^4 = 4u_1^4 + v^4,$$
所以 v 为偶数.令 $v=2v_1$,代入上述方程,有
$$x_1^4 + 4y_1^4 = 2(u_1^4 + 4v_1^4).$$

取 $f(x,y,u,v) = x$,则 $f(x_1,y_1,u_1,v_1) < f(x,y,u,v)$,矛盾.

综上所述,原方程有唯一的解 $(x,y,u,v) = (0,0,0,0)$.

例9 求证:当且仅当 $k=1$ 和 3 时,方程 $x^2+y^2+z^2 = kxyz$ 有正整数解 (x,y,z).

分析与证明 显然,$k=1,3$ 时,方程分别有正整数解
$$(x,y,z) = (3,3,3),(1,1,1).$$

下面证明当 $k \neq 1,3$ 时,原方程没有正整数解.若否,取极端元:设 (x,y,z) 为方程的正整数解,且使 $f(x,y,z) = x+y+z$ 最小.

不妨设 $x \geq y \geq z > 0$,因为 x 是关于 t 的方程
$$t^2 - kyzt + y^2 + z^2 = 0$$

的一个根,设它的另一个根为 x',则
$$x + x' = kyz, \quad ①$$
$$xx' = y^2 + z^2. \quad ②$$

由式①知,$x' = kyz - x$ 为整数.

又由式②知,$x' > 0$,于是 (x', y, z) 也是原方程的正整数解.于是,由 $x + y + z$ 的最小性,有 $x \leqslant x'$,代入式①,得 $x \leqslant kyz - x$,所以
$$x \leqslant \frac{kyz}{2}. \quad ③$$

又 $kxyz = x^2 + y^2 + z^2 \leqslant 3x^2$,所以
$$x \geqslant \frac{kyz}{3}. \quad ④$$

将原方程配方$\left(\text{构造 } x - \dfrac{kyz}{2}\right)$,得
$$y^2 + z^2 + \left(x - \frac{kyz}{2}\right)^2 - \left(\frac{kyz}{2}\right)^2 = 0. \quad ⑤$$

由式③、式④,有
$$0 \leqslant \frac{kyz}{2} - x \leqslant \frac{kyz}{6},$$

将之代入式⑤,有
$$0 = y^2 + z^2 + \left(x - \frac{kyz}{2}\right)^2 - \left(\frac{kyz}{2}\right)^2$$
$$\leqslant y^2 + z^2 + \frac{k^2 y^2 z^2}{36} - \frac{k^2 y^2 z^2}{4} = y^2 + z^2 - \frac{2k^2 y^2 z^2}{9}$$
$$\leqslant 2y^2 - \frac{2k^2 y^2 z^2}{9} \text{(放缩,构造公因式)} = 2y^2 \left(1 - \frac{k^2 z^2}{9}\right).$$

所以
$$k^2 z^2 \leqslant 9, \quad kz \leqslant 3. \quad ⑥$$

故 $k \leqslant 3$,但 $k \neq 1, 3$,所以 $k = 2$.再由式⑥,知 $z = 1$.将之代入方程,得 $x^2 + y^2 + 1 = 2xy$,但 $x^2 + y^2 + 1 \geqslant 2xy + 1 > 2xy$,矛盾.

综上所述,命题获证.

4.2 取极端元满足目标要求

假定当前的对象不满足题目的目标要求,根据当前对象的有关特征,适当选取极端对象,则可使当前对象满足或接近解题目标.此外,如果我们要证明某种对象存在,常可采用反证法,假定合乎条件的对象不存在,由此得到题中某些对象的相互关系,从中选取极端对象,则可由上述关系导出矛盾.

例1 在 X,Y 两国之间开设航空业务,对任何两个城市 $a\in X, b\in Y$,在城市 a,b 之间恰有一条单向航线,而且每一个城市都至少有一条航线通向另一个国家的某一个城市.求证:存在 4 个城市组成一个有向圈 $a\to b\to c\to d\to a$.(第 54 届莫斯科数学奥林匹克试题)

分析与证明 用 $G(a)$ 表示 a 可到达的城市的集合,那么,$a\to b$,当且仅当 $b\in G(a)$.

此外,当 $b\in G(a)$ 时,由于 a,b 间恰有一条单航线,从而 $a\notin G(b)$.

由此可见,对不在同一个国家的任何两个城市 a,b,在 $a\in G(b), b\in G(a)$ 中恰有一个成立.

设 a,b,c,d 为所求的 4 个城市,则由 $a\to b\to c$,有 $b\in G(a)$,且 $b\notin G(c)$,于是 $G(a)\nsubseteq G(c)$.同样,由 $c\to d\to a$,有 $d\in G(c)$,且 $d\notin G(a)$,于是 $G(c)\nsubseteq G(a)$.

反之,若存在同一个国家中的两个城市 a,c,有 $G(a)\nsubseteq G(c)$,且 $G(c)\nsubseteq G(a)$,则必定存在点 b,d,使 $a\to b\to c$,且 $c\to d\to a$,由此可得到长为 4 的有向圈 $a\to b\to c\to d\to a$.

所以,我们只需找到同一城市中的两个点 a,c,使 $G(a)$ 与

$G(c)$ 互不包含.

用反证法,假设对 X 中的任何两个城市 a,c,都有 $G(a),G(c)$ 中的一个包含另一个,此时会出现什么现象?

任取 X 中的任何两个城市 a,c,不妨设 $G(a)\subseteq G(c)$.再取 X 中的一个城市 p,如果 $G(c)\subseteq G(p)$,则 $G(a)\subseteq G(c)\subseteq G(p)$,得到一个包含链;如果 $G(p)\subseteq G(a)$,则 $G(p)\subseteq G(a)\subseteq G(c)$,得到一个包含链;如果 $G(a)\subseteq G(p)\subseteq G(c)$,也得到一个包含链.

由此可见,X 中的所有城市可以排成一个包含链:
$$G(a_1)\subseteq G(a_2)\subseteq \cdots \subseteq G(a_r).$$

于是,可这样优化假设,选取极端元:设 a_1 是使 $|G(a_1)|$ 最小的一个城市,那么,$G(a_1)$ 包含在所有 $G(a_i)$ 中(a_i 是 X 中的任意一个城市),这样,考察 $G(a_1)$ 中属于 Y 国的一个城市 t,可知 X 中的所有城市 a_i 都有到 t 的单航线,从而 t 无通向 X 国中一个城市的航线,与题意矛盾.

综上所述,命题获证.

另证 若我们在点的"出度"中选取极端元,则可得到一个非常简单的证法.

先在 X 中"任"取一个点 a,由于 a 必引出一条边 $a\to b$,其中 $b\in Y$,又 b 必引出一条边 $b\to c$,其中 $c\in X$,依题意,$c\neq a$.

现在要在 $Y\setminus\{b\}=Y'$ 中找一个点 d,使 $c\to d$,且 $d\to a$.反设对所有的 $c\to d$,都有 $a\to d$,我们要导出矛盾.注意此时必有 $d^+(a)=d^+(c)+1$,优化假设,取极端元:设 $d^+(a)$ 最小即可.

例 2 已知两个整系数多项式的积是偶系数多项式,求证:其中必有一个多项式是偶系数多项式.(第 5 届莫斯科数学奥林匹克试题)

分析与证明 设题设的两个多项式为 $f(x)=\sum_{i=0}^{n}a_ix^i$,$g(x)=$

4 优化假设

$\sum_{j=0}^{m} b_j x^j$.

我们要证明:$a_0, a_1, \cdots, a_n$ 或 $b_0, b_1, \cdots, b_m$ 全为偶数,此属于全范围性质 p 问题,宜用反证法. 不妨设存在奇数 a_i 及奇数 b_j,那么 $a_i b_j$ 为奇数.

设想:为了导出矛盾,应抓住奇数 $a_i b_j$,它出现在积多项式的某个项中,此项含有 x^{i+j},于是,可考察 x^{i+j} 的系数 c_{i+j},有

$$c_{i+j} = a_i b_j + a_{i-1} b_{j+1} + \cdots = \sum_{\substack{p+q=i+j \\ 0 \leqslant p,q \leqslant i+j}} a_p b_q.$$

新目标:我们要证 $\sum_{\substack{p+q=i+j \\ 0 \leqslant p,q \leqslant i+j}} a_p b_q$ 为奇数,由此产生与 c_{i+j} 为偶数矛盾. 注意到条件:$a_i b_j$ 为奇数,从而只要证 $\sum_{\substack{p+q=i+j \\ 0 \leqslant p,q \leqslant i+j}} a_p b_q - a_i b_j$ 为偶数,即

$$a_{i-1} b_{j+1} + \cdots + a_0 b_{i+j} + a_{i+1} b_{j-1} + \cdots + a_{i+j} b_0$$

为偶数.

优化假设,取极端元:设 a_i 是 $a_0, a_1, \cdots, a_n$ 中下标最小的奇数,b_j 是 $b_0, b_1, \cdots, b_m$ 中下标最小的奇数,则

$$2 \mid a_{i-1}, a_{i-2}, \cdots, a_0, \quad 2 \mid b_{j-1}, b_{j-2}, \cdots, b_0.$$

所以 $a_{i-1} b_{j+1} + \cdots + a_0 b_{i+j} + a_{i+1} b_{j-1} + \cdots + a_{i+j} b_0$ 为偶数,证毕.

例3 设 $f(x) = a_n x^n + a_{n-1} x^{n-1} + \cdots + a_1 x + a_0$ 为整系数多项式,若 $(a_n, a_{n-1}, \cdots, a_1, a_0) = 1$,则称 $f(x)$ 为本原多项式,求证:两个本原多项式之积仍为本原多项式.

分析与证明 设

$$f(x) = a_n x^n + a_{n-1} x^{n-1} + \cdots + a_1 x + a_0,$$
$$g(x) = b_m x^m + b_{m-1} x^{m-1} + \cdots + b_1 x + b_0.$$

(其中 $a_n b_m \neq 0$)是两个本原多项式,又设

$$f(x) g(x) = c_{m+n} x^{m+n} + c_{m+n-1} x^{m+n-1} + \cdots + c_1 x + c_0,$$

其中

$$c_k = \sum_{\substack{i+j=k \\ 0 \leqslant i \leqslant n, 0 \leqslant j \leqslant m}} a_i b_j.$$

若 $f(x)g(x)$ 非本原多项式,则存在质数 p,使对任何 $i(1 \leqslant i \leqslant m+n)$,都有 $p | c_i$.

取极端元:设 $a_0, a_1, \cdots, a_n$ 及 $b_0, b_1, \cdots, b_n$ 中下标最小的不被 p 整除的数分别为 $a_s, b_t(0 \leqslant s \leqslant n, 0 \leqslant t \leqslant m)$.考察 $f(x)g(x)$ 中 x^{s+t} 的系数

$$c_{s+t} = a_s b_t + a_{s-1} b_{t+1} + \cdots + a_0 b_{s+t} + a_{s+1} b_{t-1} + \cdots + a_{s+t} b_0.$$

由题设

$$p | a_{s-1} b_{t+1} + \cdots + a_0 b_{s+t} + a_{s+1} b_{t-1} + \cdots + a_{s+t} b_0,$$

又 $p | c_{s+t}$,所以 $p | a_s b_t$.但 $p \nmid a_s$,所以 $p | b_t$,与 b_t 不被 p 整除矛盾,证毕.

例 4 求出所有的正整数 a,使存在无穷多个正整数 n,满足 $n | a^n - 1$.(原创题)

分析与解 显然,当 $a = 1$ 时,a 合乎要求.

下面证明当 $a = 2$ 时,a 不合乎要求.

实际上,反设存在无穷多个正整数 n,满足 $n | 2^n - 1$,则存在正整数 $n > 1$,满足 $n | 2^n - 1$.取极端元:设 n 的一个最小的质因数为 p,由费马小定理,有 $2^{p-1} \equiv 1 \pmod{p}$,因为 $2^n \equiv 1 \pmod{n}$,$p | n$,所以 $2^n \equiv 1 \pmod{p}$.

设 r 是满足 $2^r \equiv 1 \pmod{p}$ 的最小正整数,则(利用带余表示即可证明)$r | p - 1, r | n$.

由 $2^r \equiv 1 \pmod{p}$,知 $r > 1$.取 r 的一个质因数 p',则 $p' \leqslant r \leqslant p - 1 < p$.但 $p' | r, r | n$,有 $p' | n$,这与 p 是 n 的最小质因数矛盾,所以 $a = 2$ 不合乎要求.

下面证明当 $a > 2$ 时,a 都合乎要求.

因为 $a>2$，所以 $a-1>1$，取 $a-1$ 的质因数 p，我们证明：对一切正整数 k，有 $p^k \mid a^{p^k}-1$. 实际上

$$a^{p^k}-1 = (a-1+1)^{p^k}-1$$

$$= (a-1)^{p^k} + p^k(a-1)^{p^k-1} + \sum_{i=2}^{p^k-1} C_{p^k}^i (a-1)^i,$$

因为 $p \mid a-1, p^k \geqslant k$，所以 $p^k \mid (a-1)^{p^k}$. 只需证明

$$p^k \Bigg| \sum_{i=2}^{p^k-1} C_{p^k}^i (a-1)^i.$$

因为

$$C_{p^k}^i (a-1)^i = \frac{p^k(p^k-1)\cdots(p^k-i+1)}{i!}(a-1)^i,$$

设 p 在 $p^k(p^k-1)\cdots(p^k-i+1)(a-1)^i$ 中的指数为 s，p 在 $i!$ 中的指数为 t，则由 $p \mid a-1$，知 $p^i \mid (a-1)^i$，所以 $s \geqslant k+i$. 而

$$t = \left[\frac{i}{p}\right] + \left[\frac{i}{p^2}\right] + \left[\frac{i}{p^3}\right] + \cdots < \frac{i}{p} + \frac{i}{p^2} + \frac{i}{p^3} + \cdots$$

$$= \frac{i}{p} \cdot \frac{1}{1-\frac{1}{p}} = \frac{i}{p-1},$$

所以

$$s-t \geqslant k+i-\frac{i}{p-1} \geqslant k+i-i = k,$$

所以对 $i=2,3,\cdots,p^k-1$，有

$$p^k \Bigg| \sum_{i=2}^{p^k-1} C_{p^k}^i (a-1)^i,$$

即 $p^k \Bigg| \sum_{i=2}^{p^k-1} C_{p^k}^i (a-1)^i$.

综上所述，所求的 a 为一切不等于 2 的正整数.

例 5 设 N 表示所有的正整数所组成的集合，考虑所有由 N 对

应到本身且满足下列条件的函数 f:对于任意正整数 t, s,都有
$$f(t^2 f(s)) = s(f(t))^2,$$
试求 $f(1\,998)$ 的所有可能值中的最小值. (1998 年 IMO 试题)

分析与解 记 $f(1) = a$. 分别在原式中令 $t = 1, s = 1$,得
$$f(f(s)) = a^2 s, \quad f(t^2 a) = (f(t))^2.$$
于是,利用题设条件,有
$$(f(s)f(t))^2 = (f(s))^2 f(t^2 a) = f(s^2 f(f(t^2 a)))$$
$$= f(s^2 a^2 (t^2 a)) = f((ast)^2 f(1)) = (f(ast))^2.$$
因此
$$f(ast) = f(s)f(t). \qquad ①$$
在式①中令 $s = 1$,得
$$f(at) = af(t).$$
将之代入式①,可知对于任意的正整数 t, s,有
$$f(s)f(t) = f(ast) = af(st).$$

取极端元:对于任意一个正整数及任意一个素数 p,设 p^c, p^d 分别为整除 $a, f(n)$ 的 p 的最大的幂. 对于任意的正整数 k,有
$$(f(n))^k = a^{k-1} f(n^k).$$

因为 $kd \geq (k-1)c$,即 $\dfrac{d}{c} \geq \dfrac{k-1}{k}$,其中 k 是任意的正整数,因此有 $\dfrac{d}{c} \geq 1$,即 $d \geq c$.

由于素数 p 是任意的,因此对于任意的正整数 n,有 $a \mid f(n)$. 于是,可定义函数 $g(n) = \dfrac{f(n)}{a}$ 取整数值,则
$$g(a) = \dfrac{f(a)}{a} = a,$$
$$g(st) = \dfrac{f(st)}{a} = \dfrac{f(s)}{a} \cdot \dfrac{f(t)}{a} = g(s)g(t).$$

所以
$$ag(g(s)) = g(a)g(g(s)) = g(ag(s)) = g(f(s))$$
$$= \frac{f(f(s))}{a} = \frac{a^2 s}{a} = as.$$
因此有
$$g(g(s)) = s.$$

如果 p 是素数,$g(p) = uv$,则
$$p = g(g(p)) = g(uv) = g(u)g(v),$$
而 p 是素数,因此 $g(u),g(v)$ 中有一个等于 1. 不妨假设 $g(u) = 1$,则
$$u = g(g(u)) = g(1) = 1,$$
所以 $g(p)$ 也是素数.

如果 $g(m) = g(n)$,则
$$m = g(g(m)) = g(g(n)) = n,$$
因此 g 是单射. 最后
$$f(1\,998) \geqslant g(1\,998) = g(3^3 \cdot 2 \cdot 37) = (g(3))^3 g(2) g(37)$$
$$\geqslant 2^3 \cdot 3 \cdot 5.$$
其中最后的不等式是由于 g 是单射.

现在证明下界是可到达的. 这只需要构作一个满足题目要求的函数 f,使 $f(1\,998) = 2^3 \cdot 3 \cdot 5$.

定义 $f(1) = 1, f(2) = 3, f(3) = 2, f(5) = 37, f(37) = 5$ 及 $f(p) = p$,对于其他的素数 p,令
$$f(p_1^{a_1} p_2^{a_2} \cdots p_n^{a_n}) = f(p_1^{a_1}) f(p_2^{a_2}) \cdots f(p_n^{a_n}).$$
由于 $f(f(p)) = p$ 对于任意的素数 p 成立,因此有
$$f(f(n)) = n.$$
容易验证:对于任意的整数 s, t,函数 f 满足
$$f(t^2 f(s)) = f(t^2) f(f(s)) = s(f(t))^2.$$

故 $f(1998)$ 的所有可能值中的最小值为 120.

例 6 设有 n 个顶点的简单有向图 G,其中每一个顶点可以沿边所指方向运动到其他任何一个顶点,用 $S(G)$ 表示通过 G 的所有顶点的一条闭路线的最短长度(每条边长为 1,每条边可以通过多次),求 $S(G)$ 的最大值.(《美国数学月刊》1992 年 3 月号问题)

分析与解 我们先用两种方法证明 $S(G) \leqslant \left[\dfrac{(n+1)^2}{4}\right]$.

方法 1 对任意图 G,取其中任意两点 A,B.

由于从点 A 出发可以到达点 B,又从点 B 出发可以到达点 A,所以 G 中含有过点 A,B 的圈.

为了找最短闭路,先找一个经过尽可能多点的圈,于是,取 G 中所有圈中一个最长的不自相交的圈 $C:V_1 \to V_2 \to \cdots \to V_k \to V_1$,圈 C 的长为 k.

记 G 中不在此路上的点为 $V_{k+1}, V_{k+2}, \cdots, V_n$. 对于不在 C 上的任何顶点 V_i ($k+1 \leqslant i \leqslant n$),$G$ 中含有过 V_1,V_i 的有向圈 C_i,则 C_i 的长度不超过 k(若圈 C_i 自相交,则去掉若干个圈后不自相交).

于是,依次走完圈 $C, C_{k+1}, C_{k+2}, \cdots, C_n$,便得到一条闭路 L. 此闭路的长

$$S(L) \leqslant k + k(n-k) = k(n-k+1) \leqslant \dfrac{(n+1)^2}{4}.$$

又 $S(L)$ 为整数,所以

$$S(L) \leqslant \left[\dfrac{(n+1)^2}{4}\right].$$

因为 L 是经过所有点的闭路,而 G 是经过所有点的最短闭路,于是

$$S(G) \leqslant S(L) \leqslant \left[\dfrac{(n+1)^2}{4}\right].$$

4 优化假设

方法2 对任意图 G,取一条不自相交的最长的有向路

$$V_1 \to V_2 \to \cdots \to V_k.$$

由路的最长性可知 $k>1$,此路的长度为 $k-1$.

记 G 中不在此路上的点为 $V_{k+1}, V_{k+2}, \cdots, V_n$,对于 $k \leqslant i \leqslant n$,由题设知,从 V_i 到 V_{i+1}($V_{n+1} = V_1$)均有长度不大于 $k-1$ 的路(比如,取其中最短的闭路时,V_i 到 V_{i+1} 的长至多为 $k-1$). 这样,从 V_k 到 V_{k+1},再到 V_{k+2},$\cdots$,再到 V_n,再到 V_1,有一条长度不大于 $(k-1)(n+1-k)$ 的闭路,所以

$$S(G) \leqslant (k-1)(n+1-k) + (k-1) = (k-1)(n+2-k)$$

$$\leqslant \frac{1}{4}((k-1) + (n+2-k))^2 = \frac{(n+1)^2}{4}.$$

又 $S(G) \in \mathbf{N}$,所以 $S(G) \leqslant \left[\dfrac{(n+1)^2}{4}\right]$.

下面证明当 $n \geqslant 4$ 时,存在图 G_0,使

$$S(G_0) = \left[\frac{(n+1)^2}{4}\right].$$

从上述不等式等号成立的情况入手. 如图 4.5 所示,对点 V_i ($\left[\dfrac{n}{2}\right] + 1 \leqslant i \leqslant n$),闭路线要经过 V_i,必须经过链 $V_{\left[\frac{n}{2}\right]} \to V_i \to V_1$;而路线 $V_1 \to V_2 \to V_3 \to \cdots \to V_{\left[\frac{n}{2}\right]}$ 是闭的,经过 V_i 时,必须经过链 $V_1 \to V_2 \to \cdots \to V_{\left[\frac{n}{2}\right]}$. 从而在经过所有顶点的闭路中,链 $V_1 \to \cdots \to$

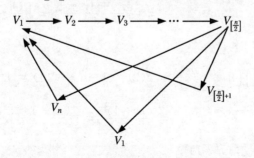

图 4.5

$V_{\left[\frac{n}{2}\right]}$ 至少要经过 $n - \left[\frac{n}{2}\right]$ 次,链 $V_{\left[\frac{n}{2}\right]} \to V_i \to V_1$ 至少要经过一次 $\left(\left[\frac{n}{2}\right] + 1 \leqslant i \leqslant n\right)$. 于是 G_0 中经过所有顶点的闭路的长度至少为

$$\left(\left[\frac{n}{2}\right] - 1\right)\left(n - \left[\frac{n}{2}\right]\right) + 2\left(n - \left[\frac{n}{2}\right]\right) = \left(\left[\frac{n}{2}\right] + 1\right)\left(n - \left[\frac{n}{2}\right]\right).$$

另外,依次走完 $n - \left[\frac{n}{2}\right]$ 个圈

$$V_1 \to V_2 \to \cdots \to V_{\left[\frac{n}{2}\right]} \to V_i \to V_1$$

$$\left(i = \left[\frac{n}{2}\right] + 1, \left[\frac{n}{2}\right] + 2, \cdots, n\right),$$

便得到一条通过所有顶点的圈,其中每个圈的长为 $\left[\frac{n}{2}\right] + 1$,所以,此闭路的长为 $\left(\left[\frac{n}{2}\right] + 1\right)\left(n - \left[\frac{n}{2}\right]\right)$,故

$$S(G_0) = \left(\left[\frac{n}{2}\right] + 1\right)\left(n - \left[\frac{n}{2}\right]\right).$$

易知

$$\left(\left[\frac{n}{2}\right] + 1\right)\left(n - \left[\frac{n}{2}\right]\right) = \left[\frac{(n+1)^2}{4}\right].$$

实际上,当 $n = 2r$ 时

$$\left(\left[\frac{n}{2}\right] + 1\right)\left(n - \left[\frac{n}{2}\right]\right) = (r+1)r = r^2 + r$$

$$= \left[\frac{4r^2 + 4r + 1}{4}\right] = \left[\frac{(n+1)^2}{4}\right].$$

当 $n = 2r - 1$ 时

$$\left(\left[\frac{n}{2}\right] + 1\right)\left(n - \left[\frac{n}{2}\right]\right) = r(2r - 1 - (r-1)) = r^2 = \frac{(2r)^2}{4}$$

$$= \frac{(n+1)^2}{4} = \left[\frac{(n+1)^2}{4}\right].$$

所以 $S(G_0) = \left[\frac{(n+1)^2}{4}\right]$.

综上所述，$S(G)_{\max} = \left[\dfrac{(n+1)^2}{4}\right]$.

4.3 取极端元改进"拟对象"

如果我们寻找的对象需要同时满足多个条件，我们可从中适当选定一个条件 p（一般是较难满足的一个条件），然后构造一个数学对象，称为"拟对象"，使其满足除选定条件外的所有条件，并满足另外一个条件 p'，其中条件 p' 与条件 p 非常接近但不相同，我们可形象地称条件 p' 是"0.5 个条件 p".

最后，在所有"拟对象"中选取某种极端对象，使之合乎题目的所有条件.

例1 设 M 是 $\mathbf{R}^+$ 的有限子集，B 是 $\mathbf{R}^+$ 的有限子集，若 M 中每一个数都可以唯一地表示成 B 中的数的整数次幂的积，则称 B 为 M 的基，试问：哪些集合 M 必具有基？（1973 年美国纽约数学奥林匹克试题）

分析与解 M 的基 B 要满足两个条件：一是 M 中每一个数都可以表示成 B 中的数的整数次幂的积，二是 M 中每一个数都只能用唯一方式表示出.

我们先任取一个"拟基"$B = \{a_1, a_2, \cdots, a_n\}$（满足第一个条件的集合），再对 B 取极端使之满足第二个条件.

假定 B 不合乎要求，即 M 中存在数 u 有两种不同表示法：
$$u = a_1^{i_1} a_2^{i_2} \cdots a_n^{i_n} = a_1^{j_1} a_2^{j_2} \cdots a_n^{j_n},$$
那么（叠加，综合运用两式）
$$a_1^{i_1 - j_1} a_2^{i_2 - j_2} \cdots a_n^{i_n - j_n} = 1. \qquad ①$$

不妨假定 $i_n - j_n \neq 0$，则由式①可将 a_n 用 $a_1, a_2, \cdots, a_{n-1}$ 表示，这表明"基"中变量个数 $|B|$ 可以减少，于是优化假设，取 $|B|$ 最小即可.

但要注意的细节是,要由式①将 a_n 用其他量表示,必须保证其他量存在,从而要求 $n>1$,而 $n=1$ 时要单独讨论.

下面证明:当且仅当 $M\neq\{0\}$ 时,M 都具有基.

一方面,$M=\{0\}$ 时,如果 M 存在基底 B,那么 $0\in B$,此时 0 的表示法不唯一(指数可为任意正整数),矛盾.

另一方面,若 $M\neq\{0\}$,我们证明 M 都具有基.

(1) 若 $M=\{1\}$,则取 $B=\{2\}$,此时 1 只能唯一地表示成 $1=2^0$,故 $B=\{2\}$ 为 M 的基底.

(2) 若 $M\neq\{1\}$,我们定义 M 的拟基 B:如果 M 中的元素都可表示成某个有限集 B 中的元素的整数次幂的积.

由于 M 是 M 的拟基,即 M 的拟基一定存在(非空性). 又 $|B|$ 为自然数,由最小数原理,必存在一个元素个数最少的拟基,记为 $B=\{a_1,a_2,\cdots,a_n\}(n\geq 2)$.

下面证明:B 是 M 的一个基底.

(i) 当 $n=1$ 时,记 $B=\{a\}$.

对 M 中任意一个元素 x,因为 B 为拟基,必存在整数 r,使 $x=a^r$. 如果还必存在整数 $k\neq r$,使 $x=a^k$,那么 $a^r=a^k$. 如果 $a=0$,那么 $M=\{0\}$,矛盾. 如果 $a\neq 0$,那么 $a^{r-k}=1$,但 $r-k\neq 0$,从而 $a=1$,此时 $M=\{1\}$,矛盾. 所以 B 是 M 的一个基底.

(ii) 当 $n\geq 2$ 时,反设存在 $u\in M$,使 u 有两种不同表示法

$$u = a_1^{i_1}a_2^{i_2}\cdots a_n^{i_n} = a_1^{j_1}a_2^{j_2}\cdots a_n^{j_n}.$$

因为两种表示法不同,从而 $k_t=i_t-j_t(t=1,2,\cdots,n)$ 不全为 0,不妨设 $k_n\neq 0$,那么

$$a_1^{i_1-j_1}a_2^{i_2-j_2}\cdots a_n^{i_n-j_n}=1,$$

即 $a_1^{k_1}a_2^{k_2}\cdots a_n^{k_n}=1$.

又 $n>1(a_{n-1}$ 存在),所以

$$a_n = a_1^{-\frac{k_1}{k_n}}a_2^{-\frac{k_2}{k_n}}\cdots a_{n-1}^{-\frac{k_{n-1}}{k_n}}.$$

②

4 优化假设

这样,对 M 中的任何一个元素 x,有

$$x = a_1^{p_1} a_2^{p_2} \cdots a_n^{p_n}$$
$$= a_1^{p_1} a_2^{p_2} \cdots a_{n-1}^{p_{n-1}} \cdot (a_1^{-\frac{k_1 p_n}{k n}} a_2^{-\frac{k_2 p_n}{k n}} \cdots a_{n-1}^{-\frac{k_{n-1} p_n}{k n}})$$
$$= a_1^{\frac{1}{k n} \cdot (k n p_1 - k_1)} a_2^{\frac{1}{k n} \cdot (k n p_2 - k_2)} \cdots a_{n-1}^{\frac{1}{k n} \cdot (k n p_{n-1} - k_{n-1})}.$$

所以 $a_1^{\frac{1}{k_1}}, a_2^{\frac{1}{k_2}}, \cdots, a_{n-1}^{\frac{1}{k_{n-1}}}$ 亦是 M 的一个拟基,与 B 的最小性矛盾.

综上所述,当且仅当 $M \neq \{0\}$ 时,M 都具有基.

例 2 给定 $S = \{z_1, z_2, \cdots, z_{1993}\}$,其中 $z_1, z_2, \cdots, z_{1993}$ 是非零复数(可以看作复平面上的非零复数),求证:可以把 S 中的元素分为若干组,使得:

(1) S 中每个元素属于且只属于其中的一组;

(2) 每一组中的任意一个复数与该组中所有复数之和的夹角不大于 $90°$;

(3) 将任意两组中的复数分别求和,则所得的两个和对应的复数之间的夹角大于 $90°$.

(1993 年中国数学奥林匹克试题)

分析与证明 本题在 1.3 节例 4 中已给出了一个证明,利用"优化假设"的技巧,我们得到如下一个非常简单的证明.

所求的分组要满足 3 个条件,先让其满足条件(1)(最易满足者),得到一种"拟分组",再在所有的"拟分组"中取极端元,使其满足(2)和(3).

考察 S 的任意一个划分 P:

$$S = A_1 \cup A_2 \cup \cdots \cup A_r,$$

记 A_i 中复数的和为 $S_i (i = 1, 2, \cdots, r)$,若分法不满足(2),不妨设 A_1 中存在复数 z_i,使 z_i 与 S_1 的夹角大于 $90°$,这样进行调整,构造新的分法:将 A_1 中的复数分为两组

$$A_1 = \{z_i\} \cup (A_1 \setminus \{z_i\}),$$

这两组复数的和分别为 $z_i, S_1 - z_i$，因为 z_i 与 S_1 的夹角大于 $90°$，则 $S_1 - z_i$ 对应的线段是相应三角形的最大边，可知

$$|z_i|^2 + |S_1 - z_i|^2 > |S_1|^2.$$

从而想到这样优化假设，取极端元：设分法 P 是使 $\sum |S_i|^2$ 最大的一个分法，即可导出矛盾．

其次，若分法不满足 (3)，不妨设 S_i 与 S_j 的夹角不大于 $90°$，此时，这样进行调整，构造新的分法：将 A_i, A_j 中的复数合并为一组 $A = A_i \cup A_j$，这组复数的和为 $S_i + S_j$，由余弦定理可知

$$|S_i + S_j|^2 \geq |S_i|^2 + |S_j|^2.$$

若其中"$>$"成立，则得到一个"更大"的分法，矛盾；

若"$=$"成立，则得到另一个"最大"的分法，但其分法中子集个数比原分法中子集个数少，于是，再一次优化假设，取极端元：设分法 P 是使 $\sum |S_i|^2$ 最大的且含有子集个数最少的一个分法，即可导出矛盾．

注 本题的证明，实际上是选取了"二维极端"元，详见第 5 章．

例 3 有 $n(n \geq 3)$ 个人进行比赛，每两个人都比赛一局，没有平局．已知比赛结束后，将 n 个人任意分成非空的两组 P, Q，都存在 P 中的一个人胜 Q 中的一个人，也存在 Q 中的一个人胜 P 中的一个人．求证：可以将 n 个人适当编号为 $x_1, x_2, \cdots, x_n$，使得 x_i 胜 x_{i+1} ($i = 1, 2, \cdots, n$，其中规定 $x_{n+1} = x_1$)．

分析与证明 令所有人的集合为 X．易知，每个人都没有全胜，否则，设 x 胜其他所有人，令 $P = \{x\}, Q = X \setminus P$，此与题设条件矛盾．

为了找长为 n 的有向圈，可去掉一个要求，先找有向圈（拟对象），再利用极端得到长为 n 的有向圈．

为了找有向圈，可取极端元：考察出度最大的点 x，不妨设 x 占

优的点的集合为 $\{x_1, x_2, x_3, \cdots, x_t\}$ $(1 \leqslant t \leqslant n-2)$. 因为 x 没有全胜, 必有选手 y 胜 x. 此外, 在被 x 打败的选手中, 必有一个 x_i 胜 x (否则, y 比 x 至少多胜一场, 与 x 的出度最大性矛盾). 这样便得到一个长为 3 的圈 $x \to x_i \to y \to x$ (图 4.6).

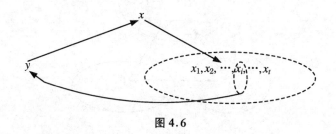

图 4.6

再一次取极端元, 设最长的一个有向圈为
$$x_1 \to x_2 \to x_3 \to \cdots \to x_m \to x_1.$$

若 $m = n$, 则结论成立.

若 $m < n$, 令 $A = \{x_1, x_2, \cdots, x_m\}$. 先考察圈如何扩大可以导出矛盾——显然, 其充分条件是, 只要有 x 存在, 使 $x_i \to x \to x_{i+1}$.

于是任取一个 $x \notin A$, 如果既存在 $i (1 \leqslant i \leqslant m)$, 使 $x_i \to x$, 又存在 $j (1 \leqslant j \leqslant m)$, 使 $x \to x_j$, 则必存在 $t (1 \leqslant t \leqslant m)$, 使 $x_t \to x \to x_{t+1}$ (取上述 i 最大者为 t 即可), 这样一来, $x_1 \to x_2 \to x_3 \to \cdots \to x_i \to x \to x_{i+1} \to x_{i+2} \to \cdots \to x_m \to x_1$ 是更大的圈, 矛盾.

于是, 必有 $x \to x_i$ (对所有 $i = 1, 2, \cdots, m$), 或者 $x_i \to x$ (对所有 $i = 1, 2, \cdots, m$).

这样一来, 可以将 C 外的点划分为两个集合 A, B, 使 A 中的点都胜 C 中的点, 而 C 中的点都胜 B 中的点 (图 4.7).

因为 $|C| = m < n$, 所以 $|A|, |B|$ 不同时为 0. 若 $|A| > 0$, 则 A 中的点必都胜 B 中的点, 否则 $b \to a$, 得到更大的圈 $x_1 \to x_2 \to \cdots \to x_m \to b \to a \to x_1$, 矛盾.

于是, 令 $P = A, Q = G \backslash A$ 即与题设条件矛盾.

若$|A|=0$,则$|B|>0$,此时,令$P=C,Q=B$即与题设条件矛盾.

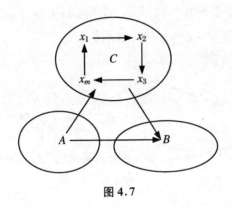

图 4.7

习 题 4

1. 求证:方程 $x^2-2y^2=1$ 有无数个正整数解.

2. 有 n 个城市,每两个城市之间有一条单向路相连.求证:存在这样一个城市,从其他任何一个城市到达该城市至多经过另外一个城市.

3. 将 100 个城市用 4 852 条道路连接(每条道路连接两个城市,且不通过中间任何城市).求证:人们总可以通过已有的道路,旅行在任何两个城市之间.

4. 求证:方程 $x^4-y^4=2z^2$ 无正整数解.

5. 求方程 $x^4+y^4=2z^2$ 的整数解,其中 $(x,y)=1$.

6. 求证:方程 $x^4+4y^4=z^2$ 无正整数解.

7. 求方程 $6(6x^2+3y^2+z^2)=5n^2$ 的整数解 (x,y,z,n).(1989 年亚太地区数学奥林匹克试题)

8. 求方程 $x^2+y^2=3(u^2+v^2)$ 的整数解 (x,y,u,v).

9. 设 k 为自然数,$k\neq 3$,求证:方程 $x^2+y^2+1=kxy$ 无正整

数解.

10. 求所有适合 $f(x)f(x+1) = f(x^2+x+1)$ 的实系数多项式 $f(x)$.

11. 设 p,q 是两个不同的质数,自然数 $n > 2$,求所有的整数 a,使多项式 $f(x) = x^n + ax^{n-1} + pq$ 能够分解成两个非常数的整系数多项式之积.(1994 年中国数学集训队选拔考试试题)

12. 设 $S = \{1,2,3,\cdots,2005\}$,若 S 中任意 n 个两两互质的数组成的集合中都至少有一个质数,试求 n 的最小值.(2006 年四川省数学竞赛试题)

13. 平面上 n 个点,任何 3 点不共线,每个点都至少有 $k(k \geq 2)$ 条线段与其连接,求证:存在边数至少为 $k+1$ 的多边形.

14. 设 $A \subset \{(a_1, a_2, \cdots, a_n) \mid a_i \in \mathbf{R}, i = 1,2,\cdots,n\}$,$A$ 是有限集,对任意的
$$\alpha = (a_1, a_2, \cdots, a_n) \in A, \quad \beta = (b_1, b_2, \cdots, b_n) \in A,$$
定义
$$\gamma(\alpha,\beta) = (|a_1-b_1|, |a_2-b_2|, \cdots, |a_n-b_n|),$$
$$D(A) = \{\gamma(\alpha,\beta) \mid \alpha \in A, \beta \in A\}.$$
试证:$|D(A)| \geq |A|$.(2003 年 IMO 中国国家集训队选拔考试试题)

15. 设 S 为平面上给定的有限整点集,A 为 S 的满足任两点的连线都不平行于坐标轴的元素个数最多的子集,B 为整数集的满足对任意 $(x,y) \in S$,总有 $x \in B$ 或 $y \in B$ 的元素个数最少的子集. 证明:$|A| \geq |B|$.(2003 年 IMO 中国国家集训队测试题)

16. 对于任何正整数 k,令 $f(k)$ 表示集合 $\{k,k+1,k+2,\cdots,2k\}$ 中所有在二进制表示中恰有三个 1 的元素的个数.

(1) 求证:对每个正整数 m,至少存在一个正整数 k,使 $f(k) = m$.

(2) 确定所有的正整数 m,对每个 m,恰有一个正整数 k,使 $f(k)=m$. (第 35 届 IMO 试题)

17. 给定正整数 $m \geqslant 17$,有 $2m$ 个选手进行单循环赛,每轮将 $2m$ 个选手分成 m 组,每组的两个选手比赛.下一轮重新分组比赛,共进行 $2m-1$ 轮比赛,使得每个选手都恰和另 $2m-1$ 个选手比赛一场.

求最小可能的正整数 n,使得存在一个可行的程序赛 n 轮以后,对任何 4 个选手,他们间或者都没有赛过,或总共至少赛了两场.
(2002 年 IMO 中国集训队测试题)

18. 设 n 为正整数,M 是具有下述性质的 n^2+1 个自然数构成的集合:M 中任意 $n+1$ 个元素中,必有两个数,使得其中一个是另一个的倍数.证明:M 中存在 $n+1$ 个数 $a_1, a_2, \cdots, a_{n+1}$,使得对 $i=1, 2, \cdots, n$,均有 $a_{i+1} | a_i$. (波兰数学奥林匹克试题)

19. 从左到右编号为 $B_1, B_2, \cdots, B_n$ 的 n 个盒子共装有 n 个小球,每次可以选择一个盒子 B_k,进行如下操作:

(1) 若 $k=1$ 且 B_1 中至少有 1 个小球,则可从 B_1 中移 1 个小球至 B_2 中;

(2) 若 $k=n$ 且 B_n 中至少有 1 个小球,则可从 B_n 中移 1 个小球至 B_{n-1} 中;

(3) 若 $2 \leqslant k \leqslant n-1$ 且 B_k 中至少有 2 个小球,则可从 B_k 中分别移 1 个小球至 B_{k+1} 和 B_{k-1} 中.

求证:无论初始时这些小球如何放置,总能经过有限次操作使得每个盒子中恰有 1 个小球. (2011 年中国女子数学奥林匹克试题)

20. 设 $a_1, a_2, \cdots, a_n$ 是 n 个不同的正整数,M 是一个由 $n-1$ 个正整数构成的集合,但是 M 中不包含 $s=a_1+a_2+\cdots+a_n$.一只蚱蜢在实数轴的整数点上跳动,开始时它在 0 点,然后向右跳 n 次,n 次的步长恰好是 $a_1, a_2, \cdots, a_n$ 的一个排列.求证:可以适当调整

$a_1, a_2, \cdots, a_n$ 的顺序,使得期间蚱蜢不会跳到 M 中的数所在的任何整点上.(2009年国际数学奥林匹克试题)

习题4解答

1. 首先,方程 $x^2 - 2y^2 = 1$ 有一个正整数解 $(x, y) = (3, 2)$. 其次,假设方程只有有限个正整数解 $(x_1, y_1), (x_2, y_2), \cdots, (x_n, y_n)$,取极端元,不妨设 $x_1 = \max\{x_1, x_2, \cdots, x_n\}$,则 $(x_1 + y_1\sqrt{2})(x_1 - y_1\sqrt{2}) = 1$,平方得 $(x_1^2 + 2y_1^2 + 2\sqrt{2}x_1 y_1)(x_1^2 + 2y_1^2 - 2\sqrt{2}x_1 y_1) = 1$.

于是,$(x_1^2 + 2y_1^2, 2x_1 y_1)$ 也是原方程的解. 但 $x_1^2 + 2y_1^2 > x_1$,与 x_1 的最大性矛盾. 所以原方程有无数个正整数解.

2. 用点表示城市,城市 A 有到城市 B 的路,则连一条有向边 $A \to B$,得到一个竞赛图 G. 现在,要证存在顶点 A,使对图 G 中任何点 X,要么 $X \to A$,要么存在点 X',使 $X \to X' \to A$. 考虑入度最大的点 A,则 A 为所求.

实际上,任取一点 B,若 $B \to A$,则然. 若 $A \to B$,则要找到点 P,使 $B \to P$,且 $P \to A$. 在哪里找点 P?先要满足 $P \to A$,所以应在胜 A 的选手中找. 这些选手中有没有被 B 胜的选手 P? 如果没有,则 B 的入度至少要比 A 多1(因为 $A \to B$),于是取 B 为胜 A 的选手中入度最大者即可.

3. 我们证明更一般的结论:n 阶简单图 G 中有 $C_{n-1}^2 + 1$ 条边,则 G 是连通的.

对 n 归纳. 当 $n = 2$ 时,结论显然成立.

设结论对小于 n 的自然数成立,考察 n 个点的情形. 假定去掉一个点 A,其中 $d(A) = k$,为了利用归纳假设,要使剩下的边数不小于 $C_{n-2}^2 + 1$,即 $C_{n-1}^2 + 1 - k \geq C_{n-2}^2 + 1$,解得 $k \leq n - 2$,以此充分条件为标准进行分类讨论.

(1) 若 $k = n - 1$,则 A 与所有点相连,结论成立.

(2) 若 $k \leqslant n-2$,则去掉点 A 及其所连的边,剩下 $n-1$ 个点,至少有 $C_{n-1}^2 + 1 - k \geqslant C_{n-2}^2 + 1$ 条边,由归纳假设,剩下的 $n-1$ 个点之间是连通的.

现在,加入点 A,要使图仍连通,只需 $k > 0$ (又一个充分条件). 优化假设,适当选取 A,使 $d(A) > 0$ 即可.

4. 原方程化为 $z^4 + (xy)^4 = \left(\dfrac{x^4+y^4}{2}\right)^2$,利用 2.1 节例 4 的结论,知其无正整数解.

5. 由方程可知,$x^4 + y^4$ 为偶数,所以 x,y 同奇偶,又 $(x,y)=1$,所以 x,y 都为奇数.

将原方程两边平方,得 $4z^4 = (x^4+y^4)^2 = (x^4-y^4)^2 + 4x^4y^4$,即

$$z^4 - (xy)^4 = \left(\dfrac{x^4-y^4}{2}\right)^2. \qquad ①$$

因为 $(x,y)=1$,所以 $(y,z)=(z,x)=1$,从而 $(z,xy)=1$.

利用 2.1 节例 4 的结论,结合方程①,知 $z, xy, \dfrac{x^4-y^4}{2}$ 中至少一个为 0. 又 $(z,xy)=1, z, xy \neq 0$,所以 $x^4 = y^4$,即 $x = y$ 或 $x = -y$. 但 $(x,y) = 1$,所以 $|x| = |y| = 1$,代入原方程得 $|x| = |y| = |z| = 1$,故原方程共有 8 个解.

6. 用反证法,设原方程有正整数解 (x,y,z),并设它是使 z 最小的一个解.

(1) 设 $(x^2, 2y^2) = d > 1$,又 $(x^2)^2 + (2y^2)^2 = z^2$,所以,存在质数 p,使 $p | x^2, p | 2y^2$. 所以 $p | z^2$,于是 $p | x, p | z$. 令 $x = px', z = pz'$,原方程化为 $p^4 x'^4 + 4y^4 = p^2 z'^2$.

(i) 若 $p = 2$,则 $2^4 x'^4 + 4y^4 = 2^2 z'^2$,所以 $4x'^4 + y^4 = z'^2$. 所以,(y, x', z') 也是原方程的解,但 $z' < z$,与 z 的最小性矛盾.

(ii) 若 $p \neq 2$,则由 $p | 2y^2$,得 $p | y$. 令 $y = py'$,原方程化为

4 优化假设

$p^4 x'^4 + 4p^4 y'^4 = p^2 z'^2$. 所以 $x'^4 + 4y'^4 = \left(\dfrac{z'}{p}\right)^2$. 由于 $x', y' \in \mathbf{N}^*$, 所以 $\dfrac{z'}{p} \in \mathbf{N}^*$. 于是 $\left(x', y', \dfrac{z'}{p}\right)$ 为原方程的解. 但 $\dfrac{z'}{p} < z$, 矛盾.

(2) 设 $(x^2, 2y^2) = 1$, 由勾股方程, 知 $x^2 = a^2 - b^2, 2y^2 = 2ab$, $z = a^2 + b^2$, 其中 $a > b > 0, (a,b) = 1, a, b$ 一奇一偶.

若 a 为偶数, b 为奇数, 则 $x^2 = a^2 - b^2 \equiv -1 \pmod 4$, 矛盾.

若 a 为奇数, b 为偶数, 则由 $x^2 = a^2 - b^2, (a,b) = 1, p \mid z^2$. 于是, $p \mid x, p \mid z$. 令 $x = px', z = pz'$, 原方程化为 $p^4 x'^4 + 4y^4 = p^2 z'^2$.

若 $p = 2$, 则 $2^4 x'^4 + 4y^4 = 2^2 z'^2$, 所以 $(x,b) = 1$. 故 $x = u^2 - v^2$, $b = 2uv, a = u^2 + v^2$. 这样, $y^2 = ab = 2uv(u^2 + v^2), u, v$ 一奇一偶. 不妨设 v 为偶数, 而 $u, v, u^2 + v^2$ 两两互质, 所以 $v = 2s^2, u = r^2$, $u^2 + v^2 = t^2$, 故 $r^4 + 4s^4 = t^2$.

所以 (r, s, t) 为原方程的解. 但 $t \leqslant t^2 = u^2 + v^2 = a < a^2 + b^2 = r$, 矛盾. 综上所述, 命题获证.

7. 显然, $(0,0,0,0)$ 是原方程的一个解. 下面证明方程无非零整数解.

反设 (x, y, z, n) 是原方程的一个非零整数解, 则 $n \neq 0$, 不妨设 $n > 0$. 由于 $2 \mid n^2$, 所以 $2 \mid n$. 同理 $3 \mid n$, 所以 $6 \mid n$.

令 $n = 6n_1$, 代入原方程, 有

$$6x^2 + 3y^2 + z^2 = 30n_1^2. \qquad ①$$

由式①知, $3 \mid z$. 令 $z = 3z_1$, 代入方程①, 有

$$2x^2 + y^2 + 3z_1^2 = 10n_1^2. \qquad ②$$

由式②可知, 当原方程有非零整数解时, 方程

$$2a^2 + b^2 + 3c^2 = 10d^2 \qquad ③$$

必有使 $d > 0$ 的整数解.

取极端元: 设这样的解中 $f(a, b, c, d) = d$ 最小的一个解为 (a, b, c, d). 因为 $2 \mid b^2 + 3c^2$, 所以 b, c 同奇偶. 若 b, c 同为奇, 则 $b^2 \equiv c^2 \equiv$

$1 \pmod 8$. 所以 $b^2 + 3c^2 \equiv 4 \pmod 8$. 又 $2a^2 \equiv 0$ 或 $2 \pmod 8$, 所以 $2a^2 + b^2 + 3c^2 \equiv 4$ 或 $6 \pmod 8$. 但 $10d^2 \equiv 0$ 或 $2 \pmod 8$, 矛盾, 于是, b,c 同为偶数. 令 $b = 2b_1, c = 2c_1$, 代入方程③, 有 $2a^2 + b_1^2 + 3c_1^2 = 10d_1^2$, 所以 (a, b_1, c_1, d_1) 亦是方程③的解, 与 d 的最小性矛盾.

8. 显然, $(0,0,0,0)$ 是原方程的一个解. 下面证明原方程无非零解.

反设 (x,y,u,v) 是原方程的一个非零解, 并设它使 $f(x,y,u,v)$ 最小. 因为 $3 \mid x^2 + y^2$, 而 $x^2 \equiv 0, 1 \pmod 3$, 所以 $x^2 \equiv y^2 \equiv 0 \pmod 3$.

令 $x = 3x_1, y = 3y_1$, 代入原方程, 有 $u^2 + v^2 = 3(x_1^2 + y_1^2)$. 所以 (u, v, x_1, y_1) 是原方程的解. 注意到 $u^2 + v^2 = \dfrac{x^2 + y^2}{3} < x^2 + y^2$, 取 $f(x,y,u,v) = x^2 + y^2$, 则 $f(u,v,x_1,y_1) < f(x,y,u,v)$, 与 $f(x,y,u,v)$ 的最小性矛盾.

9. 设 (x,y) 为方程的正整数解, 则 $x \neq y$. 实际上, 若 $x = y$, 则 $2x^2 + 1 = kx^2$, 所以 $(k-2)x^2 = 1$. 故 $k - 2 \mid 1, k = 3$, 矛盾. 所以 $x \neq y$.

不妨设 $x < y$, 且 (x,y) 是使 $f(x,y) = \min\{x,y\}$ 最小的正整数解, 则 y 是关于方程 t 的方程

$$t^2 - 3xt + x^2 + 1 = 0 \qquad ①$$

的一个根 $t = y$ (其中 $t > x$, 于是 $t \geq x + 1$), 设式①的另一个根为 t', 则

$$t + t' = 3x, \qquad ②$$
$$tt' = x^2 + 1. \qquad ③$$

由式②知, $t' = 3x - t$ 为整数. 由式③知, $t' > 0$. 于是 (t', x) 也是方程①的正整数解. 此时, 由式③知, $0 < t' = \dfrac{x^2 + 1}{t} \leq \dfrac{x^2 + 1}{x + 1} \leq x$.

又由前面所证 $t' \neq x$, 故 $0 < t' < x$, 所以 (t', x) 是方程①的正整数解. 但 $f\{t', x\} < f\{x, y\}$, 与 $f\{x, y\}$ 的最小性矛盾.

10. 因为
$$f(x)f(x+1) = f(x^2 + x + 1). \quad ①$$
将其中的 x 换成 $x-1$,有
$$f(x-1)f(x) = f(x^2 - x + 1). \quad ②$$

(1) 若 $f(x) = c$,则 $c^2 = c$,所以 $f(x) = 0$ 或 $f(x) = 1$,它们显然合乎要求.

(2) 设 $\deg f(x) > 0$,则 $f(x)$ 至少有一个复根,取极端元:设 a 是绝对值最大的复根,由式①及式②,有 $f(a) = 0, f(a^2 + a + 1) = f(a^2 - a + 1) = 0$,即 $a^2 + a + 1, a^2 - a + 1$ 都是 $f(x)$ 的根.

由此可知,$a \neq 0$,否则,$|a^2 + a + 1| > |a|$,与 $|a|$ 的最大性矛盾. 下面证明: $a = \pm i$. 实际上,$|a^2 + 1 + a|^2 + |a^2 - a + 1|^2 = 2|a|^2 + 2|a^2 + 1|^2 \geqslant 2|a|^2$.

由 $|a|$ 的最大性,此式等号成立,故 $a^2 + 1 = 0$,即 $a = \pm i$. 但 $f(x)$ 是实系数多项式,虚根成对出现,从而
$$f(x) = (x^2 + 1)^m g(x) \quad (m \in \mathbf{N}), \quad ③$$
其中 $g(x)$ 是实系数多项式,且不被 $x^2 + 1$ 整除. 将式③代入式①,有
$$(x^2 + 1)^m g(x) \cdot (x^2 + 2x + 2)^m g(x+1)$$
$$= (x^4 + 2x^3 + 3x^2 + 2x + 2)g(x^2 + x + 1).$$

注意到
$$(x^2 + 1)(x^2 + 2x + 2) = x^4 + 2x^3 + 3x^2 + 2x + 2, \quad ④$$
从而有 $g(x)g(x+1) = g(x^2 + x + 1)$,即 $g(x)$ 同样满足 $f(x)$ 的方程.

对 $g(x)$ 进行类似的讨论,若 $g(x)$ 有复根,则 i 或 $-i$ 是 $g(x)$ 的根,由于 $x^2 + 1$ 不整除 $g(x)$,从而 $g(x)$ 必为常数,由(1)的讨论,$g(x) = 1$. 故 $f(x) = (x^2 + 1)^m (m \in \mathbf{N})$. 由式④,此函数合乎条件. 综上所述,$f(x) = 0, 1$ 或 $(x^2 + 1)^m (m \in \mathbf{N})$.

11. 设 $f(x) = g(x)h(x)$,其中 $g(x) = b_m x^m + \cdots + b_0$,$h(x) =$

$c_r x^r + \cdots + c_0$,且 $b_m = c_r = 1, m + r = n, m, r \in \mathbf{N}$.

假设 $m, r \geqslant 2$,则 $m, r \leqslant n - 2$. 因为 $b_0 c_0 = pq$,所以 $p \mid b_0 c_0$. 若 $p \mid b_0$ 且 $p \mid c_0$,则 $p^2 \mid b_0 c_0 = pq$,所以 $p \mid q$,矛盾.

于是不妨设 $p \mid b_0$,但 $p \nmid c_0$,取极端元:设 j 是满足 $p \nmid b_j$ 的最小下标(由于 $p \nmid b_m$,这样的 j 存在). 比较 $f(x) = g(x)h(x)$ 两边 x^j 的系数,有 $0 = b_j c_0 + b_{j-1} c_1 + \cdots + b_0 c_j$. 因为 $p \mid b_0, b_1, \cdots, b_{j-1}$,有 $p \mid b_j c_0$,又 $p \nmid c_0$,p 为质数,所以 $p \mid b_j$,矛盾.

所以 m, r 中至少有一个为 1,不妨设 $r = 1$,则 $h(x) = x + c$,$f(x) = (x + c)g(x)$,所以 $f(-c) = (-c)^n + a(-c)^{n-1} + pq = 0$.

又 $n - 1 \geqslant 2$,所以 $c^2 \mid pq$. 由于 p, q 互质,故 pq 非平方数,因此 $c^2 \neq pq$.

若 $c^2 \neq 1$,则 $c \mid pq$,$|c| = p$ 或 q,$c^2 = p^2$ 或 q^2,与 $c^2 \mid pq$ 矛盾,所以 $c^2 = 1$.

当 $c = -1$ 时,$f(1) = 0$,此时 $a = -1 - pq$. 由于 $f(1) = 0$,所以 $x - 1 \mid f(x)$,故 $a = -1 - pq$ 合乎要求.

当 $c = 1$ 时,$f(-1) = 0$,此时 $a = 1 + (-1)^n pq$. 由于 $f(-1) = 0$,所以 $x + 1 \mid f(x)$,故 $a = 1 + (-1)^n pq$ 合乎要求.

综上所述,$a = -1 - pq, 1 + (-1)^n pq$ 为所求.

12. 从反面考虑,假定 n 不合乎条件,即存在 n 个两两互质的数组成的集合中没有质数,那这些数只能是 1 和合数,从而至少有 $n - 1$ 个合数. 每个合数至少有一质因子,从而至少有 $n - 1$ 个互不相同的质数,记为 $p_1, p_2, \cdots, p_{n-1}$.

设含质因子 p_i 的数为 $a_i (1 \leqslant i \leqslant n - 1)$,我们来估计 a_i 的范围,期望 n 充分大时,存在 $a_i > 2005$,则这样的 n 便合乎要求. 注意 $p_i \mid a_i$,且 $a_i \neq p_i$,那么是否有 $a_i \geqslant p_i^2$? 还需要优化假设:令 p_i 为 $a_i (1 \leqslant i \leqslant n - 1)$ 的最小质因子,并设 $p_1 < p_2 < \cdots < p_{n-1}$. 注意到前 15 个质数依次为 $2, 3, 5, 7, \cdots, 41, 43, 47$,那么,$a_1 \geqslant p_1^2 \geqslant 2^2, a_2 \geqslant p_2^2$

$\geqslant 3^2, a_3 \geqslant p_3^2 \geqslant 5^2, \cdots, a_{14} \geqslant p_{14}^2 \geqslant 43^2, a_{15} \geqslant p_{15}^2 \geqslant 47^2 = 2\,209 > 2\,005$. 由此可见,当 $n-1 \geqslant 15$,即 $n \geqslant 16$ 时,假设不成立,即 $n=16$ 合乎条件.

最后,如果 n 合乎条件,则一定有 $n \geqslant 16$. 实际上,从上述证明过程可以发现范例的构造:取 $A = \{1, 2^2, 3^2, \cdots, 41^2, 43^2\}$,则 $|A| = 15$,如果 $n \leqslant 15$,则取 A 的任意一个 n 元子集,其中没有质数,且任何两个数互质,矛盾,所以 $n \geqslant 16$. 综上所述,所求的 n 的最小值为 16.

13. 为了找圈 C_{k+1},可退一步,先取一条路 $P = (u_1, u_2, \cdots, u_r)$(进而优化到最长路),在此基础上找合乎要求的圈,这只需有路线回到出发点 u_1 即可. 为了使圈中的边尽可能多,考察其中与 u_1 相连的所有点,想到取其中下标最大的一个. 为了保证与 u_1 相连的所有点都在 P 中,则只需路 P 最长.

于是,取一条最长的链 $P = \{u_1, u_2, \cdots, u_r\}$,则对 P 外的任何点 x,它与 u_1 不相连,否则在 u_1 的前面加入点 x 得到更长的链,矛盾,所以与 u_1 相连的点都在路 P 中(图4.8).

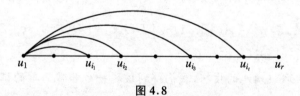

图4.8

因为 $d(u_1) \geqslant k$,可设与 u_1 相连的点是 $u_{i_1}, u_{i_2}, \cdots, u_{i_t}$ ($t \geqslant k$),则多边形 $(u_{i_1}, u_{i_2}, \cdots, u_{i_t}, u_1)$ 的边数 $t+1 \geqslant k+1$,所以 $(u_{i_1}, u_{i_2}, \cdots, u_{i_t}, u_1)$ 是边数至少为 $k+1$ 的多边形,证毕.

14. 本题的原来证法如下:对 n 和集 A 的元素个数用归纳法.

如果 A 恰有一个元素,则 $D(A)$ 仅包含一个零向量,结论成立;如果 $n=1$,设 $A = \{a_1 < a_2 < \cdots < a_m\}$,则 $\{0, a_2 - a_1, a_3 - a_1, \cdots, a_m - a_1\} \subseteq D(A)$,因此 $|D(A)| \geqslant |A|$.

现假定 $|A|>1$ 和 $n>1$,定义 $B=\{(x_1,x_2,\cdots,x_{n-1})|$ 存在 x_n 使得 $(x_1,x_2,\cdots,x_{n-1},x_n)\in A\}$,由归纳假设 $|D(B)|\geqslant|B|$,对每一个 $b\in B$,令 $A_b=\{x_n|(b,x_n)\in A\}$,$a_b=\max\{x|x\in A_b\}$,$C=A\setminus\{(b,a_b)|b\in B\}$,则 $|C|=|A|-|B|$. 因为 $|C|<|A|$,由归纳假设 $|D(C)|\geqslant|C|$.

另一方面,$D(A)=\bigcup\limits_{D\in D(B)}\{(D,|a-a'|)|\gamma(b,b')=D$,且 $a\in A_b,a'\in A_{b'}\}$,类似地,再令 $C_b=A_b\setminus\{a_b\}$,我们有 $D(C)=\bigcup\limits_{D\in D(B)}\{(D,|c-c'|)|\gamma(b,b')=D$,且 $c\in C_b,c'\in C_{b'}\}$.

注意到,对每一双 $b,b'\in B$,最大差 $|a-a'|(a\in A_b,a'\in A_{b'})$ 一定是 $a=a_b$ 或 $a'=a_{b'}$,因此这个最大差不出现在 $\{|c-c'||c\in C_b,c'\in C_{b'}\}$ 中.

因此,对任何的 $D\in D(B)$,集合 $\{|c-c'||\gamma(b,b')=D$ 且 $c\in C_b$ 和 $c'\in C_{b'}\}$ 并不包含集合 $\{|a-a'||\gamma(b,b')=D$ 且 $a\in A_b$ 和 $a'\in A_{b'}\}$ 中的最大元,前者是后者的真子集.

由这个结论可知 $|D(C)|\leqslant\sum\limits_{D\in D(B)}(|\{|a-a'||\gamma(b,b')=D$ 且 $a\in A_b$ 和 $a'\in A_{b'}\}|-1)\leqslant|D(A)|-|D(B)|$,故 $|D(A)|\geqslant|D(B)|+|D(C)|\geqslant|B|+|C|=|A|$.

采用取极端元的技巧,我们得到该题一个非常简单的证明:对任何 $\alpha=(a_1,a_2,\cdots,a_n)\in A$,$\beta=(b_1,b_2,\cdots,b_n)\in A$,$\alpha\neq\beta$,定义 α,β 的大小(或顺序)如下:设 $i(1\leqslant i\leqslant n)$ 是满足 $a_i\neq b_i$ 的下标中的最小者,则当且仅当 $a_i<b_i$ 时 $\alpha<\beta$.

显然,这一定义满足传递性,即当 $\alpha<\beta,\beta<\gamma$ 时,有 $\alpha<\gamma$.

设 $A=\{\alpha_1,\alpha_2,\cdots,\alpha_t\}$,不妨设 $\alpha_1<\alpha_2<\cdots<\alpha_t$,令 $\beta_k=\gamma(\alpha_k,\alpha_1)(k=1,2,\cdots,t)$,则 $0=\beta_1<\beta_2<\cdots<\beta_t$,且 $\beta_k\in D(A)(k=1,2,\cdots,t)$,于是 $|D(A)|\geqslant t=|A|$.

15. 记 $\tau=B$,从集合 S 中尽可能多地去掉一些点得到 S 的子集

4 优化假设

S',使得 S' 满足:

(1) 若 B' 为 Z 的满足 $\forall (x,y) \in S'$,总有 $x \in B'$ 或 $y \in B'$ 的元素个数最小的子集,则 $|B'| = \tau$;

(2) 对 $\forall b \in S'$,若 B'' 是 Z 的满足 $\forall (x,y) \in S' \setminus \{b\}$,总有 $x \in B''$ 或 $y \in B''$,则 $|B''| < \tau$.

我们要证明:S' 中任两点的连线都不平行于坐标轴,从而 $|A| \geqslant |S'| \geqslant \tau = |B|$.

用反证法. 若有 $a,b \in S'$,使 a,b 平行于(不妨设)x 轴,则 a,b 的第二个坐标分量方向相同,记为 z.

考虑 $S' \setminus \{a\}$,由 S' 的性质,存在 Z 的子集 U_a 使 $S' \setminus \{a\}$ 任一元素至少有一个坐标分量在 U_a 中,且 $|U_a| = \tau - 1$ 及 a 的两个坐标分量都不在 U_a 中;对于 $S' \setminus \{b\}$,有类似的 $U_b \subset Z$.

设 S'' 为 S' 的子集,满足 S'' 中任一点的两个坐标分量都在 $\{z\} \cup (U_a \cup U_b - U_a \cap U_b)$ 中,令 $t = |U_a \cap U_b|$,则 S'' 所有不同的坐标分量最多有 $2(\tau - 1 - t) + 1$ 个. 显然对 S'',存在 Z 的子集 C,使 S'' 的任意一个元素总有一个分量在 C 中,且 $|C| \leqslant \tau - 1 - t$.

现在令 $C' = C \cup (U_a \cap U_b)$,则 S' 的任一元素总有一个分量在 C' 中. 事实上,取 $u \in S'$.

(1) $u = a$ 或 b,则 $u \in S''$,于是由 C 的性质,u 至少有一个分量在 C 中,从而在 C' 中.

(2) $u \neq a$ 及 b,则 u 总有一个分量在 U_a 中,又 u 总有一个分量在 U_b 中,如果 u 的同一个坐标分量在 U_a 和 U_b 中,则在 $U_a \cap U_b$ 中,从而在 C' 中. 如果 u 的一个坐标在 U_a 中,另一个在 U_b 中,则 u 在 S'' 中,从而至少有一个分量在 C 中,从而在 C' 中.

故 $\tau \leqslant |C'| = |C \cup (U_a \cap U_b)| \leqslant |C| + t \leqslant \tau - 1 - t + t = \tau - 1$,矛盾.

综上所述,命题获证.

16. 称一个数是好的,当且仅当它在二进制的表示中恰有三个 1. 首先证明
$$f(k) \leqslant f(k+1) \leqslant f(k)+1. \qquad ①$$

实际上,$f(k)$ 是 $A_k = \{k+1, k+2, \cdots, 2k\}$ 中的好数的个数,$f(k+1)$ 是 $A_{k+1} = A_k \bigcup \{2k+1, 2k+2\} \setminus \{k+1\}$ 中的好数的个数,而 $2k+2$ 在二进制的表示中恰为 $k+1$ 的二进制的表达式的后面添加 0,所以 $2k+2$ 与 $k+1$ 或者同为好数,或者同为坏数. 所以 A_{k+1} 与 $A_k \bigcup \{2k+1\}$ 中的好数个数相等,于是,当 $2k+1$ 是好数时,$f(k+1) = f(k) + 1$,而当 $2k+1$ 不是好数时,$f(k+1) = f(k)$,所以式①获证.

下面来计算 $f(2^n+2)$. 注意到 $\{2^n+3, 2^n+4, \cdots, 2^{n+1}-1\}$ 中每个数的二进制表示的首位都是 1,且首位都是从右起的第 $n+1$ 位,由于好数共有三个 1,另两个 1 需在后 n 位中找两个位置放 1,共有 C_n^2 种方式,所以 $2^n+3, 2^n+4, \cdots, 2^{n+1}-3$ 中有 C_n^2 个好数. 又 $2^{n+1}, 2^{n+1}+1, 2^{n+1}+2, 2^{n+1}+4$ 都不是好数,而 $2^{n+1}+3$ 是好数,所以 $f(2^n+2) = C_n^2 + 1$. 显然 $f(1) = 0$,而对任何自然数 m,都存在自然数 n,使 $C_n^2 > m$,从而 $f(1) < m \leqslant f(2^n+2)$.

取极端元:设 k 是使 $f(k) \geqslant m$ 的最小正整数,由 k 的最小性,有 $f(k-1) \leqslant m-1$. 再由式①,得 $f(k) \leqslant f(k-1) + 1 \leqslant m$,所以 $f(k) = m$,式①获证.

假设恰有一个 k,使 $f(k) = m$,则由式①,$m-1 \leqslant f(k-1) \leqslant m$,但 $f(k-1) \neq m$,所以 $f(k-1) = m-1$,类似地,$f(k+1) = m+1$. 故 $f(k) = f(k-1) + 1, f(k+1) = f(k) + 1$.

而由式①的证明易见,$f(k) = f(k-1) + 1$ 当且仅当 $2k+1$ 为好数,从而 $2k-1, 2k+1$ 都是好数. 由二进制的加法知,k 必为 $2^n + 2(n \geqslant 2)$ 的形式,比如:$k = 2^3 + 2 = 1\,010, 2k-1 = 2^4 + 2^2 - 1 = 10\,100 - 1 = 10\,011, 2k+1 = 2^4 + 2^2 + 1 = 10\,100 + 1 = 10\,101$.

4 优化假设

一般地，$k = 2^n + 2 = 100\cdots0(n-2 \text{ 个 } 0)10$，$2k - 1 = 2^{n+1} + 2^2 - 1 = 100\cdots0(n-2 \text{ 个 } 0)100 - 1 = 100\cdots0(n-1 \text{ 个 } 0)11$，$2k + 1 = 2^{n+1} + 2^2 + 1 = 100\cdots0(n-2 \text{ 个 } 0)100 + 1 = 100\cdots0(n-2 \text{ 个 } 0)101$. 故 $m = f(k) = f(2^n + 2) = C_n^2 + 1$. 易知，当 $n \geq 2$ 时，$m = C_n^2 + 1$ 的确合乎条件. 故所求的 m 的取值为 $C_n^2 + 1 (n \geq 2)$.

注 此题的原解答相当烦琐（见《数学通报》，1994 年 12 期 p18），我们的解答较之更为简单.

17. 对 $m \geq 3$，最小可能的 $n_{\min} = m - 1$.

假设按一可行的程序进行了 t 轮比赛，$t \leq m - 2$. 取极端元：设 k 为最大正整数，使得存在 k 个选手两两赛过，设这 k 个选手为 $A_1, A_2, \cdots, A_k$，则 A_1 除与 $A_2, A_3, \cdots, A_k$ 赛过外，还与另 $t - (k-1) = t - k + 1$ 个选手赛过.

对 A_2 也如此，因此与 A_1, A_2 赛过的选手数至多为 $2(t-k+1) + k = 2t - k + 2 \leq 2(m-2) - k + 2 = 2m - k - 2$，从而至少有 $k + 2$ 个选手与 A_1, A_2 都没赛过.

设 $B_1, B_2, \cdots, B_{k+2}$ 为其中 $k+2$ 个选手，由关于 k 的假设，存在 B_i, B_j，使 B_i, B_j 没赛过，这样 A_1 与 A_2，B_i 与 B_j 间共赛一场，因此 $n_{\min} \geq m - 1$.

下面证明 $n_{\min} \leq m - 1$. 为此只要证明存在一个可能的程序，赛 $m - 1$ 轮后，对任何 4 个选手，他们间或都没赛过或总共至少赛了两场.

情形 1：m 为偶数. 如下安排比赛：对 $1 \leq k \leq m - 1$，在第 k 轮中，若 $i + j \equiv 2k \pmod{m-1}$，$1 \leq i \neq j \leq m - 1$，则 i 与 j 分在同一组，$i + m$ 与 $j + m$ 分在同一组，k 与 m 分在同一组，$k + m$ 与 $2m$ 分在同一组.

后 m 轮按如下分组：

$$(1, m+1), (2, m+2), \cdots, (m, m+m),$$

$(1, m+2), (2, m+3), \cdots, (m, m+1),$

$\cdots,$

$(1, m+m), (2, m+1), \cdots, (m, m+m-1).$

这样 $m-1$ 轮比赛后，$1,2,\cdots,m$ 间两两赛过，$m+1, m+2, \cdots, 2m$ 间两两赛过，故任何 4 个选手间总共至少赛两场。所以 $n_{\min} \leqslant m-1$，$n_{\min} = m-1$.

情形 2：m 为奇数。如下安排比赛：在前 $m-1$ 轮中，按如下分组：

$(1, m+2), (2, m+3), \cdots, (m, m+1),$

$(1, m+3), (2, m+4), \cdots, (m, m+2),$

$\cdots,$

$(1, m+m), (2, m+1), \cdots, (m, m+m-1).$

在后 m 轮中，对 $1 \leqslant k \leqslant m-1$，这样安排第 $m-1+k$ 轮：若 $i+j \equiv 2k \pmod{m}$，$1 \leqslant i \neq j \leqslant m$，则 i 与 j 分在同一组，$i+m$ 与 $j+m$ 分在同一组，k 与 $k+m$ 在同一组。这样，$m-1$ 轮比赛后，任何 4 个选手，或没赛过，或总共至少赛过两场。

所以 $n_{\min} \leqslant m-1$，$n_{\min} = m-1$.

18. 任意 k 个自然数 $x_1, x_2, \cdots, x_k$，若对 $i = 1, 2, \cdots, k-1$，均有 $x_i \mid x_{i+1}$，则称 $(x_1, x_2, \cdots, x_k)$ 为一条链，x_1 称为该链的首项，k 为链长。

对 M 中的每一个元素 x_i（$1 \leqslant i \leqslant n^2+1$），考虑取自 M 的以 x_i 为首项的链中最长的链，记此链的长度为 L_i，则 $L_1, L_2, \cdots, L_{n^2+1}$ 中必有一个数不小于 $n+1$.

事实上，若对 $1 \leqslant i \leqslant n^2+1$，均有 $L_i \in \{1, 2, \cdots, n\}$，则 $L_1, L_2, \cdots, L_{n^2+1}$ 中必有 $n+1$ 个数相等，不失一般性，设 $L_1 = L_2 = \cdots = L_{n+1} = r$，则由 M 的性质，可知 $x_1, x_2, \cdots, x_{n+1}$ 中必有一个数为另一个数的倍数，不妨设 $x_1 \mid x_2$，则将 x_1 置于以 x_2 为首项的那条最长

链,我们得到一条长为 $r+1$、以 x_1 为首项的链,而这与 $L_1=r$ 矛盾. 从而,$L_1,L_2,\cdots,L_{n^2+1}$ 中必有一个数不小于 $n+1$.

利用上述结论,不妨设 $L_1\geqslant n+1$,则 M 中存在 $n+1$ 个数 x_1, $x_2,\cdots,x_{n+1}$,使得对 $i=1,2,\cdots,n$ 均有 $x_i\mid x_{i+1}$. 于是,令 $a_i=x_{n+2-i}$,$i=1,2,\cdots,n+1$,则 $a_1,a_2,\cdots,a_{n+1}$ 即为 M 中满足条件的 $n+1$ 个数.

19. 对于任意两个向量 $\boldsymbol{x}=(x_1,x_2,\cdots,x_n)$ 和 $\boldsymbol{y}=(y_1,y_2,\cdots,y_n)$,若存在 $1\leqslant k\leqslant n$ 使得 $x_1=y_1,\cdots,x_{k-1}=y_{k-1},x_k>y_k$,则记 $\boldsymbol{x}>\boldsymbol{y}$. 用一非负整数向量 $\boldsymbol{x}=(x_1,x_2,\cdots,x_n)$ 表示各盒子中的小球数目. 经过一次对 B_k 的操作后,各盒子中的小球数目从 $\boldsymbol{x}$ 变为 $\boldsymbol{x}+\boldsymbol{\alpha}_k$,其中 $\boldsymbol{\alpha}_1=(-1,1,0,\cdots,0)$,$\boldsymbol{\alpha}_k=(\underbrace{0,\cdots,0}_{k-2\text{个}},1,-2,1,0,\cdots,0)$($2\leqslant k\leqslant n-1$),$\boldsymbol{\alpha}_n=(0,\cdots,0,1,-1)$. 当 $k\geqslant 2$ 时,总有 $\boldsymbol{x}+\boldsymbol{\alpha}_k>\boldsymbol{x}$. 因此,对于任意初始状态,总可以通过一系列对 $B_2,\cdots,B_n$ 的操作(只要 $k\geqslant 2$ 且 B_k 中至少有两个小球,就对 B_k 施行操作),使得操作后的小球数目 $\boldsymbol{y}=(y_1,y_2,\cdots,y_n)$ 满足 $y_k\leqslant 1,\forall k\geqslant 2$. 若 $y_1=y_2=\cdots=y_n=1$,则已经满足题目要求;否则有 $y_1\geqslant 2$. 取极端元:设 i 是满足 $y_i=0$ 的最小整数,通过一系列对 $B_1,\cdots,B_{i-1}$ 的操作,可以使得小球数目变为 $(y_1-1,1,\cdots,1,y_{i+1},\cdots,y_n)$. 具体操作如下:

$$(y_1,1,\cdots,1,0,y_{i+1},\cdots,y_n)$$
$$\xrightarrow{B_1,B_2,\cdots,B_{i-1}}(y_1,1,\cdots,1,0,1,y_{i+1},\cdots,y_n)$$
$$\xrightarrow{B_1,B_2,\cdots,B_{i-2}}(y_1,1,\cdots,1,0,1,1,y_{i+1},\cdots,y_n)$$
$$\to\cdots\to(y_1,0,1,\cdots,1,y_{i+1},\cdots,y_n)$$
$$\xrightarrow{B_1}(y_1-1,1,\cdots,1,y_{i+1},\cdots,y_n).$$

重复以上操作,最终可使小球数目满足题目要求.

20. 当 $n=1$ 时,$M=\varnothing$,结论当然成立;当 $n=2$ 时,M 是单元

素集合,设 $M=\{m\}$,a_1,a_2 中必有一个不等于 m,把它放在第一步即可.

以下假设 $k\geqslant 3$,并且对于任意 $n<k$ 结论都成立.不失一般性,假设 $a_1<a_2<\cdots<a_k$,令 $s_i=\sum_{j=1}^{i}a_j$,则 $s_k=s$.

假设蚱蜢先按照 $a_1,a_2,\cdots,a_k$ 的顺序来跳,如果 $(0,s]=(0,s_k]$ 中只有 $k-2$ 个 M 中的数,则依据归纳假设结论成立.

以下设 $(0,s_k]$ 中有 $k-1$ 个 M 中的数,记这 $k-1$ 个数为 $0<m_1<m_2<\cdots<m_{k-1}<s$.

(1) 如果对于所有 $1\leqslant i\leqslant k-1$,都有 $s_i<m_i$,特别地有 $s_{k-1}<m_{k-1}$.

(i) 如果 $s_{k-1}\notin M$,则由归纳假设可以对前 $k-1$ 步重新调整,使得蚱蜢没遇到 M 中的数;

(ii) 如果 $s_{k-1}\in M$,则对于任意 $1\leqslant i\leqslant k-1$,都有 $s_{k-1}-a_i<s_{k-1}<s_k-a_i$.

由于除了 s 之外只有 $k-2$ 个 M 中的数,因此存在一个 i_0,使得 $s_{k-1}-a_{i_0},s_k-a_{i_0}$ 都不属于 M.我们将 a_{i_0} 换到最后一步,a_n 为倒数第二步,这样从目的地倒退两步都没遇到 M 中的数.由于 $s_k-a_k-a_i<s_{k-1}\leqslant m_{k-2}$,由归纳假设可以调整前 $k-2$ 步使得蚱蜢没遇到 M 中的数.

(2) 如果存在一个 i 使得 $s_i\geqslant m_i$,则取极端元:假设 t 是最小的正整数,使得 $s_t\geqslant m_t$,那么 $s_{t-1}<m_{t-1}<s_t$.

(i) 如果 $t=1$,也即 $s_1=a_1\in M$,由于 $|M|<k$,因此必有一个 $a_{i_1}\notin M$,我们将 a_{i_1} 调整到第一步,由于 $m_1\leqslant a_1<a_{i_1}$,由归纳假设可以调整后 $k-1$ 步使得蚱蜢没遇到 M 中的数;

(ii) 如果 $t>1$,由 t 的最小性可知 $s_{t-1}<m_{t-1}<m_t\leqslant s_t$,令 $A=\{m_1,m_2,\cdots,m_{t-1}\}$,$B=\{m_t,m_{t+1},\cdots,m_{k-1}\}$,则 $M=A\cup B$,

4 优化假设

由于 $m_{t-1} < s_t$,而 s_t 是最短的 t 步之和,所以无论如何调整,从第 t 步开始的后 $k-t+1$ 步都不可能遇到 A 中的数.

由归纳假设,可以调整前 t 步的顺序使得它们得以避开 A 中的 $t-1$ 个数,而且同 (1) 中的 (ii),我们还可以使得 a_t 位于第 t 步或第 $t-1$ 步,故调整后前 $t-2$ 步所走距离 $< s_t - a_t = s_{t-1} < m_{t-1}$,因此前 $t-2$ 步也不可能遇到 B 中的数.

如果第 $t-1$ 步也没有走到 M 中的数上,由归纳假设可以调整后 $k-t+1$ 步使得它们避开 M 中的 $n-t$ 个数,因此它们也就避开了所有 M 中的数,结论成立.

如果第 $t-1$ 步恰好走到 M 中的数上,由于它已经避开了 M 中的前 $t-1$ 个数,因此这个数属于 B,这从另一方面说明此时的 $t-1$ 步所走总距离 $> m_{t-1}$.

此时后面的 $n-t$ 步中的任意第 r 步都比第 $t-1$ 步长,因此将第 r 步和第 $t-1$ 步对换位置之后也肯定避开了 A 中的数.

由于此时第 $t-1$ 步已经遇到了 B 中的一个数,因此肯定可以选到后 $k-t$ 步中的一步,使得它与第 $t-1$ 步对换之后,第 $t-1$ 步没有遇到 B 中的数,故此时前 $t-1$ 步都成功避开了 M 中的所有数.

由归纳假设,可以调整后 $k-t+1$ 步使得它们避开 B 中的 $n-t$ 个数,因此它们也就避开了所有 M 中的数,故结论成立.

综上所述,命题获证.

5 累次极端

有些问题中,仅一次选取极端元还不能实现解题目标,此时需要多次选取极端元,我们称为累次极端.本章介绍累次极端的几种形式.

5.1 依次取极端

所谓依次取极端,就是先在题给的所有元素中选取一个极端元,然后在剩下的元素中再选取极端元……如此下去,直至选取若干极端元,构成合乎目标要求的对象.

例1 给定自然数 $n>1$,对于实数列 $A:a_1,a_2,\cdots,a_n$,如果存在自然数 $i,k(i+k\leqslant n)$,使 $a_i<0, a_i+a_{i+1}>0, a_i+a_{i+1}+a_{i+2}>0,\cdots,a_i+a_{i+1}+\cdots+a_{i+k}>0$,但 $a_{i+1}+\cdots+a_{i+k+1}<0$ 或 $i+k=n$,则称 $(a_i,a_{i+1},\cdots,a_{i+k})$ 为数列 A 的一个标准子列,而 $a_i,a_{i+1},\cdots,a_{i+k}$ 都称为 A 的标准项.

求证:对于至少存在一个标准子列的数列 A,可以将它的所有标准项分为若干组,使得每个标准项属于且只属于其中的一个组,且每一组的标准项恰构成一个标准子列.(原创题)

分析与证明 本题实质上是找到若干个互不相交的标准子列,使它们包含所有的标准项,为此应一个个地取出标准子列,第一个标准子列应从最左边的项开始选取.

为叙述问题的方便,对题中的数列 A,如果 $a_i<0, a_i+a_{i+1}>0$ ($1\leqslant i\leqslant n-1$),则称 a_i 为数列的奇异项,设下标最小的一个奇异项为 a_{i_1},以它为首项的一个最长的标准子列为

$$A_1: a_{i_1}, a_{i_1+1}, \cdots, a_{i_1+k_1} \quad (k_1 \in \mathbf{N}).$$

考察数列 A 在 $a_{i_1+k_1}$ 以后的各项,如果还有奇异项,再设其下标最小的一个为 a_{i_2},以它为首项的一个最长的标准子列为

$$A_2: a_{i_2}, a_{i_2+1}, \cdots, a_{i_2+k_2} \quad (k_2 \in \mathbf{N}).$$

如此下去,由于 A 是有限数列,必存在自然数 s,按上述方法取出第 s 个标准子列

$$A_s: a_{i_s}, a_{i_s+1}, \cdots, a_{i_s+k_s} \quad (k_s \in \mathbf{N}),$$

使 $a_{i_s+k_s}$ 的后面不再有奇异项.

下面证明: $A_1, A_2, \cdots, A_s$ 包含所有的标准项.用反证法,设 a_r 是 A 的一个标准项,而 a_r 不属于任何一个取出的标准列 A_i ($1\leqslant i\leqslant s$),由于 a_r 是 A 的一个标准项,必在 A 的一个标准列中.

考察 a_r 所在的一个标准子列

$$A^*: a_t, a_{t+1}, \cdots, a_r, \cdots, a_{r+k} \quad (k \geqslant 0).$$

易知,奇异项 a_t 必属于某个 A_i ($1\leqslant i\leqslant s$).否则,由于 $i_1<t<i_s+k_s$ (a_t 不属于 A_1,得 $t>i_1$; a_t 不属于 A_s,且 $a_{i_s+k_s}$ 后面无奇异项,得 $t<i_s+k_s$),于是,必存在自然数 p,使 a_t 在 A_p 与 A_{p+1} 之间(图 5.1).

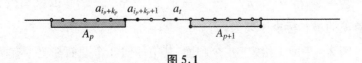

图 5.1

注意 A_p 的最后一个项为 $a_{i_p+k_p}$,从而 a_t 是数列 $a_{i_p+k_p+1}, a_{i_p+k_p+2}, \cdots, a_n$ 的一个奇异项,这与 $a_{i_{p+1}}$ 是该数列下标最小的一个奇异项矛盾.不妨设 a_t 属于标准子列 $A_q: a_{i_q}, a_{i_q+1}, \cdots, a_{i_q+k_q}$ ($k_q \in \mathbf{N}$)

下面证明 a_{i_q} 为首项的最长标准子列 $a_{i_q}, a_{i_q+1}, \cdots, a_{i_q+k_q}$ 至少可以添加一个项 $a_{i_q+k_q+1}$,也就是说

$$a_{i_q} + a_{i_q+1} + \cdots + a_{i_q+k_q} + a_{i_q+k_q+1} > 0. \qquad ①$$

从而与其最长性产生矛盾.

要证式①,将其分拆为两段:

$$a_{i_q} + a_{i_q+1} + \cdots + a_{t-1} > 0, \qquad ②$$

$$a_t + a_{t+1} + \cdots + a_{i_q+k_q+1} > 0. \qquad ③$$

其中式②是显然的,这是因为 a_r 不在 A_q 中,所以 $t \neq i_q$,否则,由 A_q 的最长性,必包含 a_r,矛盾(图 5.2). 又 $a_{i_q+1} > 0$,所以 $t \neq i_q + 1$,从而 $i_q + 2 \leqslant t \leqslant i_q + k_q$,于是 $a_{t-1} \in \{a_{i_q+1}, \cdots, a_{i_q+k_q}\}$. 因为 A_q 是标准子列,从而式②成立.

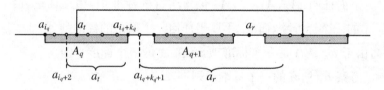

图 5.2

对于式③,因为 a_r 不在 A_q 中,从而 $r \geqslant i_q + k_q + 1$. 又 $A^* = \{a_t, a_{t+1}, \cdots, a_{i_q+k_q}, a_{i_q+k_q+1}, \cdots, a_r, \cdots, a_{r+k}\}$ 是标准子列,而 $a_{i_q+k_q+1} \in \{a_{t+1}, a_{t+2}, \cdots, a_{i_q+k_q}, a_{i_q+k_q+1}, \cdots, a_r, \cdots, a_{r+k}\}$,所以式③成立.

②+③,得 $a_{i_q} + a_{i_q+1} + \cdots + a_{i_q+k_q} + a_{i_q+k_q+1} > 0$,这与以 a_{i_q} 为首项的最长标准子列为 $(a_{i_q}, a_{i_q+1}, \cdots, a_{i_q+k_q})$ 矛盾.

例 2 平面上给定 $6n$ 个圆面,其中任何 3 个圆面都至少有两个相外离,求证:可以找到 n 个圆面两两相离.

分析与证明 为了找到 n 个圆,可一个一个地找,由此可设想先取出第一个圆,再由"两两相离"的要求可知,与取出来的第一个圆有公共点的圆不能再取,于是应去掉与第一个圆有公共点的所有圆.

5 累次极端

为了保证剩下的圆较多,应使去掉的圆越少越好,那么应先取出一个怎样的圆才能使与它有公共点的圆尽可能少呢？——取最小的圆即可.

设 O 是一个最小的圆,半径为 r,我们来探求最大的自然数 n,使得平面上存在 n 个半径不小于 r 的圆,它们两两没有公共点,但都与圆 O 相交.直接作图,容易画出 5 个合乎条件的圆,但画不出 6 个合乎条件的圆,于是猜想 n 的最大值为 5.

以 O 为顶点作 5 条射线将平面划分为 5 个全等的角形区域(图 5.3),在第一个角形区域的角平分线上取点 O_1,使 $OO_1 = 2r$,以 O_1 为圆心作半径为 r 的圆 O_1,则圆 O_1 与角形区域的边界没有公共点,将 O_1 沿 O_1O 向 O 移动微小距离,使圆 O_1 仍与角形区域的边界没有公共点,但圆 O_1 与圆 O 相交,类似地作圆 O_2, O_3, O_4, O_5,则圆 $O_1, O_2, \cdots, O_5$ 合乎要求.

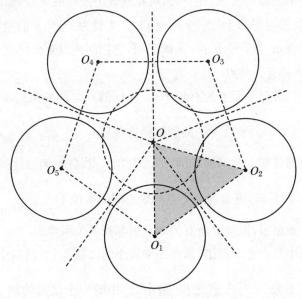

图 5.3

下面证明 $n<6$,用反证法.

反设有 6 个圆与圆 O 有公共点,设想从 O 出发的射线绕 O 按逆时针方向旋转,依次越过 6 个圆的圆心分别为 $O_1,O_2,\cdots,O_6$,则由平均值抽屉原理,不妨设 $\angle O_1OO_2\leqslant 60°$,又设圆 O_1,O_2 的半径分别为 r_1,r_2,则 $r\leqslant r_1,r\leqslant r_2$,但圆 O_1,O_2 都与圆 O 相交,所以 $OO_1\leqslant r+r_1, OO_2\leqslant r+r_2$.

在 $\triangle O_1OO_2$ 中,$\angle O\leqslant 60°$,于是 O_1O_2 不是最大边,即 $\max\{OO_1,OO_2\}\geqslant O_1O_2$.于是
$$O_1O_2\leqslant \max\{OO_1,OO_2\}\leqslant \max\{r+r_1,r+r_2\}$$
$$\leqslant r_1+r_2 \ (r \text{ 是最小半径}),$$

所以圆 O_1 与圆 O_2 有公共点,与题意矛盾.于是,最多有 5 个圆与圆 O 相交.

去掉圆 O 及与圆 O 相交的所有圆,则最多去掉 6 个圆,在剩下的圆中再取出最小者.如此下去,可找到合乎条件的 n 个圆.

探索:给定平面上的一个圆面 O,其半径为 r,求 n 的最大值,使平面上存在 n 个半径不小于 r 的圆面,它们两两没有公共点,但它们与圆面 O 都有公共点.

例 3 给定平面上的有限个点,任何两点之间的距离不大于 1. 求证:可以用一个半径为 $\dfrac{\sqrt{3}}{3}$ 的圆覆盖这些点.

分析与证明 先考察特例,平面上 3 个点,任何两点之间的距离不大于 1,则易知,覆盖这 3 个点的最小圆的半径不大于 $\dfrac{\sqrt{3}}{3}$.

对一般情形,需要对所有的 3 点组都找一个覆盖圆.

对题中每一个 3 点组,都作一个最小的圆覆盖它,则每个最小圆的半径都不大于 $\dfrac{\sqrt{3}}{3}$.考察这些"最小圆"中的一个最大的圆 K,我们证明圆 K 覆盖了所有的点.

5 累次极端

实际上,圆 K 的位置有如下两种情形:

(1) 圆 K 以 AB 为直径,其中 A, B 都是已知点.

我们证明圆 K 覆盖了所有点,用反证法.

设 C 是任意一个已知点,如果 C 在圆 K 外,则 $\angle ACB < 90°$ (图 5.4).

若 $\triangle ABC$ 是钝角或直角三角形,则 AB 不是最大边,从而最大边大于 AB,所以覆盖 A, B, C 的圆的直径大于 AB,这与圆 K 是所有覆盖 3 点的圆中的最大圆矛盾;若 $\triangle ABC$ 是锐角三角形,则覆盖 A, B, C 的圆是 $\triangle ABC$ 的外接圆 J,此时 AB 是圆 J 的非直径的弦,从而圆 J 的直径大于 AB,这与圆 K 是所有覆盖 3 点的圆中的最大圆矛盾.

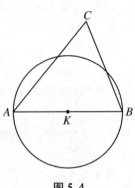

图 5.4

(2) 圆 K 是 $\triangle ABC$ 的外接圆,其中 A, B, C 都是已知点,且 AB, BC, CA 都非直径(此时 $\triangle ABC$ 必为锐角三角形).

设 P 在圆外(图 5.5),导出矛盾的一个充分条件是 $\triangle PAB$ 为锐角三角形,因为此时覆盖 $\triangle PAB$ 的最小圆是其外接圆 J,而

$$2R_J = \frac{AB}{\sin \angle 1} > \frac{AB}{\sin \angle 2} = 2R_K,$$

其中显然有 $\angle 1 < \angle 2 < 90°$,从而与 R_K 的最大性矛盾.

下面证明 $\angle PAB$, $\angle PBA$ 为锐角,由对称性,只需证明 $\angle PAB$ 为锐角. 为此,我们将 $\angle PAB$ 与直角比较,从而想到找对径点(构造直径).

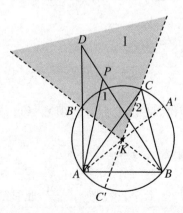

图 5.5

设 A,B,C 的对径点为 A',B',C',3 条直径 AA',BB',CC' 将平面划分为 6 个区域,不妨设 P 在 $\angle B'KC$ 内(如果 P 在 $\angle B'KA$ 中,则考察 $\triangle PBC$ 等).

设 BP 交 AB' 于点 D,因为 $P \in$ 区域 I,从而射线 $PD \in$ 区域 I,于是 $D \in$ 区域 I,从而 $D \in$ 线段 AB' 的延长线,$BD > BB' \geqslant BP$(若 $BB' < BP$,则覆盖 PB 的圆大于圆 K,矛盾),于是 P 在线段 BD 上,从而 P 在 $\angle DAB$ 内,所以 $\angle PAB < \angle DAB = 90°$.同理,$\angle DBA < 90°$,所以 $\triangle PAB$ 是锐角三角形,矛盾.

综上所述,圆 K 覆盖了所有的点.而圆 K 的半径不大于 $\dfrac{\sqrt{3}}{3}$,于是可作一个半径为 $\dfrac{\sqrt{3}}{3}$ 的圆覆盖圆 K,从而覆盖了所有的点,证毕.

例 4 求证:对任何真分数 $\dfrac{n}{m}(m > n > 0, m, n \in \mathbf{N})$,存在正整数 k 及互异的正整数 $r_1 < r_2 < \cdots < r_k$,使 $\dfrac{n}{m} = \dfrac{1}{r_1} + \dfrac{1}{r_2} + \cdots + \dfrac{1}{r_k}$.

分析与证明 先考虑目标等式右边的每个 r_i 应在哪里找(即探求 r_i 的存在范围),这只需对目标等式进行不等式控制即可.因为

$$\dfrac{n}{m} = \dfrac{1}{r_1} + \dfrac{1}{r_2} + \cdots + \dfrac{1}{r_k} \geqslant \dfrac{1}{r_i},$$

所以 $r_i \geqslant \dfrac{m}{n}$,即 $r_i \in \left[\dfrac{m}{n}, \infty\right)$.

为了使其倒数尽可能接近 $\dfrac{n}{m}$(以保证等式右边的项数尽可能少),可依次选取满足 $r_i \geqslant \dfrac{m}{n}$ 中的最小者 $r_1, r_2, \cdots$.

设 $\left[\dfrac{m}{n}, +\infty\right)$ 中的最小正整数为 r_1,若 $n \mid m$,则 $r_1 = \dfrac{m}{n}$,此时结论成立.

若 $n \nmid m$,则 $r_1 = \left[\dfrac{m}{n}\right] + 1$,此时

$$\dfrac{m}{n} - 1 < \left[\dfrac{m}{n}\right] < \dfrac{m}{n},$$

从而 $\dfrac{m}{n} < r_1 < \dfrac{m}{n} + 1$,下面要"表示出" $\dfrac{n}{m} - \dfrac{1}{r_1}$.

因为 $\dfrac{n}{m} > \dfrac{1}{r_1}$,所以 $\dfrac{n}{m} - \dfrac{1}{r_1} > 0$,令

$$\dfrac{n}{m} - \dfrac{1}{r_1} = \dfrac{n_1}{m_1}, \quad (m_1, n_1) = 1,$$

因为

$$\dfrac{n_1}{m_1} = \dfrac{n}{m} - \dfrac{1}{r_1} = \dfrac{nr_1 - m}{mr_1},$$

而

$$n_1 \leqslant nr_1 - m < n\left(\dfrac{m}{n} + 1\right) - m = n < m \leqslant mr_1,$$

所以 $\dfrac{n_1}{m_1} = \dfrac{nr_1 - m}{mr_1}$ 仍为真分数,且由 $\dfrac{n}{m}$ 到 $\dfrac{n_1}{m_1}$,分子递减 $(n_1 < n)$.

再取 $\left[\dfrac{m_1}{n_1}, +\infty\right)$ 中的最小正整数 r_2,若 $r_2 = \dfrac{m_1}{n_1}$,则

$$\dfrac{1}{r_2} = \dfrac{n_1}{m_1} = \dfrac{n}{m} - \dfrac{1}{r_1}, \quad 即 \quad \dfrac{n}{m} = \dfrac{1}{r_1} + \dfrac{1}{r_2}.$$

又 $\dfrac{n_1}{m_1} = \dfrac{n}{m} - \dfrac{1}{r_1} < \dfrac{n}{m}$,可知 $\left[\dfrac{m_1}{n_1}, +\infty\right)$ 包含于 $\left[\dfrac{m}{n}, +\infty\right)$ 中,从而由取法可知,$r_1 < r_2$,结论成立.

若 $r_2 \neq \dfrac{m_1}{n_1}$,则 $r_2 = \left[\dfrac{m_1}{n_1}\right] + 1$,从而

$$\dfrac{m_1}{n_1} < r_2 < \dfrac{m_1}{n_1} + 1,$$

此时 $\dfrac{n_1}{m_1} > \dfrac{1}{r_2}$.令

$$\frac{n_1}{m_1} - \frac{1}{r_2} = \frac{n_2}{m_2},$$

因为

$$\frac{n_2}{m_2} = \frac{n_1}{m_1} - \frac{1}{r_2} = \frac{n_1 r_2 - m_1}{m_1 r_2},$$

而

$$n_2 \leqslant n_1 r_2 - m_1 < n_1\left(\frac{m_1}{n_1} + 1\right) - m_1 = n_1 < m_1 \leqslant m_1 r_2,$$

所以 $\dfrac{n_2}{m_2} = \dfrac{n_1 r_2 - m_1}{m_1 r_2}$ 仍为真分数,且由 $\dfrac{n_1}{m_1}$ 到 $\dfrac{n_2}{m_2}$,分子递减($n_2 < n_1$).

再取 $\left[\dfrac{m_2}{n_2}, +\infty\right)$ 中的最小正整数 r_3,同样有 $r_3 < r_2$.

如此下去,得到一串递减的正整数列 $n_1 > n_2 > n_3 > \cdots$,到某时刻必然结束,从而必存在正整数 r_k,使 $r_k = \dfrac{m_{k-1}}{n_{k-1}}$,此时

$$\frac{1}{r_k} = \frac{n_{k-1}}{m_{k-1}} = \frac{n_{k-2}}{m_{k-2}} - \frac{1}{r_{k-1}} = \cdots = \frac{n}{m} - \frac{1}{r_1} - \frac{1}{r_2} - \cdots - \frac{1}{r_{k-1}},$$

即 $\dfrac{n}{m} = \dfrac{1}{r_1} + \dfrac{1}{r_2} + \cdots + \dfrac{1}{r_k}$,结论成立.

例 5 已知集合 $X = \{1, 2, \cdots, 100\}$,设函数 $f : X \to X$ 同时满足以下条件:

(1) 对于任意 $x \in X, f(x) \neq x$;

(2) 对于 X 的任意一个 40 元子集 A,都有 $A \cap f(A) \neq \varnothing$.

求最小的正整数 k,使得对于任意满足上述条件的函数 f,都存在 X 的 k 元子集 B,使得 $B \cup f(B) = X$.

注 对 X 的子集 T,定义 $f(T) = \{x \mid x = f(t), t \in T\}$.

分析与解 我们先证明 $k = 69$ 合乎条件,即对满足条件的函数 f,总存在一个不超过 69 个元素的子集 B,使得 $B \cup f(B) = X$.

如果 X 的子集 U 满足条件 $U \cap f(U) = \varnothing$,则称 U 为 X 的好子集.由条件(2), X 一定存在好子集.

5 累次极端

取 X 的一个使 $|U|$ 最大的好子集 U,如果有多个好子集 U 使 $|U|$ 最大,则在这些好子集中再选取使 $|f(U)|$ 最大的好子集 U.

设 $V = f(U), W = X\setminus(U\cup V)$,因为 $U\cap f(U) = \varnothing$,所以 U, V, W 两两不相交,且其并为 X.

由条件(2)知,$|U| \leqslant 39$,从而

$$|V| = |f(U)| \leqslant |U| \leqslant 39, \quad |W| \geqslant 100 - 78 = 22.$$

我们证明 U, V, W 满足如下一些性质:

(1) 对任意 $w \in W$,必有 $f(w) \in U$.否则,设有 $w \in W$,但 $f(w) \notin U$,因为 W, U 不相交,有 $w \notin U$.令 $U' = U\cup\{w\}$,则 $|U'| > |U|$.考察

$$U' \cap f(U') = (U\cup\{w\}) \cap f(U\cup\{w\}),$$

因为 $U\cap f(U) = \varnothing$,而 $f(w) \notin U, f(w) \notin \{w\}$,所以 $U' \cap f(U') = \varnothing$,所以 U' 也是好集,这与 U 是 $|U|$ 最大的好集矛盾.

(2) 对任意 $w_1, w_2 \in W, w_1 \neq w_2$,必有 $f(w_1) \neq f(w_2)$.否则,设 $u = f(w_1) = f(w_2)$,由结论(1),有 $u \in U$.令 $U' = U\setminus\{u\}\cup\{w_1, w_2\}$,则 $|U'| > |U|$.考察 $U'\cap f(U')$,因为

$$f(U') = f(U\setminus\{u\} \cup \{w_1, w_2\}),$$

而

$$f(U) = V, \quad f(w_1) = f(w_2) = u,$$

从而 $f(U') \subseteq V\cup\{u\}$.

而 $V' \cap (V\cup\{u\}) = \varnothing$,所以 $U'\cap f(U') = \varnothing$,所以 U' 也是好集,这与 U 是 $|U|$ 最大的好集矛盾.

(3) 设 $W = \{w_1, w_2, \cdots, w_m\}$,记 $u_i = f(w_i) (1 \leqslant i \leqslant m)$,则对任何 $1 \leqslant i < j \leqslant m$,有 $f(u_i) \neq f(u_j)$.否则,设 $v = f(u_i) = f(u_j)$,由结论(1)和(2),有 $u_1, u_2, \cdots, u_m$ 是 U 中的两两互异元素.令 $U' = U\setminus\{u_i\}\cup\{w_i\}$,则 $|U'| = |U|$.考察 $U'\cap f(U')$,因为

$$f(U') = f(U\setminus\{u_i\} \cup \{w_i\}),$$

尽管在 U 中去掉了 u_i，但由于 U 中还有 u_j，使 $f(u_j) = f(u_i)$，从而
$$f(U\setminus\{u_i\}) = f(U) \quad (\text{值域不变小}).$$

又 $f(w_i) = u_i$，所以 $f(U') = V \cup \{u_i\}$，故
$$U' \cap f(U') = (U\setminus\{u_i\} \cup \{w_i\}) \cap (V \cup \{u_i\}) = \varnothing,$$
U' 也是容量最大的好集，但
$$|f(U')| = |V \cup \{u_i\}| = |V| + 1 = |f(U)| + 1,$$
这与 U 是使 $|U|$，$|f(U)|$ 都最大的好集矛盾．

由(3)可知，$f(u_1), f(u_2), \cdots, f(u_m)$ 是 V 中的两两互异元素，从而 $|V| \geqslant m = |W|$．

因为 $|U| \leqslant 39$，所以 $|V| + |W| = 100 - |U| \geqslant 61$，而 $|V| \geqslant |W|$，所以 $|V| \geqslant 31$．令 $B = U \cup W$，则 $|B| = 100 - |V| \leqslant 69$，且 $f(B) \supseteq f(U) = V$，从而 $f(B) \cup B \supseteq V \cup B = X$．

综上所述，所求的最小正整数 $k = 69$．

另解 若存在 $f(x_1) = y_1$，则将 x_1, y_1 在集合 X 删除，在剩下的集合中继续这种操作，直到无法操作为止．设共经过了 m 次操作，此时集合中还剩下 $100 - 2m$ 个数，且剩下的集合 X' 中，不再存在元素 x', y'，使得 $f(x') = y'$，这即是说 $X' \cap f(X') = \varnothing$，所以 $|X'| < 40$，即 $100 - 2m < 40 \Rightarrow m \geqslant 31$．

下面我们先证明，对于任意满足题设条件的函数 f，都存在 X 的 69 元子集 B，使得 $B \cup f(B) = X$．

事实上，设集合 X 中先删除的 31 组数分别为 $x_1 \to y_1, x_2 \to y_2, \cdots, x_{31} \to y_{31}$，剩下的 38 个数为 $x_1', x_2', \cdots, x_{38}'$，令 $B = \{x_1, x_2, \cdots, x_{31}, x_1', x_2', \cdots, x_{38}'\}$，则 $|B| = 69$，且 $B \cup f(B) = X$．

接下来，我们构造一种满足条件的函数 f，使得对于 X 的任意 68 元子集 C，都有 $C \cup f(C) \neq X$．

令 $f(3k-2) = 3k-1, f(3k-1) = 3k, f(3k) = 3k-2$，其中 $k = 1, 2, \cdots, 30$，且 $f(91) = f(92) = \cdots = f(99) = 100, f(100) = 99$．显然，

对于任意 $x\in X$,有 $f(x)\neq x$. 又任取 X 的 40 元子集 A,若 99,100 $\in A$,则 $\{99,100\}\subseteq A\cap f(A)$;若 99,100 中有一个不属于 A,则在 1,2,…,90 中至少有 31 个数属于 A,将 1,2,…,90 分为 30 组 $\{1,2,3\},\{4,5,6\},…,\{88,89,90\}$,根据抽屉原理知,$A$ 中至少有两个元素属于同一组,由 f 的定义知,$A\cap f(A)\neq\varnothing$. 于是上述定义的函数 f 满足题设条件.

对于这个函数 f,要求 X 的子集 B,使得 $B\cup f(B)=X$,则在 $\{1,2,3\},\{4,5,6\},…,\{88,89,90\}$ 中,每组至少取两个数;而 $\{91,92,…,98\}$ 中每个数都要取;在 $\{99,100\}$ 中至少取一个数. 如此一来,有
$$|B|\geq 30\times 2+8+1=69.$$
所以,对于 X 的任意 68 元子集 C,都有 $C\cup f(C)\neq X$.

综上所述,满足条件的 k 的最小值为 69.

 "多维"极端

如果某类对象涉及多个参数,我们可先按其中某个参数选取极端元,在这些极端元中,再按另一个参数选取极端元,如此下去,直至找到合乎目标要求的对象. 我们称这样的对象为"多维"极端元.

"多维"极端的一种特殊情形是二维极端,选取二维极端元的最常见的方式是在某个参数处于最小(大)的对象中再选取另一个参数处于最大(小)的对象,简称为"最小中取最大""最大中取最小".

例 1 在一次演讲中,演讲厅中的每个学生都恰睡着了一次. 且对每两个学生,都有一些时刻他们同时是睡着的. 试证明:存在某个时刻,所有的学生都同时是睡着的.

分析与证明 每个学生都对应两个参数:睡着的时刻 a、醒来的时刻 b.

设 A 是使 b(右参数)最小的学生,即在讲座中第一个醒来的学

生,并设 A 醒来的那一刻为时刻 t. 考察 A 以外的任意一个学生 B,则易知 B 在时刻 t 以前的某个时刻 t_1 开始睡着(否则 A,B 不会有时间同时睡着),又 B 比 A 后醒来,从而 B 在时刻 t 以前一直都是睡着的.

由此可见,在时刻 t 的前一刻,所有的学生都同时是睡着的.

例 2 在一直线上依次排列着 n 个点 $A_1, A_2, \cdots, A_n$,线段 $A_i A_{i+1}(1 \leqslant i < n)$ 的长不大于 1. 求证:可将 $A_2, A_3, \cdots, A_{n-1}$ 中的某两个点染红色,使得 $A_1 A_n$ 被红点分成的三条线段中,任何两条线段长度之差不大于 1.(第 13 届全苏数学奥林匹克试题)

分析与证明 首先思考:什么情况下"任何两条线段长度之差不大于 1"?

若考察"任何两条线段长度之差"则很繁,我们只需考察分法中两条特殊线段"最大线段与最小线段的差不大于 1". 由此想到,每个分法都对应两个参数:最大线段长度 D、最小线段长度 d.

考察某一种染色方法,设其中的两个红点为 A_s, A_r,记这种分法为 (A_s, A_r),该分法中 3 条线段中最大长度为 D,最小长度为 d,于是该分法对应两个参数 D 和 d.

为了使所有分法中 $D - d \leqslant 1$,只需 D 尽可能小,d 尽可能大,这恰好是一种"二维极端"元. 由于分法只有有限种,必有一个分法,使 D 最小. 然后在所有使 D 最小的分法中,取使 d 最大的一种分法,记此分法为 (A_s, A_r).

我们证明,这样得到的分法 (A_s, A_r)(我们称为原分法),必有 $D - d \leqslant 1$.

用反证法,假设 $D - d > 1$,则 $D > d + 1$(这表明,将 d 增长 1 仍不是最长线段).

(1) 若 D, d 这两段在"原分法"中相邻,由对称性,不妨设 $d = A_1 A_s, D = A_s A_r$.

下面进行调整:为了使大者变小,小者变大,将红点 A_s 换作红

点 A_{s+1}(最小者向最大者一边"入侵",使最小的一段增大,最大的一段减小),得到新分法 (A_{s+1}, A_r),我们称为新分法 1(图 5.6),记新分法 1 中最大的一段为 D_1,最小的一段为 d_1.

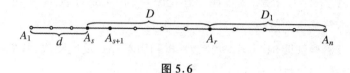

图 5.6

我们考察谁为新分法 1 中的 D_1.

因为 D 是所有分法中的最小者, $D \leqslant D_1$, 所以 $A_{s+1}A_r < A_s A_r = D \leqslant D_1$; 又 $A_1 A_{s+1} = A_1 A_s + A_s A_{s+1} \leqslant d + 1 < D \leqslant D_1$, 于是, 只能是 $D_1 = A_r A_n$. 因为 D_1 是原分法 (A_s, A_r) 中的一段, 由 D 在原分法中的最大性, 有 $D_1 \leqslant D$. 再由 D 在所有分法中的最小性, 有 $D \leqslant D_1$, 于是 $D_1 = D$. 由此可见, 新分法 1 也是所有分法中使 D 最小的一个分法. 由于 D_1 已确定, 从而 $d_1 = \min\{A_1 A_{s+1}, A_{s+1} A_r\}$.

下面通过证明 $d_1 > d$ 来导出矛盾. 实际上

$$A_1 A_{s+1} = d + A_s A_{s+1} > d,$$
$$A_{s+1} A_r = D - A_s A_{s+1} \geqslant D - 1 > d,$$

所以 $d_1 > d$, 与 d 的最大性矛盾.

(2) 若 D, d 这两段在原分法中不相邻, 由对称性, 不妨设 $d = A_1 A_s, D = A_r A_n$.

下面进行调整: 为了使大者变小, 小者变大, 可将两个红点分别换成 A_{s+1}, A_{r+1}(最小者"入侵"使之增大, 最大者"后撤"使之减小), 得到分法 (A_{s+1}, A_{r+1}), 我们称为新分法 3(图 5.7).

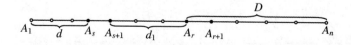

图 5.7

设该分法中最长线段的长为 D_3，通过探索，我们发现 $D_3 < D$，从而与 D 的最小性矛盾.

实际上，显然有 $A_1A_{s+1} = d + A_sA_{s+1} \leqslant d + 1 < D$，$A_{r+1}A_n = D - A_rA_{r+1} < D$. 于是，要证明上述论断，只需要证明 $A_{s+1}A_{r+1} < D$. 利用不等式正向隔离，$A_{s+1}A_{r+1} = A_{s+1}A_r + A_rA_{r+1} \leqslant A_{s+1}A_r + 1$，所以只需要证明 $A_{s+1}A_r + 1 < D$. 再利用不等式反向隔离，我们有 $d + 1 < D$，所以只需要证明 $A_{s+1}A_r \leqslant d$.

由于 d 的定义：d 是使 D 最小的所有分法中最小线段的最大者，所以只需线段 $A_{s+1}A_r$ 是某个使 D 最小的分法中的一条最小线段 d.

下面我们来构造这个分法，我们称为新分法2：

注意到要使新分法2是使 D 最小的分法，可以这样来构造这一分法：在原分法中，令为 D 的线段不变，而使为 d 的线段增加一条小线段，得到分法 (A_{s+1}, A_r)，记新分法2中最大的一段为 D_2，最小的一段为 d_2.

容易证明新分法2就是使 D 最小的分法. 实际上，因为

$$A_1A_{s+1} = A_1A_s + A_sA_{s+1} \leqslant d + 1 < D = A_rA_n,$$

$$A_{s+1}A_r < A_sA_r \leqslant D = A_rA_n,$$

所以 $D_2 = A_rA_n = D$.

下面证明 $d_2 = A_{s+1}A_r$，由于已确定 D_2，于是，$d_2 \in \{A_1A_{s+1}, A_{s+1}A_r\}$. 又因为 $A_1A_{s+1} = d + A_sA_{s+1} > d$，由 d 的最大性（因为 $D_2 = D$），有 $d_2 \neq A_1A_{s+1}$. 所以 $d_2 = A_{s+1}A_r$，再由 d 的最大性（因为 $D_2 = D$），有 $d_2 \leqslant d$. 这样一来，有

$$A_1A_{s+1} = d + A_sA_{s+1} \leqslant d + 1 < D,$$

$$A_{r+1}A_n = D - A_rA_{r+1} < D,$$

$$A_{s+1}A_{r+1} = A_{s+1}A_r + A_rA_{r+1} \leqslant A_{s+1}A_r + 1$$

$$= d_2 + 1 \leqslant d + 1 < D.$$

上述 3 个不等式表明，$D_3 < D$，从而与 D 的最小性矛盾.

例 3 设 X 是一个有限集，给定正整数 a 及法则 f，使得 X 的每一个偶子集 E（含偶数个元素）都对应一个实数 $f(E)$，且满足：

(1) 存在一个偶子集 D，使 $f(D) > a$；

(2) 对 X 的任何两个不相交的偶子集 A, B，有
$$f(A \cup B) = f(A) + f(B) - a.$$

求证：可将 X 划分为两个不相交的子集 P, Q，使得：

（ⅰ）对 P 的任何非空偶子集 S，有 $f(S) > a$；

（ⅱ）对 Q 的任何偶子集 T，有 $f(T) \leqslant a$.

(1990 年 CMO 试题推广)

分析与证明 当 $a = 1990$ 时，便是 1990 年 CMO 试题. 该题在当年考试中的得分率相当低，命题组给出的解答也很繁，解题的主要手段是将(1)中的 D 划分为若干个二元集合的并，从中找到满足（ⅰ）的集合 P.

现在，我们利用取"二维极端"元的方法，得到该题的一个简单证法.

首先将题给条件简化：观察
$$f(A \cup B) = f(A) + f(B) - a,$$
它类似于递归数列中的递归关系，从而想到将常数 a "归到"其他项中去（平移变换使之"齐次"化）：对任何偶子集 M，令
$$g(M) = f(M) - a,$$
则原问题化为：

设 X 是一个有限集，法则 g 使得 X 的每一个偶子集（含偶数个元素）E 都对应一个实数 $g(E)$，且满足：

(1) 存在一个偶子集 D，使 $g(D) > 0$；

(2) 对 X 的任何两个不相交的偶子集 A, B，有 $g(A \cap B) = g(A) + g(B)$.

求证:可将 X 划分为两个不相交的子集 P,Q,使得:

(ⅰ) 对 P 的任何非空偶子集 S,有 $g(S)>0$;

(ⅱ) 对 Q 的任何偶子集 T,有 $g(T)\leqslant 0$.

先任取一个集合 P,如果 P 不满足(ⅰ),则存在 P 的非空偶子集 S,使 $g(S)\leqslant 0$.

今要改造 P,使 P 满足(ⅰ),这自然在集合 P 中将 S 去掉即可.

改造方案:令 $P'=P\setminus S$,我们来看看由 P 到 P' 发生了哪些变化. 此时,由反设 $g(S)\leqslant 0$,结合条件(2),有

$$g(P)=g(P'\cup S)=g(P')+g(S)\leqslant g(P'). \qquad ①$$

式①表明,或者 $g(P')$ 比 $g(P)$ 大,或者 $g(P')=g(P)$,但 P' 中的元素个数少于 P 中的元素个数.

一个使式①不成立的充分条件是:适当选取集合 P,使得 $g(P)$ 最大,并在所有使 $g(P)$ 最大的集合中为取出元素个数最少的一个集合(二维极端元).

由于集合 X 的子集 P 是有限的,从而 $g(P)$ 的取值也是有限的,必存在一个子集 P,使 $g(P)$ 最大,则 $g(P)\geqslant g(D)>0$. 在所有使 $g(P)$ 最大的集合中取出元素个数 $|P|$ 最少的一个集合 P,我们先证明 P 满足条件(ⅰ).

假设集合 P 不满足(ⅰ),则存在 P 的非空偶子集 S,使 $g(S)\leqslant 0$. 令 $P'=P\setminus S$,由条件(2),有

$$g(P)=g(P'\cup S)=g(P')+g(S)\leqslant g(P').$$

由 $g(P)$ 的最大性,只能是不等式等号成立,即

$$g(P')=g(P),$$

从而 $g(P')$ 也是最大的. 但 $|P'|<|P|$,这与 $|P|$ 最小矛盾.

其次证明 $Q=X\setminus P$ 满足条件(ⅱ). 实际上,若 Q 存在空偶子集 T,使 $g(T)>0$,则将 T 并入 P 中,可使 $g(P)$ 更大:

$$g(T\cup P)=g(T)+g(P)>g(P),$$

这与 $g(P)$ 的最大性矛盾,从而 $g(T) \leqslant 0$.

综上所述,命题获证.

例 4 圆周上排列着 n 个数,它们的和大于 0.求证:一定可以从某个数开始,对任何 $k(1 \leqslant k \leqslant n)$,使从该数开始的连续 k 个数的和都大于 0.

分析与证明 对任何一个圆排列 $(b_1, b_2, \cdots, b_n)$,考察所有以 b_i 为首项的部分和 $b_i + b_{i+1} + \cdots + b_{i+t}$,其中大于 n 的下标取模 n 的余数.

对所有 $i = 1, 2, \cdots, n$ 和所有 $t = 0, 1, 2, \cdots, n-1$,必存在一个最小的部分和 $b_i + b_{i+1} + \cdots + b_{i+t}$,因为至少存在一个非正数,所以 $b_i + b_{i+1} + \cdots + b_{i+t} \leqslant 0$.在所有这样的最小和中又设项数 $t+1$ 最大的一个为 $b_i + b_{i+1} + \cdots + b_{i+t}$,我们证明 b_{i+t+1} 是好数.

实际上,若存在正整数 k,使
$$b_{i+t+1} + b_{i+t+2} + \cdots + b_{i+t+k} \leqslant 0,$$
则
$$(b_i + b_{i+1} + \cdots + b_{i+t}) + (b_{i+t+1} + b_{i+t+2} + \cdots + b_{i+t+k})$$
$$\leqslant b_i + b_{i+1} + \cdots + b_{i+t},$$
这与和 $b_i + b_{i+1} + \cdots + b_{i+t}$ 最小且项数最多矛盾.

综上所述,命题获证.

另证 对 n 归纳.当 $n = 3$ 时,如果只有一个正数,则该正数为好数;如果至少有两个正数,必有这两个正数相邻,则前面一个正数为好数,结论成立.

假设对一切 $n < k$ 结论成立,考虑 $n = k$ 的情况.

若所有数都为正,则结论显然成立,每个数都是好数.

若至少存在一个非正数,但 $a_1 + a_2 + \cdots + a_k > 0$,所以至少有一个正数.

将每一个正数和按逆时针顺序在它之后的下一个正数之前的所

有数编为一组,每组至少有一个数,且至少有一组有至少两个数(由于不是所有数都为正),故至多有 $k-1$ 组.

对每组数求和,得到少于 k 个和,将这些和按它们所在组的顺序写在圆周上,由于这些和的总和为正,由归纳假设知,这些和中存在一个和为这些和中的好数.

考虑这个和所在的组(称为第一组)中的那个正数 a_i,则 a_i 是整个圆排列中的好数,实际上,对任意连续若干个数 $a_i + a_{i+1} + \cdots + a_{i+k}$,设 a_{i+k} 位于第 m 个组,记第 j 组的和为 S_j,则 $S_1 + S_2 + \cdots + S_m > 0$,而

$$a_i + a_{i+1} + \cdots + a_{i+k} = S_1 + S_2 + \cdots + S_m - p,$$

其中 p 是第 m 组中后面连续若干个数的和,显然 $p \leqslant 0$,于是

$$a_i + a_{i+1} + \cdots + a_{i+k} = S_1 + S_2 + \cdots + S_m - p$$
$$\geqslant S_1 + S_2 + \cdots + S_m > 0,$$

结论在 $n = k$ 时成立.由归纳原理,结论成立.

例 5 对任何整数 a, b,若 $(a, b) = 1$,则 $a^2 + b^2$ 不含 $4k+3$ 型的质因子.

分析与证明 反设存在整数 a, b,使 $(a, b) = 1$,且 $a^2 + b^2$ 含有 $4k+3$ 型的质因子 p,则

$$a^2 + b^2 \equiv 0 \pmod{p}, \quad p \equiv 3 \pmod{4}.$$

设其中使 p 达到最小的一个为 a, b,在所有使 p 达到最小的 a, b 中,又设使 $a^2 + b^2$ 达到最小的一个为 a, b,那么

$$|a| < \frac{p}{2}, \quad |b| < \frac{p}{2}.$$

否则,不妨设 $|a| \geqslant \frac{p}{2}$,因为 p 是奇数,由绝对值最小剩余系的性质,可令

$$a \equiv a_0 \pmod{p}, \quad b \equiv b_0 \pmod{p},$$

其中 $|a_0|<\dfrac{p}{2},|b_0|<\dfrac{p}{2}$,则
$$a_0^2+b_0^2\equiv a^2+b^2\equiv 0\,(\mathrm{mod}\,p),$$
但由 $|a_0|<\dfrac{p}{2}\leqslant|a|,|b_0|\leqslant|b|$,有
$$a_0^2+b_0^2<a^2+b^2,$$
与 a^2+b^2 最小矛盾. 所以
$$|a|<\dfrac{p}{2},\quad|b|<\dfrac{p}{2}.$$
令 $a^2+b^2=mp$,则
$$mp=a^2+b^2<\left(\dfrac{p}{2}\right)^2+\left(\dfrac{p}{2}\right)^2=\dfrac{p^2}{2},$$
所以 $m<\dfrac{p}{2}$.

(1) 如果 a,b 一奇一偶,则
$$mp=a^2+b^2\equiv 1\,(\mathrm{mod}\,4),$$
又 $p\equiv 3\,(\mathrm{mod}\,4)$,所以 $m\not\equiv 0,1,2\,(\mathrm{mod}\,4)$,即 $m\equiv 3\,(\mathrm{mod}\,4)$.

如果 m 的质因子都是 $4k+1$ 型数,则任何质因子的积为 $4k+1$ 型数,从而 m 是 $4k+1$ 型数,矛盾,于是,m 有 $4k+3$ 型的质因子 p'.

由于 $p'|m$,有 $p'|a^2+b^2$,但 $p'\leqslant m<\dfrac{p}{2}<p$,这与 p 的最小性矛盾.

(2) 如果 a,b 同为奇,此时存在 x,y 一奇一偶,使
$$\dfrac{a^2+b^2}{2}=x^2+y^2,$$
即
$$\dfrac{mp}{2}=\dfrac{a^2+b^2}{2}=\left(\dfrac{a+b}{2}\right)^2+\left(\dfrac{a-b}{2}\right)^2$$

$$\left(x = \frac{a+b}{2}, y = \frac{a-b}{2}\right),$$

因为 $\frac{a+b}{2} + \frac{a-b}{2} = a$ 为奇，所以 $\frac{a+b}{2}, \frac{a-b}{2}$ 一奇一偶.

同(1)，$\frac{m}{2}$ 有 $4k+3$ 型的质因子 p'，$p' \mid \frac{m}{2}$，进而

$$p' \mid \left(\frac{a+b}{2}\right)^2 + \left(\frac{a-b}{2}\right)^2.$$

但 $p' \leqslant \frac{m}{2} < \frac{p}{2} < p$，这与 p 的最小性矛盾.

注 利用本题结论，可知形如 $4k+1$ 的质数有无数个.

实际上，反设形如 $4k+1$ 的质数只有有限个，设为 $p_1, p_2, \cdots, p_n$，令

$$N = 4(p_1 p_2 \cdots p_n)^2 + 1,$$

则 N 是 $4k+1$ 型数，又 $N > p_n$，从而 N 为合数. 注意到

$$N = (2p_1 p_2 \cdots p_n)^2 + 1^2, \quad 且 \quad (2p_1 p_2 \cdots p_n, 1) = 1,$$

所以 $N = (2p_1 p_2 \cdots p_n)^2 + 1^2$ 不含 $4k+3$ 型的质因子，于是 N 含有 $4k+1$ 型的质因子 p，其中 $p \in \{p_1, p_2, \cdots, p_n\}$，所以 $p \mid p_1 p_2 \cdots p_n$. 又 $p \mid N$，所以 $p \mid 1$，矛盾.

例6 对任何整数 a, b，若 $(a, b) = 1$，则 $a^2 + 3b^2$ 不含大于 2 的 $3k-1$ 型的质因子.

分析与证明 反设存在整数 a, b，使 $(a, b) = 1$，且 $a^2 + 3b^2$ 含有大于 2 的 $3k-1$ 型的质因子 p，则

$$a^2 + 3b^2 \equiv 0 \pmod{p}, \quad p \equiv -1 \pmod{3}.$$

设其中使 p 达到最小的一个为 a, b，并在所有使 p 达到最小的 a, b 中，设使 $a^2 + 3b^2$ 达到最小的一个为 a, b，那么

$$|a| < \frac{p}{2}, \quad |b| < \frac{p}{2}.$$

否则,不妨设 $|a| \geqslant \dfrac{p}{2}$,因为 p 是奇数,由绝对值最小剩余系的性质,可令

$$a \equiv a_0 \pmod{p}, \quad b \equiv b_0 \pmod{p},$$

其中 $|a_0| < \dfrac{p}{2}, |b_0| < \dfrac{p}{2}$,则

$$a_0^2 + 3b_0^2 \equiv a^2 + 3b^2 \equiv 0 \pmod{p},$$

但 $|a_0| < \dfrac{p}{2} \leqslant |a|, |b_0| \leqslant |b|$,进而

$$a_0^2 + 3b_0^2 < a^2 + 3b^2,$$

这与 $a^2 + 3b^2$ 最小矛盾.令 $a^2 + 3b^2 = mp$,则

$$mp = a^2 + 3b^2 < \left(\dfrac{p}{2}\right)^2 + 3\left(\dfrac{p}{2}\right)^2 = p^2,$$

所以 $m < p$。

(1) 如果 a, b 一奇一偶,则

$$mp = a^2 + 3b^2 \equiv a^2 + b^2 \equiv 1 \pmod{2},$$

故 m 为奇数.又 $p \equiv -1 \pmod{3}$,所以

$$-m \equiv mp = a^2 + 3b^2 \equiv a^2 \pmod{3},$$

由平方数性质,知 $m \not\equiv 1 \pmod{3}$。

下面证明 $m \not\equiv 0 \pmod{3}$.用反证法,若 $m \equiv 0 \pmod{3}$,则

$$\dfrac{m}{3} \cdot p = \dfrac{a^2}{3} + b^2 = 3\left(\dfrac{a}{3}\right)^2 + b^2,$$

于是 p 是 $3\left(\dfrac{a}{3}\right)^2 + b^2$ 的大于 2 的质因子,但

$$3\left(\dfrac{a}{3}\right)^2 + b^2 = \dfrac{1}{3}(a^2 + 3b^2) < a^2 + 3b^2,$$

这与 $a^2 + 3b^2$ 的最小性矛盾.所以 $m \not\equiv 0 \pmod{3}$,因此 $m \equiv -1 \pmod{3}$。

如果 m 的质因子都是 $3k+1$ 型数,则任何质因子的积为 $3k+1$

型数,从而 m 是 $3k+1$ 型数,矛盾,于是,m 有 $3k-1$ 型的质因子 p'.

由于 $p'|m$,有 $p'|a^2+3b^2$,但 $p' \leqslant m < p$,与 p 的最小性矛盾.

(2) 如果 a,b 同为奇数,我们设法找到含质因子 p 的更小的 $a'^2+3b'^2$. 此时

$$a^2+3b^2 \equiv 1+3 \equiv 0 \pmod{4},$$

我们期望存在整数 x,y,使

$$\frac{a^2+3b^2}{4} = x^2+3y^2 \quad (\text{它比 } a^2+3b^2 \text{ 更小}),$$

即

$$a^2+3b^2 = 4(x^2+3y^2) = (2x)^2+3(2y)^2,$$

于是,只需找到两个偶数 u,v(与 a,b 相关),使

$$a^2+3b^2 = u^2+3v^2.$$

下面寻找这样的 u,v.

注意到 a,b 同为奇数时,$\frac{a+b}{2}+\frac{a-b}{2}=a$ 为奇,所以 $\frac{a+b}{2}$,$\frac{a-b}{2}$ 一奇一偶,从而 $\frac{a+b}{2}$,$\frac{a-b}{2}$ 中一定有一个偶数,取 $u=\frac{a+b}{2}$,无法找到 v,使

$$a^2+3b^2 = u^2+3v^2;$$

若取 $v=\frac{a+b}{2}$,则可找到 $u=\frac{a-3b}{2}$,即

$$a^2+3b^2 = \left(\frac{a-3b}{2}\right)^2 + 3\left(\frac{a+b}{2}\right)^2,$$

但我们并不能保证 $\frac{a-3b}{2}$,$\frac{a+b}{2}$ 都是偶数!

由对称性,取 $v=\frac{a-b}{2}$,则可找到 $u=\frac{a+3b}{2}$,即

$$a^2+3b^2 = \left(\frac{a+3b}{2}\right)^2 + 3\left(\frac{a-b}{2}\right)^2.$$

因为 $\dfrac{a-3b}{2}+\dfrac{a+b}{2}=a-b$ 为偶数,所以 $\dfrac{a-3b}{2},\dfrac{a+b}{2}$ 同奇偶,同样 $\dfrac{a+3b}{2},\dfrac{a-b}{2}$ 同奇偶.

又 $\dfrac{a+b}{2},\dfrac{a-b}{2}$ 不同奇偶,所以,或者 $\dfrac{a-3b}{2},\dfrac{a+b}{2}$ 都是偶数,或者 $\dfrac{a+3b}{2},\dfrac{a-b}{2}$ 都是偶数.所以,存在偶数 u,v,使
$$a^2+3b^2=u^2+3v^2,$$
所以
$$\dfrac{mp}{4}=\dfrac{a^2+3b^2}{4}=\left(\dfrac{u}{2}\right)^2+3\left(\dfrac{v}{2}\right)^2,$$
由此可见,$p\,\Big|\,\left(\dfrac{u}{2}\right)^2+3\left(\dfrac{v}{2}\right)^2$,即 $\left(\dfrac{u}{2}\right)^2+3\left(\dfrac{v}{2}\right)^2$ 含有 $3k-1$ 型的质因子 p,但
$$\left(\dfrac{u}{2},\dfrac{v}{2}\right)=\left(\dfrac{a+3b}{4},\dfrac{a-b}{4}\right)\quad \text{或}\quad \left(\dfrac{a-3b}{4},\dfrac{a+b}{4}\right)=1,$$
且
$$\left(\dfrac{u}{2}\right)^2+3\left(\dfrac{v}{2}\right)^2=\dfrac{a^2+3b^2}{4}<a^2+3b^2,$$
这与 a^2+3b^2 的最小性矛盾.

另证(讨论 a^2) 反设存在整数 a,b,使 $(a,b)=1$,且 a^2+3b^2 含有大于 2 的 $3k-1$ 型的质因子 p,则
$$a^2+3b^2\equiv 0\pmod{p},\quad p\equiv -1\pmod{3}.$$
设其中使 p 达到最小的一个为 a,b,并在所有使 p 达到最小的 a,b 中,设使 a^2+3b^2 达到最小的一个为 a,b,那么
$$|a|<\dfrac{p}{2},\quad |b|<\dfrac{p}{2}.$$

否则,不妨设 $|a|\geqslant \dfrac{p}{2}$,因为 p 是奇数,由绝对值最小剩余系的性质,

可令
$$a \equiv a_0 \pmod{p}, \quad b \equiv b_0 \pmod{p},$$
其中 $|a_0| < \dfrac{p}{2}, |b_0| < \dfrac{p}{2}$,则
$$a_0^2 + 3b_0^2 \equiv a^2 + 3b^2 \equiv 0 \pmod{p},$$
但 $|a_0| < \dfrac{p}{2} \leqslant |a|, |b_0| \leqslant |b|$,进而
$$a_0^2 + 3b_0^2 < a^2 + 3b^2,$$
这与 $a^2 + 3b^2$ 最小矛盾.

令 $a^2 + 3b^2 = mp$,由平方数的性质,知 $a^2 \equiv 0, 1 \pmod{3}$.

(1) 如果 $a^2 \equiv 1 \pmod{3}$,则
$$mp = a^2 + 3b^2 \equiv a^2 \equiv 1 \pmod{3}.$$
又 $p \equiv -1 \pmod{3}$,所以 $m \not\equiv 0, 1 \pmod{3}$,故 $m \equiv -1 \pmod{3}$.

如果 m 的质因子都是 $3k+1$ 型数,则任何质因子的积为 $3k+1$ 型数,从而 m 是 $3k+1$ 型数,矛盾,于是,m 有 $3k-1$ 型的质因子 p'.

由于 $p' \mid m$,有 $p' \mid a^2 + 3b^2$,但 $p' \leqslant m < p$,与 p 的最小性矛盾.

(2) 如果 $a^2 \equiv 0 \pmod{3}$,则 $a \equiv 0 \pmod{3}$,所以
$$\dfrac{mp}{3} = \dfrac{a^2 + 3b^2}{3} = \dfrac{a^2}{3} + b^2 = 3\left(\dfrac{a}{3}\right)^2 + b^2,$$
由此可见
$$p \, \bigg| \, 3\left(\dfrac{a}{3}\right)^2 + b^2.$$
又由 $(a,b) = 1$,知 $\left(b, \dfrac{a}{3}\right) = 1$,且
$$3\left(\dfrac{a}{3}\right)^2 + b^2 = \dfrac{a^2 + 3b^2}{3} < a^2 + 3b^2,$$
这与 $a^2 + 3b^2$ 的最小性矛盾.

注 利用上述结论,可知形如 $3k+1$ 的质数有无数个.

实际上，反设形如 $3k+1$ 的质数只有有限个，设为 $p_1, p_2, \cdots, p_n$，令
$$N = 3(p_1 p_2 \cdots p_n)^2 + 1,$$
则 N 是 $3k+1$ 型数，又 $N > p_n$，从而 N 为合数. 注意到
$$N = 3(p_1 p_2 \cdots p_n)^2 + 1^2, \quad 且\quad (p_1 p_2 \cdots p_n, 1) = 1,$$
所以，由上述结论，$N = 3(p_1 p_2 \cdots p_n)^2 + 1^2$ 不含大于 2 的 $3k-1$ 型的质因子.

若 N 含有 $3k+1$ 型的质因子 p，则 $p \in \{p_1, p_2, \cdots, p_n\}$，所以 $p \mid p_1 p_2 \cdots p_n$，又 $p \mid N$，所以 $p \mid 1$，矛盾. 故
$$N = 3(p_1 p_2 \cdots p_n)^2 + 1^2$$
不含 $3k+1$ 型的质因子. 又显然 N 不含质因子 3，从而 N 仅有质因子 2，所以
$$3(p_1 p_2 \cdots p_n)^2 + 1 = 2^r \quad (r \in \mathbf{N}^*),$$
于是 $3(p_1 p_2 \cdots p_n)^2 = 2^r - 1$ 为奇数，所以 $p_1 p_2 \cdots p_n$ 为奇数，故
$$(p_1 p_2 \cdots p_n)^2 \equiv 1 \pmod 8,$$
因此
$$N = 3(p_1 p_2 \cdots p_n)^2 + 1 \equiv 3 + 1 \not\equiv 0 \pmod 8,$$
即 $2^r \not\equiv 0 \pmod 8$，所以 $r \leq 2, N \leq 4$，矛盾.

一般地，若 $(a, b) = 1$，则形如 $ak + b$ 的质数有无数个.

但这一结论的证明相当复杂，期望读者能找到简单的证明.

例 7 设 $a_1 = 2, a_2 = 34$，对 $n \geq 3, a_n = 34 a_{n-1} - 225 a_{n-2}$，问：是否存在正整数 k，使 $2011 \mid a_k$？如果存在，试求出最小的正整数 k；如果不存在，请说明理由. （原创题）

分析与解 这样的正整数 k 不存在，下面给出证明. 易知
$$a_n = 9^{n-1} + 25^{n-1} = (3^{n-1})^2 + (5^{n-1})^2.$$
反设存在正整数 k，使 $2011 \mid a_k$，即
$$2011 \mid (3^{k-1})^2 + (5^{k-1})^2.$$

注意到 $(3^{n-1}, 5^{n-1}) = 1$，且 2011 是 $4k+3$ 型的质数，从而存在整数 a, b，使 $(a, b) = 1$，且 $a^2 + b^2$ 含有 $4k+3$ 型的质因子．记
$$A = \{(a, b) \mid (a, b) = 1, \text{且 } a^2 + b^2 \text{ 含有 } 4k+3 \text{ 型的质因子}\},$$
对 A 中的 (a, b)，记 p 是 $a^2 + b^2$ 所含的 $4k+3$ 型质因子，则
$$a^2 + b^2 \equiv 0 \pmod{p}, \quad p \equiv 3 \pmod{4}.$$

设 A 中使 p 达到最小的一个数对为 (a, b)，如果这样的数对 (a, b) 有多个，再设其中使 $a^2 + b^2$ 达到最小的一个数对为 (a, b)，那么
$$|a| < \frac{p}{2}, \quad |b| < \frac{p}{2}.$$

否则，不妨设 $|a| \geqslant \dfrac{p}{2}$，因为 p 是 $4k+3$ 型的奇数，可令
$$a \equiv a_0 \pmod{p}, \quad b \equiv b_0 \pmod{p},$$
其中 $|a_0| < \dfrac{p}{2}, |b_0| < \dfrac{p}{2}$，则
$$a_0^2 + b_0^2 \equiv a^2 + b^2 \equiv 0 \pmod{p},$$
但由 $|a_0| < \dfrac{p}{2} \leqslant |a|, |b_0| \leqslant |b|$，有
$$a_0^2 + b_0^2 < a^2 + b^2,$$
这与 $a^2 + b^2$ 最小矛盾．令 $a^2 + b^2 = mp$，则
$$mp = a^2 + b^2 < \left(\frac{p}{2}\right)^2 + \left(\frac{p}{2}\right)^2 = \frac{p^2}{2},$$
所以 $m < \dfrac{p}{2}$．

(1) 如果 a, b 一奇一偶，则
$$mp = a^2 + b^2 \equiv 1 \pmod{4}.$$
又 $p \equiv 3 \pmod{4}$，所以 $m \not\equiv 0, 1, 2 \pmod{4}$，即 $m \equiv 3 \pmod{4}$．于是，m 有 $4k+3$ 型的质因子 p'．

由于 $p' \mid m$,有 $p' \mid a^2 + b^2$,但 $p' \leqslant m < \dfrac{p}{2} < p$,与 p 的最小性矛盾.

(2) 如果 a, b 同为奇数,此时

$$\dfrac{mp}{2} = \dfrac{a^2 + b^2}{2} = \left(\dfrac{a+b}{2}\right)^2 + \left(\dfrac{a-b}{2}\right)^2.$$

因为 $\dfrac{a+b}{2} + \dfrac{a-b}{2} = a$ 为奇数,所以 $\dfrac{a+b}{2}, \dfrac{a-b}{2}$ 一奇一偶. 同 (1),$\dfrac{m}{2}$ 有模 4 余 3 的质因子 p',$p' \left| \dfrac{m}{2} \right.$. 进而

$$p' \left| \left(\dfrac{a+b}{2}\right)^2 + \left(\dfrac{a-b}{2}\right)^2 \right..$$

但 $p' \leqslant \dfrac{m}{2} < \dfrac{p}{2} < p$,与 p 的最小性矛盾.

习 题 5

1. 有限多个圆覆盖着面积为 S 的区域,求证:可以从中选出一组没有公共点的圆,它们覆盖的区域的面积不少于 $\dfrac{S}{9}$.

2. 给定 1 000 个正方形,它们的边都平行于坐标轴,记正方形中心的集合为 M,求证:可以选出若干正方形,使得 M 中的点(每一个中心)都落在不少于 1 个且不多于 4 个选出的正方形内.

3. 一次体育比赛共设有 $2n(n \geqslant 2)$ 个项目,每个选手恰好报名参加其中的两个项目,而任两个人都至多有一个相同的项目,假定对于每个 $k \in \{1, 2, \cdots, n-1\}$,不超过 k 人报名的项目少于 k 个. 求证:存在 $2n$ 个选手,使得每个项目都恰好有其中的两人参加. (原创题)

4. 公园里有 mn 条小路和若干块草坪,每条小路都连接着两块草坪. 现在知道可以将小路分别染成 m 种颜色(一条小路只染一种

颜色),使得每块草坪所引出的小路中都没有同色的.求证:存在一种合乎条件的染色方法,使每种颜色都恰好染 n 条小路.(1980 年苏联数学奥林匹克训练题)

5. 闭区间 $A=[0,50]$ 是有限多个闭区间的并集,这些区间的长均为 1.证明:可从其中去掉一些闭区间,使得剩下的闭区间互不相交(即交集为空集),并且总长度 $\geqslant 25$.(1997 年加拿大数学奥林匹克试题)

6. 在一个有限的平面上,放上有限多个边相互平行、大小相同的正方形.这个有限平面上每一点至多被它们中的两个正方形所覆盖.证明:能把这些正方形分成三个组,同一组中的正方形两两无公共点.(1986 年匈牙利阿拉尼·丹尼尔数学竞赛试题)

7. 设 m,n 是两个不同的自然数,现要把 mn 粒糖分成若干包,使得这些糖包既可以分成 m 堆,每堆 n 粒糖,又可以分成 n 堆,每堆 m 粒糖.求合乎条件的分法中糖的包数的最小值.

8. 将 20 部电话机之间用导线连接,每根导线连接两部电话机,每对电话机之间至多连一根导线,每一部电话机至多引出 3 根导线.现在将导线 k-染色,使同一电话机引出的导线互不同色,求 k 的最小值.(第 51 届莫斯科数学奥林匹克试题)

习题 5 解答

1. 为了使所取的圆无公共点,每取一个圆,应去掉与其相交的圆,但要使去掉的圆覆盖的面积尽可能小,这只需先选择一个最大的圆 K,设其半径为 r,去掉与此圆有公共点的所有圆,则这些圆都在一个以 K 的中心为圆心,以 $3r$ 为半径的圆内,这些圆(包括圆 K)所覆盖的面积的和不大于 $\pi(3r)^2=9\pi r^2$,从而圆 K 的面积至少为上述面积和的 $\dfrac{1}{9}$.

再在剩下的圆中找最大的圆,去掉与此圆相交的所有圆……如此下去,直至找出若干个互不相交的圆,而平面上不再有圆,这若干个圆合乎条件.

2. 首先注意如下事实:点 P 在正方形内,等价于点 P 到正方形中位线的距离都小于其边长的一半.其次,为了使每一个中心都落在选出的正方形内,即要求选出的正方形覆盖所有的中心.

为了使任何 5 个正方形不含有 M 中的同一个点,应使选出的正方形尽可能少,且间隙稀松,所以每次都在剩下的正方形中取最大的正方形.

先选取一个最大的正方形 K_1,去掉中心在 K_1 内的所有正方形,在剩下的正方形内再取面积最大的正方形 K_2……如此下去,直至取出若干个正方形,使平面上不再剩下任何正方形,则这若干个正方形为所求.

首先,由于每个正方形都被去掉,从而每个正方形的中心至少在某个 K_i 内.

其次,反设某个正方形 P 的中心 P 在 5 个选出的正方形内,过 P 作两条分别与正方形相邻边平行的直线 l_1, l_2,将平面划分为 4 个区域(含边界),由抽屉原理,则 5 个正方形中必有两个正方形的中心 A, B 在同一区域 T 内.

设正方形 A, B 的边长分别为 $a, b (a \geqslant b)$,我们证明正方形 A 包含了点 B.

实际上,过 A 作两条分别与直线 l_1, l_2 平行的直线 l_3, l_4,将区域 T 划分为 4 个区域 Ⅰ,Ⅱ,Ⅲ,Ⅳ(图 5.8),若 B 在区域 Ⅱ 中,则因正方形 A 覆盖了点 P,从而覆盖了点 B;若 B 在区域 Ⅰ 中,作 $BM \perp l_1$ 于点 M,$BN \perp l_2$ 于点 N,则因正方形 A 覆盖了点 P,从而覆盖了线段 BM.又正方形 B 覆盖了点 P,从而 $BN \leqslant \dfrac{b}{2} \leqslant \dfrac{a}{2}$,所以 B 到 l_4

的距离不大于$\frac{a}{2}$,所以正方形A覆盖了点B;若点B在其他区域,类似可证正方形A覆盖了点B.

因为点B未被去掉,所以正方形B取在A之前,则每次都取最大正方形,从而B的面积不小于A的面积,又点B在A内必有点A在B内,从而A被去掉,矛盾.

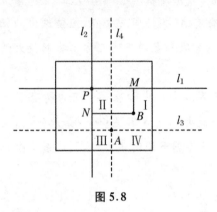

图5.8

3. 用$2n$个点表示这$2n$个项目,若其中某两个项目被同一人选报,则令相应的两点相邻(一条边表示一个选手),于是得到$2n$阶简单图G,只要证图G含有哈密尔顿圈(经过图G每个顶点的圈).

依题意,图G满足如下"性质P":

对任何$k\in\{1,2,\cdots,n-1\}$,度数不大于k的顶点至多有$k-1$个.

这等价于:

对任何$k\in\{1,2,\cdots,n-1\}$,任意k个点中必定有一个点u,使$d(u)\geqslant k+1$.

用反证法,若图G中不含哈密尔顿圈,则G_0是具有性质P且不含哈密尔顿圈的图中边数最多的(第一次极端,使G_0具有"任何不相邻点都有哈氏路",从而推出性质Q).

令$S=\{x\in G_0\mid d(x)\leqslant n-1\}$,$T=\{y\in G_0\mid d(y)\geqslant n\}$,我们先证明,$T$中任何两个点都相邻(称为性质$Q$).

实际上,假定存在$u,v\in T$,使u,v不相邻,由G_0的最大性,存在以u,v为端点的一条哈密尔顿路$v_1v_2\cdots v_{2n}$,其中$v_1=u$,$v_{2n}=$

v,设 $d(u)=m(m\geqslant n)$,与 u 相邻的 m 个点为 $v_{i_1},v_{i_2},\cdots,v_{i_m}$,由于 G_0 中无哈密尔顿圈,所以,对任何 $k=1,2,\cdots,m$,v_{2n} 与 v_{i_k-1} 不相邻(否则有哈密尔顿圈 $v_1v_2\cdots v_{i_k-1}v_{2n}v_{2n-1}\cdots v_{i_k}$,矛盾),于是至少有 m 个点与 v_{2n} 不相邻,所以 $d(v_{2n})\leqslant 2n-1-m\leqslant 2n-1-n=n-1$,与 $v_{2n}=v\in T$ 矛盾.

下面我们立足于在 T 中找两个点 x,y 不相邻来导出矛盾,先退一步:找两个点不相邻,其中有一个点在 T 中,一个点在 S 中.——S 中有点吗?

由于 G_0 不是完全图,至少有两个点不相邻,由上述性质 Q,这两个点中至少有一个在 S 中,从而 S 非空,在 S 中任取一个点 u(以后优化),设 $d(u)=m(m\leqslant n-1)$.

下面利用 u 来找 T 中的 x,使 x 与 u 不相邻.——T 中是否存在这样的 x?

由性质 P 可知,$|S|\leqslant n-2$,于是 $|T|\geqslant n+2>n-1\geqslant m=d(u)$,从而 T 中至少有一个点 x 与 u 不相邻(由 G_0 的最大性得到哈密尔顿路,可以从中寻找与 x 不相邻的 y).

由 G_0 的最大性,可知存在以 u,x 为端点的一条哈密尔顿路 $v_1v_2\cdots v_{2n}$,其中 $v_1=u$,$v_{2n}=x$,设与 u 相邻的 m 个点为 $v_{i_1},v_{i_2},\cdots,v_{i_m}$,由于 G_0 中无哈密尔顿圈,所以,对任何 $k=1,2,\cdots,m$,v_{2n} 与 v_{i_k-1} 不相邻(否则有哈密尔顿圈 $v_1v_2\cdots v_{i_k-1}v_{2n}v_{2n-1}\cdots v_{i_k}$,矛盾).

考察 m 个点 $v_{i_k-1}(k=1,2,\cdots,m)$,由性质 P,其中必有一个点 v_{i_k-1}(记为 y),使 $d(y)\geqslant m+1$.

为了使 $y\notin S$,只需优化假设:设 u 是 S 中度最大者,由 $d(y)\geqslant m+1>d(u)$,知 $y\notin S$,即 $y\in T$,所以 $x,y\in T$,但 x,y 不相邻,与性质 Q 矛盾.

故原假设不真,因此图 G 中有哈密尔顿圈,即本题的结论成立.

4. 设 S_i 是染第 i 种颜色的小路的条数,我们要找到一种染色方

法,使 $S_1 = S_2 = \cdots = S_m = n$. 为此,定义 $f = |S_1 - n| + |S_2 - n| + \cdots + |S_m - n|$ 为染色方法中颜色的偏差,则合乎要求的就是偏差 $f = 0$ 的染色.

在所有(只有有限种)染色方法中,设 P 是颜色偏差 f 最小的一种染色方法,我们证明 P 中颜色的偏差 $f = 0$(偏差的最小值为 0).

反设在 P 中存在 $S_i > n$,但 $S_1 + S_2 + \cdots + S_m = mn$,所以存在 $S_j < n$,考察所有染第 i 色、第 j 色的小路,由于每块草坪至多引出这样的小路各一条,将所有草坪看作点,小路看作边,所有染第 i 色、第 j 色的边可分成若干"最大的"连通子图,每个连通子图都是二色链,相邻的边异色,从而每条链上两色边数至多相差 1(图 5.9).

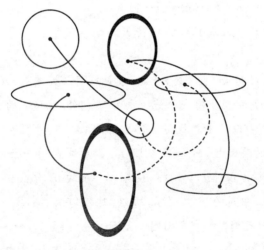

图 5.9

但 $S_i > S_j$,至少有一条链,其中的 i 色边比 j 色边多 1 条,将其中的 i, j 色互换,仍是合乎条件的染色(同色边不相邻),否则只能是该链端点处的一条边与不属于该链的一条相邻边同色,于是,该链改变颜色时,这两条边异色,于是该异色链可以更长,与"最大的"连通子图矛盾.

注意到 S_i 减少 1,S_j 增加 1,于是

$$|S_i - 1 - n| + |S_j + 1 - n| = S_i - 1 - n + |S_j + 1 - n|$$
$$= |S_i - n| + |S_j + 1 - n| - 1$$
$$= |S_i - n| + (|S_j + 1 - n| - |1|)$$
$$< |S_i - n| + |(S_j + 1 - n) - 1|$$
$$= |S_i - n| + |S_j - n|.$$

其中利用了不等式 $||a| - |b|| \leqslant |a - b|$(等号当且仅当 a, b 异号或 $b = 0$ 时成立),此处利用了它的严格不等式形式.

于是交换后的染色方法中颜色的偏差小于交换前的染色方法中的颜色偏差,与 P 的最小性矛盾.

5. 任一区间 $[x, x+1)(0 \leqslant x \leqslant 49)$ 被组成 A 的闭区间覆盖,这些长为 1 的闭区间中必有一个的左端点落在 $[x, x+1)$ 中. 取左端点分别属于 $[0,1), [2,3), \cdots, [2k, 2k+1), \cdots, [48, 49)$ 的 25 个闭区间,这些闭区间的右端点分别在 $[1,2), [3,4), \cdots, [2k+1, 2k+2), \cdots, [49, 50)$ 中,因此它们互不相交,并且总长为 25.

6. 用数学归纳法. $n = 3$ 时,结论显然. 假定本题断言对于 $n-1$ 个正方形成立. 现有符合题目条件的 n 个正方形. 去掉它们中的最左边一个正方形 A_1. 剩下的 $n-1$ 个正方形,根据归纳假设,可以分成 3 个组,同一组中两两无公共点. 由于正方形 A_1 位于最左边,与它有公共点的正方形至少含有 A_1 右边的一个顶点 B 和 C. 由已知, B 或 C 均至多在两个正方形内(其中一个为 A_1),因此 A_1 至多与两个正方形 A_2, A_3 有公共点,将 A_1 划归 A_2, A_3 所不在的组,则 n 个正方形分成三个组,同一组中的正方形两两无公共点.

7. 设糖的包数为 N,分成的 m 堆分别为 $A_1, A_2, \cdots, A_m$,每堆 n 粒糖;分成的 n 堆分别为 $B_1, B_2, \cdots, B_n$,每堆 m 粒糖.

将 $A_i, B_j (i = 1, 2, \cdots, m, j = 1, 2, \cdots, n)$ 视为平面上的 $m + n$ 个点,令

$$P = \{A_1, A_2, \cdots, A_m\}, \quad Q = \{B_1, B_2, \cdots, B_n\}.$$

若 A_i 与 B_j 中有公共的包,则将 A_i 与 B_j 用边相连,得到一个 $m+n$ 阶的二部分图 $G=(P,Q,E)$. 对于每一个糖包,它恰在 $A_1,A_2,\cdots,A_m$ 的一个中出现,也恰在 $B_1,B_2,\cdots,B_n$ 的一个中出现,故每个包恰对应 G 的一条边. 另一方面,对 G 的每一条边,它至少对应一个糖包,且不同的边对应的糖包不同. 所以糖的包数 $N \geqslant \|G\|$.

下面求 G 的边数 $\|G\|$ 的最小值. 设 $(m,n)=d, m=dm_1$, $n=dn_1$.

首先取一个含点最多的连通子图 P_1,由于 P_1 的点数最多,所以 P_1 中的点不与 P_1 以外的任何点相连.

再在除 P_1 的点外的其他点中取一个点数最多的连通子图 $P_2\cdots$ 如此下去,可将 G 分成 $P_1,P_2,\cdots,P_k$ 这 k 个两两无边相连的连通子图.

设连通子图 P_i 有 $A_1,A_2,\cdots,A_m$ 中的 a_i 个点,有 $B_1,B_2,\cdots,B_n$ 中的 b_i 个点 $(i=1,2,\cdots,k)$,先考察连通子图 P_1.

由于 $|P_1| \geqslant 1$,所以 a_1, b_1 不同为 0,不妨设 $a_i \neq 0$,则有点 $A_s \in P_1$. 由于 A_s 中任一糖包必在 $B_1,B_2,\cdots,B_n$ 的一个中出现,故 A_s 至少引出一条边,设为 A_sB_t,则 $B_t \in P_1$. 所以 $b_1 \neq 0$,从而 a_1, b_1 都不为 0,于是 $na_1 = mb_1$,即 $dn_1a_1 = dm_1b_1$,所以 $n_1 | b_1m_1$. 但 $(m_1,n_1)=1$,所以 $n_1|b_1, b_1 \geqslant n_1$. 同样,$a_1 \geqslant m_1$. 所以 $|P_1|=a_1+b_1 \geqslant m_1+n_1$.

去掉 P_1 中的点及其关联的边,由于 P_2 中的点不与 P_1 中的点连边,再考察 P_2,类似有 $|P_2| \geqslant m_1+n_1$. 如此下去,有 $|P_i| \geqslant m_1+n_1(i=1,2,\cdots,k)$,所以

$$m+n = \sum_{i=1}^{k} |P_i| \geqslant k(m_1+n_1) = \frac{k(m+n)}{d},$$

得 $k \leqslant d$.

对任何连通图 G，其边数不少于点数减 1，所以

$$N \geqslant \|G\| = \sum_{i=1}^{k} \|P_i\| \geqslant \sum_{i=1}^{k}(|P_i|-1)$$

$$= \sum_{i=1}^{k}|P_i| - k = m+n-k$$

$$\geqslant m+n-d = m+n-(m,n).$$

下面证明：$N = m+n-(m,n)$ 时合乎题目要求，对 $m+n$ 归纳.

首先，当 $m+n=2$ 时，$m=n=1$，共一粒糖，显然糖的包数 $N=1=1+1-(1,1)$，结论成立.

设结论对小于 $m+n$ 的自然数成立，考察 $m+n$ 的情形，不妨设 $m \geqslant n$.

若 $m=n$，则只需 m 包，每包 m 粒糖，有 $N=m=m+n-(m,n)$，结论成立.

若 $m>n$，注意到 $(m-n)+n=m \leqslant m+n-1$，可由归纳假设，对 $(m-n,n)$ 构造出合乎条件的 $(m-n)+n-(m-n,n)$ 包糖，其分成的 $m-n$ 堆分别为 $A_1, A_2, \cdots, A_{m-n}$，每堆中有 n 粒糖，分成的 n 堆分别为 $B_1, B_2, \cdots, B_n$，每堆中有 $m-n$ 粒糖.

此时，再增加 n 包糖 $C_1, C_2, \cdots, C_n$，每堆 n 粒糖，共得到 $m+n-(m,n)$ 包糖，这 $m+n-(m,n)$ 包糖可以分成 m 堆：$A_1, A_2, \cdots, A_{m-n}, C_1, C_2, \cdots, C_n$，每堆都有 n 粒糖；又可分为 n 堆：$B_1 \bigcup C_1, B_2 \bigcup C_2, \cdots, B_n \bigcup C_n$，每堆有 $(m-n)+n=m$ 粒糖，结论成立.

故所求 N 的最小值为 $m+n-(m,n)$.

8. k 的最小值为 4.

用点表示电话机，当且仅当两部电话机有导线连接时，对应的点之间连线，得到 20 阶简单图 G.

当 $k=4$ 时，取 G 中一个最长的圈 C，若 C 中有偶数条边，则用

1,2 色将其边相间染色,若为奇数条边,则将其中一条边染第 3 色,其余的边相间染 1,2 色.

去掉此圈 C 上的所有点及其关联的边(包括未染色的边),再在剩下的图中取最长的圈,如此下去,直至 G 中不再有圈.

然后取 G 中最长的链,对链中的边相间地染 1,2 色,如此下去,直至 G 中不再有链,最后 G 中只剩下一些"孤立"的点.

现在,我们来考察那些去掉了的未染色的边,应将其适当染色.

方法如下:称去掉了的圈上的点及去掉了的链上非端点的点为中间点,考察任意一条去掉了的边 AB,则 A,B 中至少有一个是去掉的某个圈(链)上的点(否则边 AB 未被去掉).

(1) 如果 A,B 都是中间点,将 AB 染第 4 色,则任何两条 4 色边没有公共端点(否则,有点引出 4 条边,矛盾),染色可以进行.

(2) 如果 A 不是中间点,则 B 必是中间点,否则,A,B 中必有一个是去掉的链的端点,加边 AB 得到更长的链,矛盾.

如果 $d(A) \leqslant 2$,设 A 引出的边为 $AB_1, \cdots, AB_i (i \leqslant 2)$(图 5.10),因为 B_1 是中间点,B_1 只与 1,2,3 中的两种颜色的边相邻,从而边 AB_1 可染 1,2,3 色之中剩下的那种颜色.而对于 A 引出的另一条边 AB_i(如果 $i=2$ 的话),将边 AB_i 染第 4 色即可(图 5.11).

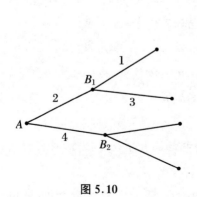

图 5.10

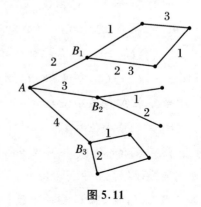

图 5.11

5 累次极端

如果点 A 处引出了 3 条边,设为 AB_1, AB_2, AB_3.

(1) B_1, B_2, B_3 中存在两点,设为 B_1, B_2,它们相邻的边的颜色集不同.

因为 B_1, B_2 共与 4 条染色的边相邻,只有 3 种颜色,必有两种颜色相同,设为 1 色,于是,不妨设 B_1 处已有 1, 2 色的边, B_2 处已有 1, 3 色的边,此时,可将 AB_1 染第 3 色, AB_2 染第 2 色, AB_3 染第 4 色.

(2) B_1, B_2, B_3 处的颜色都相同,可适当调整圈、链上 3 色的位置,使 B_1, B_2, B_3 处的边都是 1, 2 色(图 5.11).

由于圈上至多有一条 3 色的边,从而与 B_1 相邻的两条已染色的边中有一条不与 3 色边相邻,此边的颜色可改为第 3 色,再把 AB_1 染上此边原来的颜色(1 色或 2 色).而对于 AB_2, AB_3,分别染第 3, 4 色即可.由上可知,$k=4$ 合乎条件.

最后,由图 5.12 可知,$k \geqslant 4$.

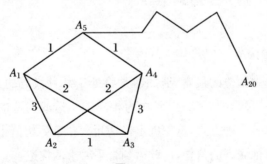

图 5.12

实际上,反设图 5.12 中只染了 3 色,因为 A_3 引出的 3 条边互不同色,不妨设 A_3A_2 染第 1 色, A_3A_1 染第 2 色, A_3A_4 染第 3 色,由 $\triangle A_1A_2A_3$,有 A_1A_2 染第 3 色,由 $\triangle A_2A_3A_4$,有 A_2A_4 染第 2 色,由点 A_1,有 A_1A_5 染 1 色,由点 A_4,有 A_5A_4 染 1 色,这样点 A_5 处引出了两条 1 色的边,矛盾.

6 极端构造与否定

所谓极端构造,就是由"极端元"构造合乎条件的某种对象.而极端否定,就是由"极端元"说明某种对象不存在.

一般地说,为了研究题给对象的某种分布状态是否存在,我们可以研究某些极端元素的一些极端性质,由此构造合乎目标要求的状态或证明相应的分布状态不存在.

 6.1 极端构造

利用极端构造的最常见方式,是将处于某种极端的元素集中在一起,构成一种新的对象,以此作为相应的构造或构造的某个部分.极端构造的另一种方式,是先确定极端元素在整体构造中的位置,然后再考察其他元素的位置,由此得到合乎要求的构造.

例 1 有 13 位运动员,他们着装的运动服号码分别是 1~13 号.试问:这 13 名运动员能否站成一个圆圈,使得任意相邻的两名运动员号码数之差的绝对值属于集合$\{3,4,5\}$?如果能,试举一例;如果不能,请说明理由.

分析与解 答案是否定的.

假定可以按要求排列,我们将号码数分成 A, B 两组,使 A 中的任何两个数在排列中不能相邻.

要使 A 中的数不相邻,只需 A 中的任何两数的"差"的绝对值属于集合 $\{1,2\} \cup \{6,7,\cdots,12\}$.

采用极端构造:令最小元 $1,2,3 \in A$,最大元 $11,12,13 \in A$,得到
$$A = \{1,2,3,11,12,13\}, \quad B = \{4,5,6,7,8,9,10\}.$$

显然,A 中任何两个数之差的绝对值要么小于 3,要么大于 5,所以 A 中任何两数在排列中不相邻,即 A 中任何两数之间至少有一个 B 中的数.

将 A 中的 6 个数排在圆周上,共有 6 个"空"(相邻两个数之间的位置),而 B 中有 7 个数,将 B 中的数放入 6 个空中,由抽屉原理,必有一个空有两个数.又每空至少一数,所以恰有一个空中有两个数,我们称这个空为"大空".

考察"4"(B 中的极端元)所在的空,则 4 只能与 A 中唯一的一个数"1"相邻,从而 4 还必须与 B 中的一个数都相邻,这表明,4 必须在"大空"中.

再考察"10"(B 中的极端元)所在的空,则 10 只能与 A 中唯一的一个数"13"相邻,从而 10 还必须与 B 中的一个数都相邻,这表明,10 也必须在"大空"中.

于是,4 与 10 在大空中相邻,但 $10 - 4 = 6 > 5$,矛盾.

例 2 设 n 是给定的正整数,M 是 $S_n = \{1,2,\cdots,2n-1\}$ 的 m 元子集,且对集合 M 的任何 3 个不同元素 x,y,z,有 $x+y \nmid z$,求 m 的最大值.(2009 年全国高中数学联赛福建省预赛试题改编)

分析与解 我们先证明:$m \leqslant n$.

用反证法,假定 $m > n$,设 $M = \{a_1, a_2, \cdots, a_m\}$,其中 $a_1 < a_2 < \cdots < a_m$,令
$$b_i = a_i - a_1 \quad (i = 2,3,\cdots,m),$$
则 $2m-1$ 个数 $a_1, a_2, \cdots, a_m$ 与 $b_2, b_3, \cdots, b_m$ 都属于 S.

因为 $m \geqslant n+1$,所以

$$2m - 1 \geqslant 2(n+1) - 1 = 2n + 1 > |S|,$$

所以其中至少有两个数相等.

设 $b_j = a_i$，即 $a_j - a_1 = a_i$，所以 $a_1 + a_i = a_j$，于是 $a_1 + a_i | a_j$，矛盾.

另证 对 n 归纳.当 $n=1$ 时，结论显然成立.

设结论对小于 n 的正整数成立，考察 n 的情形.

如果 $2n-1 \notin M$，则由归纳假设，M 最多含有 $S_{n-1} = \{1, 2, \cdots, 2n-3\}$ 中的 $n-1$ 个数，又 M 最多含有 $\{2n-3, 2n-1\}$ 中的 1 个数，所以 M 最多含有 $S_n = \{1, 2, \cdots, 2n-1\}$ 中的 n 个数，即 $m \leqslant n$，结论成立.

如果 $2n-1 \in M$，则考察 n 个集合：

$\{2n-1\}, \{1, 2n-2\}, \{2, 2n-3\}, \{3, 2n-4\}, \cdots, \{n-1, n\}$，

如果 M 含有其中某个集合中的两个数 a, b，则 $a+b = 2n-1$，而 $2n-1 \in M, a+b | 2n-1$，矛盾，从而 M 最多含有每个集合中的 1 个数，所以 $m \leqslant n$，结论成立.

另一方面，采用极端构造：取 S_n 中最大的 n 个数构成集合

$$M = \{n, n+1, \cdots, 2n-1\},$$

此时，对集合 M 的任何 3 个不同元素 x, y, z，有

$$x + y \geqslant n + (n+1) = 2n + 1 > 2n - 1 \geqslant z,$$

所以 $x + y \nmid z$，M 合乎条件.

综上所述，m 的最大值为 n.

例 3 给定自然数 $n \geqslant 3$，求最小的自然数 $r(n)$，使 $S = \{1, 2, \cdots, r(n)\}$ 的任何一个 2-划分 $A \cup B$，方程

$$x_1 + x_2 + \cdots + x_{n-1} = x_n$$

必在 A, B 之一中有解.

分析与解 首先证明：$r(n) \geqslant n^2 - n - 1$.

实际上，若 $r(n) \leqslant n^2 - n - 2$，采用极端构造，令最小的连续若

干个数与最大的连续若干个数构成一集合:
$$A' = \{1, 2, \cdots, n-2, (n-1)^2, (n-1)^2+1, \cdots, (n-1)^2+(n-3)\},$$
剩下的中间一段连续若干个数构成一个集合:
$$B' = \{n-1, n, \cdots, n^2-2n\}.$$

将 $S = \{1, 2, \cdots, r(n)\}$ 划分为两个子集 A, B,其中
$$A = S \cap A', \quad B = S \cap B',$$
则原方程在 A, B 中都无解.

否则,先设方程在 A 中有解 $(x_1, x_2, \cdots, x_n)$. 如果所有 $x_i \leqslant n-2 (1 \leqslant i \leqslant n-1)$,则
$$x_n = x_1 + x_2 + x_{n-1} \geqslant 1 + 1 + \cdots + 1 = n-1,$$
且
$$x_n = x_1 + x_2 + \cdots + x_{n-1} \leqslant (n-2) + (n-2) + \cdots + (n-2)$$
$$= n^2 - 3n + 2,$$
所以 $x_n \notin A$,矛盾.

再设方程在 B 中有解 $(x_1, x_2, \cdots, x_n)$,则
$$x_n = x_1 + x_2 + \cdots + x_{n-1} \geqslant (n-1) + (n-1) + \cdots + (n-1)$$
$$= (n-1)^2 > n^2 - 2n,$$
所以 $x_n \notin B$,矛盾.

其次,当 $r(n) = n^2 - n - 1$ 时,对 S 的任何 2-划分 A, B,方程必在 A, B 之一中有解.

反设方程在 A, B 中都无解,不妨设 $1 \in A$,因为
$$n - 1 = 1 + 1 + 1 + \cdots + 1,$$
所以,$n - 1 \in B$. 又
$$(n-1)^2 = (n-1) + (n-1) + \cdots + (n-1),$$
所以,$(n-1)^2 \in A$. 由
$$n^2 - n - 1 = 1 + 1 + \cdots + 1 + (n-1)^2,$$
得 $n^2 - n - 1 \in B$,由

$$(n-1)^2 = n(n-2) + 1 = n + n + \cdots + n + 1,$$

得 $n \in B$,但

$$n^2 - n - 1 = n(n-2) + (n-1) = n + n \cdots + n + (n-1),$$

从而方程在 B 中有解,矛盾.

综上所述,$r(n)_{\min} = n^2 - n - 1$.

例 4 空间有 n 个点,任何 3 点构成一个有内角大于 $120°$ 的三角形.求证:可以将它们编号为 $A_1, A_2, \cdots, A_n$,使对任何 $1 \leqslant i < j < k \leqslant n$,有 $\angle A_i A_j A_k > 120°$.

分析与证明 想象一种特殊情形:n 个点共线,此时显然依次编号即可.

再看一种特殊情形:n 个点在同一个半圆上,也可类似编号.

注意上述两种情形的共同点:各点之间具有一种顺序.但对一般情形(空间中的点)而言,各点之间没有顺序,因而应选择适当的参照物,使之也具有某种确定的顺序.

先考虑极端编号:哪两个点应编号为 A_1, A_n?注意到目标中的 $\angle A_i A_j A_k > 120°$,可知 $A_i A_k$ 是 $\triangle A_i A_j A_k$ 的最大边,因此,A_1, A_n 应是相距最远的两个点.

将相距最远的两个点分别编号为 A_1, A_n,对其他 $n-2$ 个点,设它们到点 A_1 的距离分别为 $r_2, r_3, \cdots, r_{n-1}$,其中 $r_2 \leqslant r_3 \leqslant \cdots \leqslant r_{n-1}$,将其对应的点分别编号为 $A_2, A_3, \cdots, A_{n-1}$,则这种编号合乎要求.

我们先证明,对任何 $i \neq j$,有 $r_i \neq r_j$.

实际上,对任何点 $A_i, A_j (i \neq j)$,考察 $\triangle A_1 A_i A_n$,由 $A_1 A_n$ 的最大性,$A_1 A_n$ 是 $\triangle A_1 A_i A_n$ 的最大边,由条件,最大内角 $\angle A_1 A_i A_n > 120°$,于是 $\angle A_i A_1 A_n < 60°$,同理 $\angle A_j A_1 A_n < 60°$(图 6.1).所以对任何 $i \neq j$,有

$$\angle A_i A_1 A_j < \angle A_i A_1 A_n + \angle A_j A_1 A_n < 120°. \qquad ①$$

若 $r_i = r_j$，即 $A_1A_i = A_1A_j$，那么等腰 $\triangle A_1A_iA_j$ 中大于 $120°$ 的角只能是 $\angle A_iA_1A_j$，与式①矛盾，所以

$$r_2 < r_3 < \cdots < r_{n-1}.$$

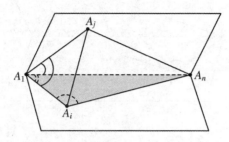

图 6.1

下面证明：对任何 $1 \leqslant i < j < k \leqslant n$，有 $\angle A_iA_jA_k > 120°$.

(1) 当 $1 = i < j < k \leqslant n$ 时，$\triangle A_1A_jA_k$ 中，$j \neq k$，由式①有 $\angle A_jA_1A_k < 120°$，所以由题意，A_jA_k 不是 $\triangle A_1A_jA_k$ 的最大边，又由 $j < k$，有 $A_jA_1 < A_kA_1$，从而 A_kA_1 是最大边，所以 $\angle A_1A_jA_k > 120°$（图 6.2）.

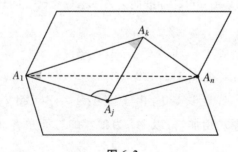

图 6.2

(2) 当 $1 \leqslant i < j < k = n$ 时，同上，A_iA_n 是最大边，所以 $\angle A_iA_jA_n > 120°$.

(3) 当 $1 < i < j < k < n$ 时，我们证明 $\angle A_iA_jA_k > 120°$，这只需证明 $\triangle A_iA_jA_k$ 的另两个角 $\angle A_iA_kA_j$，$\angle A_jA_iA_k$ 都小于 $120°$

(图 6.3).

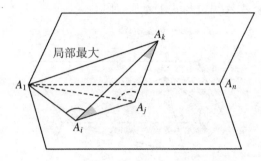

图 6.3

为证 $\angle A_i A_k A_j < 120°$,注意到以 A_k 为顶点的两个三面角中,$\angle A_i A_k A_j < \angle A_1 A_k A_i + \angle A_1 A_k A_j$,从而只需证 $\angle A_1 A_k A_i + \angle A_1 A_k A_j < 120°$(一个充分条件),进而又只需证 $\angle A_1 A_k A_i < 60°$,$\angle A_1 A_k A_j < 60°$(又一个充分条件).

为证 $\angle A_1 A_k A_i < 60°$,将其放入 $\triangle A_1 A_k A_i$ 中,由式①,$\angle A_i A_1 A_k$ 不是最大角,又 $A_1 A_k > A_1 A_i$,所以 $\angle A_1 A_i A_k$ 是最大角,所以 $\angle A_1 A_i A_k > 120°$,进而 $\angle A_1 A_k A_i < 60°$.同理,$\angle A_1 A_k A_j < 60°$,所以

$$\angle A_i A_k A_j < \angle A_1 A_k A_i + \angle A_1 A_k A_j < 60° + 60° = 120°.$$

最后证明:$\angle A_j A_i A_k < 120°$.

反设 $\angle A_j A_i A_k \geqslant 120°$,由于 $\angle A_1 A_i A_j > 120°$,$\angle A_1 A_i A_k > 120°$,三个不等式相加,得以 A_i 为顶点的三面角各面角之和大于 $360°$,矛盾.

例 5 在平面上有一定点 A_0 和 n 个向量 $\boldsymbol{a}_1, \boldsymbol{a}_2, \cdots, \boldsymbol{a}_n$,且 $\boldsymbol{a}_1 + \boldsymbol{a}_2 + \cdots + \boldsymbol{a}_n = \boldsymbol{0}$.将这些向量重新排列为 $\boldsymbol{a}_{i_1}, \boldsymbol{a}_{i_2}, \cdots, \boldsymbol{a}_{i_n}$,由下述规则得到点列 $A_1, A_2, \cdots, A_n : \boldsymbol{a}_{i_k} = \overrightarrow{A_{k-1} A_k} (1 \leqslant k \leqslant n$,其中 $A_0 = A_n$).试证:存在一种排列,使存在一个以 A_0 为顶点的 $60°$ 角覆盖点列中的所有点.(第 24 届全苏数学奥林匹克试题)

分析与证明 因为 $a_1 + a_2 + \cdots + a_n = 0$，$a_1, a_2, \cdots, a_n$ 首尾相接构成一条闭曲线，因此，可以将 $a_1, a_2, \cdots, a_n$ 重新排列为 $a_{i_1}, a_{i_2}, \cdots, a_{i_n}$，使其首尾相接构成一凸多边形，此多边形顶点按顺时针方向排列依次为 $A_1, A_2, \cdots, A_n$（图 6.4）.

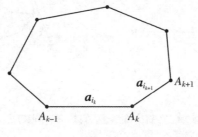

图 6.4

考察以多边形顶点为顶点的三角形，取极端元：设这些三角形中面积最大的一个是 $\triangle A_i A_j A_k$（$i<j<k$），过此三角形三顶点作其对边的平行线交成一个 $\triangle A'B'C'$，我们证明所有向量都包含在以 $\triangle A'B'C'$ 为边界的闭区域内.

由凸性，只需证明所有向量的端点在闭区域内. 再由对称性，只需证明点 $A_i, A_{i+1}, A_{i+2}, \cdots, A_j$ 都在闭区域 $\triangle A_i A' A_j$ 内.

用反证法，若存在点 A_r（$i<r<j$）在闭区域 $\triangle A_i A' A_j$ 外，不妨设 A_r 在直线 $A'B'$ 的不含 $\triangle A'B'C'$ 的一侧（图 6.5），那么，$S_{\triangle A_i A_r A_k} > S_{\triangle A_i A_j A_k}$，矛盾.

注意到 $A_i A' A_j A_k$ 是平行四边形，设此四边形对称中心为 P，那么，闭区域 $\triangle A_i A' A_j$ 内的点关于 P 的对称点都在闭区域 $\triangle A_i A_j A_k$ 内，再将对应的向量反向. 注意到一个向量作中心对称变换，再将向量反向，合成后等价于一个平移变换（比如，设 A_s, A_t 的对称点分别为 A'_s, A'_t，向量反向后，$\overrightarrow{A_s A_t}$ 对应的向量为 $\overrightarrow{A'_t A'_s}$）. 于是，此变换使各向量一一对应相等（图 6.6）.

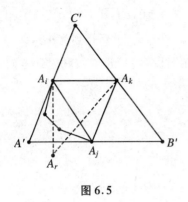

图 6.5

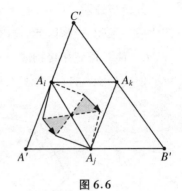

图 6.6

类似处理闭区域 $\triangle A_j B' A_k$,$\triangle A_k C' A_i$ 内的点,则所有点都变换到闭区域 $\triangle A_i A_j A_k$ 内.而 $\triangle A_i A_j A_k$ 至少有一个内角不大于 $60°$,将各点重新编号,使此内角的顶点编号为 A_0 即可.

例 6 若将长度为 l 的线段任意分成两段,则这两段与长度为 $1,2$ 的两条线段共 4 条线段中,必有 3 条线段构成一个三角形.求 l 的取值范围.

分析与解 欲求 l 的取值范围,需要解决如下两个问题.

问题 1:假设长度为 l 的线段满足条件($*$):"任意分成两段,则这两段与长度为 $1,2$ 的两条线段共 4 条线段中,必有 3 条线段构成一个三角形."由此推出 l 的范围:$n_1 \leqslant l \leqslant n_2$,此时只需取若干特例,适当分几次即可.

问题 2:假设 $n_1 \leqslant l \leqslant n_2$,我们要证明长度为 l 的线段满足条件($*$):"任意分成两段,则这两段与长度为 $1,2$ 的两条线段共 4 条线段中,必有 3 条线段构成一个三角形."此时,需要证明任何情况都成立.

先解决问题 1,涉及形如"对任何……"的条件,可取特例推出若干子结论,进而推出 l 的范围:$n_1 \leqslant l \leqslant n_2$.

假定取 $l = a + b$,可从反面考虑,如何使 $(a,b,1,2)$ 中没有三角形.

由构成三角形的条件,可想象 a,b 都很小(此时 $l = a + b$ 很小),或 a,b 都很大(此时 $l = a + b$ 很大),或 a,b 中一个很小而另一个很大(此时 $l = a + b$ 很大). 其中第 2 种情形可放在第 3 种情形中一并处理.

当 l 很小时,要小到什么程度,才能使 $(a,b,1,2)$ 中没有三角形?

要使 $a,b,1$ 不构成三角形,充分条件是 $a + b \leqslant 1$. 于是:

(1) 当 $l \leqslant 1$ 时,将线段分成长度相等的两段,此时 $\left(\dfrac{l}{2}, \dfrac{l}{2}, 1, 2\right)$ 中无三角形,矛盾.

当 l 很大时,要大到什么程度,才能使 $(a,b,1,2)$ 中没有三角形?

不妨设 a 很小,b 很大,从而可假定 $a \leqslant 1 < 2 \leqslant b$.

要使 $a,1,2$ 不构成三角形,只需 $a + 1 \leqslant 2$,得 $a \leqslant 1$. 要使 $b,1,2$ 不构成三角形,只需 $1 + 2 \leqslant b$,得 $b \geqslant 3$. 由此可见,只要 $a \in (0,1]$,$b \in [3, +\infty)$,则 $(a,b,1,2)$ 中没有三角形.

l 在什么范围时,存在分割 $l = a + b$,使 $a \in (0,1]$,$b \in [3, +\infty)$?

一个显然的范围是:$l = a + b \geqslant a + 3 > 3$.

(2) 当 $l > 3$ 时,存在分割 $l = a + b$,使 $a \in (0,1]$,$b \in [3, +\infty)$,从而 $(a,b,1,2)$ 中没有三角形.

可从端点入手,先看 $a = 1$ 的分割是否合乎要求,也可先看 $b = 3$ 的分割是否合乎要求.

假定 $a = 1$,则 $b = l - 1$,相应分割为 $(1, l-1, 1, 2)$,没有三角形的条件是 $1 + 2 \leqslant l - 1$,得 $l \geqslant 4$. 由此可见,当 $l \geqslant 4$ 时,存在分割,其中没有三角形,矛盾.

假定 $b = 3$,则 $a = l - 3$,相应分割为 $(3, l-3, 1, 2)$,没有三角形

的条件是$(l-3)+1 \leq 2$,得$l \leq 4$.由此可见,当$3<l \leq 4$时,存在分割,其中没有三角形,矛盾.

综合以上两种情况,可知$l>3$时,都存在分割,其中没有三角形,矛盾.

由(1)和(2),有$1<l \leq 3$.

注 两种情况可以合并处理:

当$l>3$时,将l分成$a=《l》$(表示小于l的最大整数)与$b=l-《l》$(即$l \notin \mathbf{Z}$时,$a=[l]$,$b=\{l\}$,当$l \in \mathbf{Z}$时,$a=l-1$,$b=1$)的两段,则$a \geq 3$,$0<b \leq 1$.

因为$a-b \geq 3-1=2$,所以$(a,b,2)$,$(a,b,1)$都不构成三角形;又$a \geq 3=1+2$,所以$(a,1,2)$不构成三角形;而$b \leq 1=2-1$,所以$(b,1,2)$不构成三角形.矛盾.

再解决问题2,当$1<l \leq 3$时,设线段分成了a,b的两段,其中$a \leq b$,我们证明$(a,b,1,2)$中有三角形.

先看$(a,b,1)$能否为三角形,其中注意已有$a+b>1$,从而只需$b-a<1$.由此找到了分类的时机.

(1) 若$0 \leq b-a<1$,由于$a+b=l>1$,$0 \leq b-a<1$,所以$(1,a,b)$构成三角形.

(2) 若$b-a \geq 1$,由于$a>0$,此时必有$1<b<3$,所以$(1,2,b)$构成三角形.

综上所述,l的取值范围是$1<l \leq 3$.

另解 (1)若$l>3$,将l分成a与b的两段,使$a<1$,$b>3$.

因为$a+2<b$,$a+1<b$,$a+1<2$,$1+2<b$,所以$(a,b,2)$,$(a,b,1)$,$(a,1,2)$,$(b,1,2)$都不构成三角形.矛盾.

(2) 若$l \leq 1$,将l任意分成a与b的两段,则$a+b=l \leq 1$,所以$0<a,b<1$.

由$a+b \leq 1$,知$(a,b,2)$,$(a,b,1)$都不构成三角形;由$1+a<$

$2, 1+b<2$,知 $(a,1,2)$,$(b,1,2)$ 都不构成三角形. 矛盾.

综上所述,有 $1<l\leqslant 3$.

反之,当 $1<l\leqslant 3$ 时,假定 l 任意分成 a 与 b 的两段,不妨设 $a\leqslant b$.

(1) 当 $1<l\leqslant 2$ 时,若 $b\leqslant 1$,则 $1=\max\{a,b,1\}$,而 $a+b>1$,所以 $(a,b,1)$ 为三角形. 若 $b>1$,则 $1+b>2$,且 $2=\max\{1,2,b\}$,所以 $(1,2,b)$ 为三角形.

(2) 当 $2<l\leqslant 3$ 时,若 $1<b\leqslant 2$,则 $2=\max\{a,b,2\}$,而 $a+b=l>2$,所以 $(a,b,2)$ 为三角形. 若 $b>2$,则 $b=\max\{1,2,b\}$,$1+2\geqslant l>b$,所以 $(1,2,b)$ 为三角形.

该题可以推广如下:

若将长度为 l 的线段任意分成 $n(n>1)$ 段,则这 n 段与长度为 $1,2$ 的两条线段共 $n+2$ 条线段中,必有 3 条线段构成一个三角形,求 l 的最大值.(原创题)

本题没有彻底解决,我们猜想: l 的最大值为 3.

可以证明 $l\leqslant 3$,用反证法.

(1) 若 $l\geqslant 3+\dfrac{1}{2}$,将 l 分成 $F_1a, F_2a, \cdots, F_{n-1}a$ 与 $l-\dfrac{1}{2}$ 的 n 段,其中 $\{F_i\}$ 为斐波那契数列,$a=\dfrac{1}{2(F_1+F_2+\cdots+F_{n-1})}$,则 $F_ia\leqslant\dfrac{1}{2}$.

对任何 $i<j<k$,因为 $F_i+F_j\leqslant F_{j-1}+F_j\leqslant F_{k-2}+F_{k-1}=F_k$,所以 (F_ia, F_ja, F_ka) 不构成三角形;

此外,因为 $F_ia+F_ja\leqslant\dfrac{1}{2}+\dfrac{1}{2}=1<2<l-1$,所以 F_ia, F_ja 不能与 $l-1, 1, 2$ 中的任何一个构成三角形;

因为 $F_ia\leqslant\dfrac{1}{2}<2-1$,所以 $(1,2,F_ia)$ 不构成三角形;

因为 $1+2 \leqslant l-1$,所以 $(1,2,l-1)$ 不构成三角形.

从而 $n+2$ 条线段中没有 3 条线段构成一个三角形,与题意矛盾.

(2) 若 $3 < l < 3 + \dfrac{1}{2}$,将 l 分成 $F_1 a, F_2 a, \cdots, F_{n-1} a$ 与 $l-3$ 的 n 段,其中 $\{F_i\}$ 为斐波那契数列,$a = \dfrac{l-3}{F_1 + F_2 + \cdots + F_{n-1}}$,则 $F_i a \leqslant l - 3 < \dfrac{1}{2}$.

同样可知,$1, 2, F_1 a, F_2 a, \cdots, F_{n-1} a, l-3$ 中任何 3 段不构成三角形,矛盾.所以 $l \leqslant 3$.

其次,将 l 分成 $F_1 a, F_2 a, \cdots, F_n a$ 的 n 段,其中 $\{F_i\}$ 为斐波那契数列,$a = \dfrac{l}{F_1 + F_2 + \cdots + F_n}$,则 $F_1 a, F_2 a, \cdots, F_n a$ 中任何 3 段不构成三角形.由于 $F_i a \leqslant \dfrac{1}{2}$,所以 $(1, 2, F_i a)$ 不构成三角形.所以必存在 $F_i a, F_j a$,使其与 1 或 2 构成三角形,于是 $F_i a + F_j a > 1$.所以 $F_{n-1} a + F_n a \geqslant F_i a + F_j a > 1$,解得 $l > \dfrac{F_1 + F_2 + \cdots + F_n}{F_{n-1} + F_n}$.

综上所述,有 $\dfrac{F_1 + F_2 + \cdots + F_n}{F_{n-1} + F_n} < l \leqslant 3$.

反之,当 $l = 3$ 时,设分成的 n 条线段的长为 $a_1 \leqslant a_2 \leqslant \cdots \leqslant a_n$,其中 $a_1 + a_2 + \cdots + a_n = 3$,是否一定存在 a_i,使 $(a_i, 1, 2)$ 为三角形?希望读者进一步探讨.

例 7 求最小的正整数 n,使以任何方式将 K_n 的边 2-染色时,总存在两个没有公共边的颜色相同的单色三角形.(1991 年 IMO 中国国家集训队训练题)

分析与解 先采用极端构造,令 K_n 的边中某种颜色的边尽可能多,注意到二部分完全图中没有三角形,可构造一个蓝色的二部分完全图(用虚边表示蓝色)$K_{p,q}$,则其中显然没有蓝色三角形,从而可以在二部分完全图的某一部分中添加一条蓝边,得到的图中含有一个蓝色子图$K_{p,q}\cup\{e\}$. 显然,$K_{p,q}\cup\{e\}$中的蓝色三角形都以e为边,从而图中不存在两个没有公共边的蓝色三角形.

将其他的边都染红色,不妨设二部分完全图中有p个点的那一部分含有边e,则有q个点的那一部分是一个红色的K_q,为了使K_q不存在两个没有公共边的红色三角形,必有$q\leqslant 4$.

此外,有p个点的那一部分含有一个红色的子图$K_p\setminus\{e\}$,其中不能再有红色三角形,从而$p\leqslant 3$.

于是可取$p=3, q=4$,此时$n=p+q=7$,得到如图6.7所示的构造,其中未连的边为蓝色边.

这表明,当$n=7$时,存在2-色的K_n,其中不存在两个没有公共边的颜色相同的单色三角形. 显然,若$n<7$,则将上述构造中去掉$7-n$个点及其关联的边,得到的2-色K_n也不存在两个没有公共边的同色三角形,所以$n\geqslant 8$.

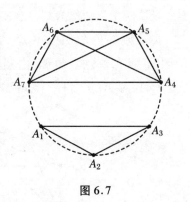

图 6.7

另一方面,我们证明:对任何2-色K_8,必有两个没有公共边的颜色相同的单色三角形.

反设结论不成立,用实线表示红色,用虚线表示蓝色,我们的基本想法是,逐步找单色三角形,然后去尽可能少的点,使已有单色三角形的边都被去掉.

首先2-色K_8中必有单色三角形,不妨设为红色$\triangle A_1 A_2 A_3$.

设想去点A_1, A_2及其关联的边(红色$\triangle A_1 A_2 A_3$的边都被去掉),剩下的K_6中又必有单色三角形,此三角形必为蓝色三角形.

现在要去尽可能少的点,使已有单色三角形的边都被去掉,则至少要去 4 个点,剩下 K_4,没有现成的结论可用. 于是,期望只取 3 个点,也能把已有的两个单色三角形的边都去掉,这就要求这两个单色三角形有公共顶点.

如果这两个单色三角形没有公共顶点,不妨设红色三角形为 $\triangle A_1 A_2 A_3$,蓝色三角形为 $\triangle A_4 A_5 A_6$,考察 $\triangle A_1 A_2 A_3$ 与 $\triangle A_4 A_5 A_6$ 之间的 9 条边,其中必有 5 条边同色,设为蓝色.

将此 5 条蓝色边归入顶点 A_1, A_2, A_3,必有某个点,设为 A_3,引出两条蓝色边,设此两条蓝色边为 $A_3 A_4, A_3 A_5$,得到蓝色 $\triangle A_3 A_4 A_5$,它与红色 $\triangle A_4 A_5 A_6$ 恰有一个公共顶点 A_4. 于是,图中必定有一个红色三角形和一个蓝色三角形,且它们有一个公共顶点. 不妨设这两个三角形为红色 $\triangle A_1 A_2 A_3$ 和蓝色 $\triangle A_3 A_4 A_5$.

再设想 2-色 K_8 中去掉点 A_2, A_3, A_4 及其关联的边,在剩下的 K_5 中不能有单色三角形,由熟知的结论,此 K_5 必是一个红色的 $C_5 : A_1 A_5 A_6 A_7 A_8$ 和一个蓝色的 $C_5 : A_8 A_6 A_1 A_7 A_5$ 的并(图 6.8).

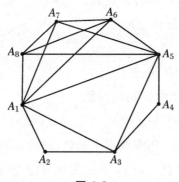

图 6.8

再设想回补点 A_2,考察 $A_1, A_2, A_5, A_6, A_7, A_8$ 这 6 点的图 G'.

易知,G' 中有两个单色三角形,这两个单色三角形 $\triangle_1$ 与 $\triangle_2$ 必

须与 $\triangle A_1A_2A_3$ 有公共边,否则设 $\triangle_1$ 与 $\triangle A_1A_2A_3$ 无公共边,当 $\triangle_1$ 为蓝色时,$\triangle_1$ 与 $\triangle A_3A_4A_5$ 无公共边($\triangle_1$ 是去掉点 A_2, A_3, A_4 后得到的)为所求;当 $\triangle_1$ 为红色时,$\triangle_1$ 与 $\triangle A_1A_2A_3$ 无公共边为所求.

于是三角形 $\triangle_1$ 和 $\triangle_2$ 必须是以 A_1A_2 为边的红色三角形.

由于 A_1A_6, A_1A_7 是蓝边,A_3, A_4 被去掉,这两个红色三角形只能是 $\triangle A_1A_2A_5, \triangle A_1A_2A_8$,所以 A_2A_5, A_2A_8 为红边(图 6.9).

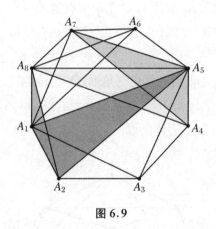

图 6.9

同样设想回补点 A_4(2-色 K_8 中去掉 A_2, A_3),可得以 A_4A_5 为边的 2 个蓝色三角形,第 3 顶点只能是 A_7 和 A_8,进而 A_4A_7, A_4A_8 为蓝色边.

现在,若 A_3A_8 为红边,则 $\triangle A_1A_3A_8$ 和 $\triangle A_1A_2A_5$ 为红色三角形;若 A_3A_8 为蓝边,则 $\triangle A_4A_3A_8$ 和 $\triangle A_4A_5A_7$ 为蓝色三角形,矛盾.

例 8 求最小的正整数 n,使以任何方式将 K_n 的边 2-染色时,总存在具有相同颜色的两个没有公共顶点的单色三角形.

分析与解 先采用极端构造,同上题思路,先构造一个蓝色的二部分完全图(用虚边表示蓝色)$K_{p,q}$,则其中显然没有蓝色三角形,从而可在二部分完全图的某一部分中添加一个蓝色三角形 $\{A_1A_2A_3\}$，得到的图中含有一个蓝色子图 $K_{p,q} \cup \{A_1A_2A_3\}$．显然，$K_{p,q} \cup \{A_1A_2A_3\}$ 中的蓝色三角形都至少含有 $\{A_1A_2A_3\}$ 中的一条边，从而任何两个蓝色三角形一共至少含有 $\{A_1A_2A_3\}$ 中的两条边，这两条边有公共点，从而图中不存在两个没有公共点的蓝色三角形．

将其他的边都染红色，不妨设二部分完全图中有 p 个点的那一部分含有蓝色三角形 $\{A_1A_2A_3\}$，则有 q 个点的那一部分是一个红色的 K_q，为了使 K_q 不存在两个没有公共点的红色三角形，必有 $q \leqslant 5$．

此外，有 p 个点的那一部分含有一个红色的子图 $K_p \setminus \{A_1A_2A_3\}$，其中不能再有红色三角形，从而 $p \leqslant 4$．

于是可取 $p=4, q=5$，此时 $n=p+q=9$，得到如图 6.10 所示的构造，其中未连的边为蓝色边．

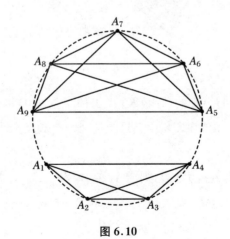

图 6.10

这表明，当 $n=9$ 时，存在 2-色的 K_n，其中不存在两个没有公共顶点的颜色相同的单色三角形．显然，若 $n<9$，则将上述构造中去掉 $9-n$ 个点及其关联的边，得到的 2-色 K_n 也不存在两个没有公共顶

点的单色三角形,所以 $n \geqslant 10$.

另一方面,我们证明:对任何 2-色 K_{10},必有两个没有公共顶点的颜色相同的单色三角形.

反设结论不成立,对任一个 K_{10},设其顶点为 $A_1, A_2, \cdots, A_{10}$,用实线表示红色,用虚线表示蓝色. 易知,K_{10} 中必有一个红色三角形和一个蓝色三角形,它们恰有一个公共点(以便去掉尽可能少的点而去掉两个单色三角形的全部顶点).

实际上,二色 K_{10} 中必有单色三角形,不妨设为红色 $\triangle A_1 A_2 A_3$.

去掉点 A_1, A_2, A_3,剩下的 K_7 中又必有单色 $\triangle A_4 A_5 A_6$,显然 $\triangle A_4 A_5 A_6$ 为蓝色(否则得到两个没有公共顶点的红色三角形).

考察 $\triangle A_1 A_2 A_3$ 与 $\triangle A_4 A_5 A_6$ 之间的 9 条边,其中必有 5 条边同色,设为蓝色. 将此 5 条蓝色边归入顶点 A_1, A_2, A_3,必有某个点,设为 A_3,引出两条蓝色边,设此两条蓝色边为 $A_3 A_4, A_3 A_5$,这样,红色 $\triangle A_1 A_2 A_3$ 与蓝色 $\triangle A_3 A_4 A_5$ 恰有一个公共顶点 A_3(图 6.11).

在 K_{10} 中去掉点 A_1, A_2, A_3, A_4, A_5,剩下的 K_5:$A_6 A_7 A_8 A_9 A_{10}$ 中必没有单色三角形(否则,其单色三角形与 $\triangle A_1 A_2 A_3$,$\triangle A_3 A_4 A_5$ 中一个同色,且无公共点),必是一个红色的 C_5:$A_6 A_7 A_8 A_9 A_{10}$ 和一个蓝色的 C_5:$A_6 A_8 A_{10} A_7 A_9$.

现在补回点 A_3,它与 A_6,A_7, A_8, A_9, A_{10}(K_5 的全部顶点)组成的 K_6 中有单色三角形,由对称性(红边、蓝边相对于点 A_3 地位平行),不妨设有红色 $\triangle A_3 A_6 A_{10}$.

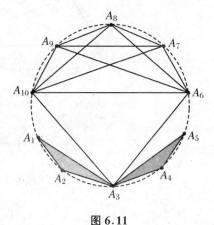

图 6.11

再补回点 A_2，它与 $A_6, A_7, A_8, A_9, A_{10}$（$K_5$ 的全部顶点）组成的 K_6 中有两个单色三角形 $\triangle_1, \triangle_2$，但 $K_5: A_6 A_7 A_8 A_9 A_{10}$ 中没有单色三角形，所以 $\triangle_1, \triangle_2$ 中都有一个顶点为 A_2.

显然 $\triangle_1, \triangle_2$ 都是红色（因为其与蓝色 $\triangle A_3 A_4 A_5$ 无公共点），从而 $\triangle_1, \triangle_2$ 都至少有一个顶点为 A_6, A_{10} 之一（否则与红色 $\triangle A_3 A_6 A_{10}$ 无公共顶点）.

如果 $\triangle_1, \triangle_2$ 中有一个同时以 A_6, A_{10} 为顶点，则 $A_2 A_6, A_2 A_{10}$ 为红边.

如果 $\triangle_1, \triangle_2$ 都只以 A_6, A_{10} 中一个为顶点，则 $\triangle_1, \triangle_2$ 只能分别为 $\triangle A_2 A_6 A_7, \triangle A_2 A_9 A_{10}$，所以 $A_2 A_6, A_2 A_{10}$ 为红边.

所以，不论哪种情况，都有 $A_2 A_6, A_2 A_{10}$ 为红边（图 6.12）. 同理（A_1, A_2 地位平行），$A_1 A_6, A_1 A_{10}$ 为红边.

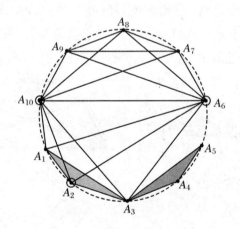

图 6.12

再考察 A_2 与 $K_5: A_6 A_7 A_8 A_9 A_{10}$ 中的点的连线的颜色（图 6.13），必有 $A_2 A_7$ 为蓝边（否则有红色三角形 $\triangle A_2 A_6 A_7$，$\triangle A_1 A_3 A_{10}$），$A_2 A_9$ 为蓝边（否则有红色 $\triangle A_2 A_9 A_{10}$，$\triangle A_1 A_3 A_6$），此时，有两个没有公共顶点的蓝色三角形

△$A_2A_7A_9$,△$A_3A_4A_5$,矛盾.

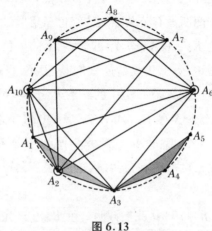

图 6.13

例 9 求最小的正整数 n,使以任何方式将 K_n 的边 2-染色时,总存在 3 个具有相同颜色且两两没有公共顶点的单色三角形.

分析与解 首先,当 $n=14$ 时,在 K_{14} 中,将一个 $K_8: A_1A_2\cdots A_8$ 的边都染红色,再将一个 $K_5: A_9A_{10}\cdots A_{13}$ 的边都染蓝色,点 A_{14} 与 $K_5: A_9A_{10}\cdots A_{14}$ 之间的边都染红色,其他边都染蓝色,得到一个 2 色的 14 阶完全图 G(图 6.14).

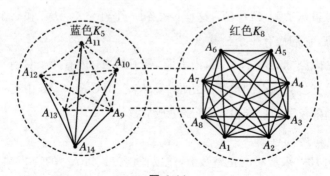

图 6.14

因为红色三角形都在红色的 $K_8:A_1A_2\cdots A_8$ 中,但 3 个两两没有公共顶点的红色三角形有 9 个不同顶点,而 K_8 只有 8 个顶点,所以不存在 3 个两两没有公共顶点的红色三角形.

去掉蓝色 $K_5:A_9A_{10}\cdots A_{14}$ 的边,剩下的蓝色边构成一个蓝色的二部分完全图 $K_{6,8}$,其中无蓝色三角形,于是,G 中每个蓝色三角形都至少含有 $K_5:A_9A_{10}\cdots A_{14}$ 中的一条边,于是,对任何 3 个蓝色三角形,它们一共至少含有 $K_5:A_9A_{10}\cdots A_{14}$ 中的 3 条边,这 3 条边有 6 个顶点,但 $K_5:A_9A_{10}\cdots A_{14}$ 只有 5 个顶点,从而有两条边有公共点,所以不存在 3 个两两没有公共顶点的蓝色三角形.

所以 $n \geq 15$.

其次,当 $n=15$ 时,我们证明 2 色 K_{15} 中一定有 3 个具有相同颜色且两两没有公共顶点的单色三角形.

因为任何 2 色 K_6 中有单色三角形,在 K_{15} 中取一个单色 $\triangle ABC$,去掉点 A,B,C,剩下的 K_{12} 中又有单色 $\triangle DEF$.再去掉点 D,E,F,剩下的 K_9 中又有单色 $\triangle GHI$,若这 3 个单色三角形颜色相同,则结论成立,不妨设 $\triangle ABC$ 为红色,$\triangle DEF$ 为蓝色.考察 $\triangle ABC$,$\triangle DEF$ 之间的 9 条边,必定有 5 条同色,设有 5 条为蓝色,将其端点归结为 A,B,C,必有两条蓝边具有相同的端点,设为 C,并设这两条蓝边为 CD,CE,这样便得到一个红色 $\triangle ABC$ 和一个蓝色 $\triangle CDE$,它们恰有一个公共点 C.

去掉点 A,B,C,D,E,由上题,剩下的 K_{10} 中有两个具有相同颜色且没有公共顶点的单色三角形.显然,$\triangle ABC$,$\triangle CDE$ 中有一个与这两个单色三角形同色,从而结论成立.

综上所述,$n_{\min}=15$.

例 10 求最小的正整数 n,使以任何方式将 K_n 的边 2-染色时,总存在 $m(m>1)$ 个具有相同颜色且两两没有公共顶点的单色三角形.

分析与解 首先,当 $n = 5m - 1$ 时,在 K_{5m-1} 中将一个 K_{3m-1}:$A_1A_2\cdots A_{3m-1}$ 的边都染红色,再将一个 K_{2m-1}:$A_{3m}A_{3m+1}\cdots A_{5m-2}$ 的边都染蓝色,点 A_{5m-1} 与 K_{2m-1}:$A_{3m}A_{3m+1}\cdots A_{5m-2}$ 之间的边都染红色,其他边都染蓝色,得到一个 2 色的 $5m-1$ 阶完全图 G(图 6.15).

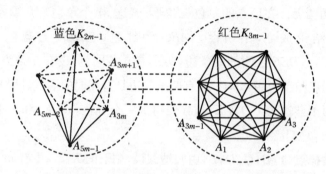

图 6.15

因为红色三角形都在红色 K_{3m-1}:$A_1A_2\cdots A_{3m-1}$ 中,但 m 个两两没有公共顶点的红色三角形有 $3m$ 个不同顶点,而 K_{3m-1} 只有 $3m-1$ 个顶点,所以不存在 m 个两两没有公共顶点的红色三角形.

去掉蓝色 K_{2m-1}:$A_{3m}A_{3m+1}\cdots A_{5m-2}$ 的边,剩下的蓝色边构成一个蓝色的二部分完全图 $K_{2m,3m-1}$,其中无蓝色三角形,于是,G 中每个蓝色三角形都至少含有 K_{2m-1}:$A_{3m}A_{3m+1}\cdots A_{5m-2}$ 中的一条边,于是,对任何 m 个蓝色三角形,它们一共至少含有 K_{2m-1}:$A_{3m}A_{3m+1}\cdots A_{5m-2}$ 中的 m 条边,这 m 条边有 $2m$ 个顶点,但 K_{2m-1}:$A_{3m}A_{3m+1}\cdots A_{5m-2}$ 中只有 $2m-1$ 个点,于是必有两条边有公共点,所以不存在 m 个两两没有公共顶点的蓝色三角形.

所以 $n \geqslant 5m$.

其次,当 $n = 5m$ 时,我们证明 2 色 K_{5m} 中一定有 m 个具有相同颜色且两两没有公共顶点的单色三角形.

对 m 归纳.当 $m = 2$ 时,结论成立.设结论对小于 m 的正整数

成立,考察 $m(m>2)$ 的情形.

因为任何 2 色 K_6 中有单色三角形,在 K_{5m} 中取一个单色 $\triangle ABC$,去掉点 A,B,C,剩下的 K_{5m-3} 中又有单色 $\triangle DEF$.再去掉点 D,E,F,剩下的 K_{5m-6} 中又有单色 $\triangle GHI$……如此下去,共可取出 m 个两两无公共顶点的单色三角形.若这 m 个单色三角形颜色相同,则结论成立,不妨设 $\triangle ABC$ 为红色,$\triangle DEF$ 为蓝色.考察 $\triangle ABC$,$\triangle DEF$ 之间的 9 条边,必定有 5 条同色,设有 5 条为蓝色,将其端点归结为 A,B,C,必有两条蓝边具有相同的端点,设为 C,并设这两条蓝边为 CD,CE,这样便得到一个红色 $\triangle ABC$ 和一个蓝色 $\triangle CDE$,它们恰有一个公共点 C.

去掉点 A,B,C,D,E,由归纳假设,剩下的 K_{5m-5} 中有 $m-1$ 个具有相同颜色且没有公共顶点的单色三角形.显然,$\triangle ABC$,$\triangle CDE$ 中有一个与这 $m-1$ 个单色三角形同色,从而结论成立.

综上所述,$n_{\min}=5m$.

例 11 给定自然数 n,r,若 n 阶简单图 G 中不含 K_r,求 G 中的点的最小度的最大值.(原创题)

分析与解 设 G 中的最小度为 d,我们证明 $d_{\max}=\left[\dfrac{n(r-2)}{r-1}\right]$.

一方面,采用极端构造:让每个点的度几乎都相等.考察具有这样性质的 $r-1$ 部分完全图 $K_{q,q,\cdots,q,q+1,\cdots,q+1}$,其中每个部分之间的点的数目至多相差 1.

具体地说,设 $n=q(r-1)+t(0\leqslant t<r-1)$,$r-1$ 个部分的点的集合分别为 $A_1,A_2,\cdots,A_{r-1}$,则各部分点的个数分别为
$$|A_1|=|A_2|=\cdots=|A_{r-1-t}|=q,$$
$$|A_{r-t}|=|A_{r-t+1}|=\cdots=|A_{r-1}|=q+1,$$
且同一部分中的点互不相邻,不同部分中的任何两个点都相邻.

首先,显然 $K_{q,q,\cdots,q,q+1,\cdots,q+1}$ 中不含 K_r,这是因为任何 r 个

点中只有两个点在同一部分中,它们不相邻.

其次,因为 $K_{q,q,\cdots,q,q+1,q+1,\cdots,q+1}$ 中每个部分中的点都与其他部分的点相邻,所以当 $n = q(r-1) + t (0 < t < r-1)$ 时,度最小的点是含有 $q+1$ 个点的那些部分中的点,它与所在部分的 $q+1$ 个点不相邻,从而 $d = n - q - 1$.

因为 $q = \dfrac{n-t}{r-1}$,所以

$$d = n - q - 1 = n - \frac{n-t}{r-1} - 1 = \frac{n(r-2) + t - (r-1)}{r-1}.$$

又 $0 < t < r-1$,所以

$$\frac{n(r-2)}{r-1} - 1 < d < \frac{n(r-2)}{r-1},$$

故 $d = \left[\dfrac{n(r-2)}{r-1}\right]$.

当 $n = q(r-1)$ 时,每个点的度都相等,每个点与所在部分的 q 个点不相邻,从而

$$d = n - q = n - \frac{n}{r-1} = \frac{n(r-2)}{r-1} = \left[\frac{n(r-2)}{r-1}\right].$$

所以,不论哪种情况,在图 $K_{q,q,\cdots,q,q+1,q+1,\cdots,q+1}$ 中,都有

$$d = \left[\frac{n(r-2)}{r-1}\right].$$

下面我们证明,对任何不含 k_r 的 n 阶图 G,都有

$$d \leqslant \frac{n(r-2)}{r-1}.$$

用反证法,设有某个不含 k_r 的 n 阶图 G,使

$$d > \frac{n(r-2)}{r-1},$$

取 G 中一个最大(点数最多)的完全图 $K_t (t \geqslant 2)$.

因为 G 中不含 k_r,所以 $t \leqslant r-1$,设 K_t 的顶点的集合为 $P = \{A_1, A_2, \cdots, A_t\}$,$G$ 的不属于 P 的顶点的集合为 Q.

因为 $d(A_i) \geqslant d(1 \leqslant i \leqslant t)$，所以 A_i 至少与 Q 中 $d-t+1$ 个点相邻，即 Q 中至多有 $n-t-(d-t+1)=n-d-1$ 个点与 A_i 不相邻，于是，与 $A_1,A_2,\cdots,A_t$ 中至少一个不相邻的点的个数不多于 $t(n-d-1)$，这样，与 $A_1,A_2,\cdots,A_t$ 都相邻的点的个数

$$x \geqslant n-t-t(n-d-1) = t(d-n)+n.$$

因为 $d<n, t \leqslant r-1$，所以

$$x \geqslant t(d-n)+n \geqslant (r-1)(d-n)+n$$
$$= (r-1)d-(r-2)n.$$

又 $d > \dfrac{n(r-2)}{r-1}$，所以

$$x \geqslant (r-1)d-(r-2)n > 0,$$

于是 Q 中至少有一个点与 $A_1,A_2,\cdots,A_t$ 都相邻，这与 K_t 的"最大性"矛盾. 所以 $d \leqslant \dfrac{n(r-2)}{r-1}$，从而 $d \leqslant \left[\dfrac{n(r-2)}{r-1}\right]$，故

$$d_{\max} = \left[\dfrac{n(r-2)}{r-1}\right].$$

例 12 求所有的正整数 n，使存在 $3 \times n$ 的数表，其中每一行都是 $1,2,\cdots,n$ 的一个排列，而每一列都有一个数，它是所在列其他二数的和.

分析与解 本题有一定的难度，下面介绍我们得到的一些初步的结果.

记表中所有数的和为 S，则

$$S = 3(1+2+\cdots+n) = \dfrac{3}{2}n(n+1).$$

因为每一列的和都是偶数，所以 $2|S$，从而 $4|3n(n+1)$.

如果 n 是奇数，则 $(4,3n)=1$，所以 $4|n+1$，从而 $n \equiv 3 \pmod 4$；

如果 n 是偶数，则 $(4,3(n+1))=1$，所以 $4|n$，从而 $n \equiv 0 \pmod 4$.

反之,我们猜想 $n \equiv 0, 3 \pmod{4}$ 都合乎条件.

首先,每一列都有一个数,它是所在列其他二数的和. 我们称这个数是该列的"大数"(极端元),n 个列有 n 个大数,设 n 个大数的和为 S_1,则 $S_1 = \dfrac{S}{2}$.

当 $n = 3k$ 时,有
$$S_1 \leqslant 3(n + (n-1) + \cdots + (n-k+1)) = \frac{3}{2}k(2n - k + 1),$$
所以
$$\frac{3}{4}n(n+1) = \frac{S}{2} = S_1 \leqslant \frac{3}{2}k(2n - k + 1),$$
$$3k(3k+1) \leqslant 2k(5k+1), \quad \text{即} \quad 9k + 3 \leqslant 10k + 2,$$
此不等式恒成立,并不产生对 n 的新的制约,且 $k = 1$ 时等号成立.

当 $n = 3k + 1$ 时,有
$$S_1 \leqslant 3(n + (n-1) + \cdots + (n-k+1)) + (n-k)$$
$$= \frac{3}{2}k(2n - k + 1) + (n - k),$$
所以
$$\frac{3}{4}n(n+1) = \frac{S}{2} = S_1 \leqslant \frac{3}{2}k(2n - k + 1) + (n - k),$$
$$3(3k+1)(3k+2) \leqslant 6k(5k+3) + 8k + 4,$$
即
$$3k^2 - k - 2 \geqslant 0,$$
此不等式恒成立,也不产生对 n 的新的制约,且 $k = 1$ 时等号成立.

当 $n = 3k + 2$ 时,有
$$S_1 \leqslant 3(n + (n-1) + \cdots + (n-k+1)) + 2(n-k)$$
$$= \frac{3}{2}k(2n - k + 1) + 2(n - k),$$
所以

$$\frac{3}{4}n(n+1) = \frac{S}{2} = S_1 \leqslant \frac{3}{2}k(2n-k+1) + 2(n-k),$$

$$3(3k+2)(3k+3) \leqslant 6k(5k+5) + 16k + 16,$$

即

$$3k^2 + k - 2 \geqslant 0,$$

此不等式恒成立,同样不产生对 n 的新的制约.

由此可见,对每一种情况,似乎都可找到适当的 n 个数 a_1, $a_2, \cdots, a_n$,使 $a_1 + a_2 + \cdots + a_n = \frac{S}{2}$,因此,我们不无理由相信,所求的一切正整数 n 为

$$n = 4k, 4k+3 \quad (k \in \mathbf{N}).$$

对每一个具体的正整数 n,我们可以这样来构造合乎条件的 $3 \times n$ 数表:先排好极端元,将 $a_1, a_2, \cdots, a_n$ 分别放在 n 个列上,每一列放一个数,且如果 $a_i = a_j$,则 a_i 与 a_j 放在不同的行,不妨设 a_i 放在第 i 列($i = 1, 2, \cdots, n$),然后适当调整剩余的各数,找到 $b_i + c_i = a_i$,即可完成数表构造.

遗憾的是,我们没有找到一般情况的构造,但对一些特例,我们按此方法找到若干不同的构造.

(1) 当 $n = 3$ 时,$a_1 = a_2 = a_3 = 3$,合乎条件的数表本质上唯一存在:

3	1	2
2	3	1
1	2	3

(2) 当 $n = 4$ 时,$a_1 = a_2 = a_3 = 4, a_4 = 3$,因为 4 只有 3 种分解法:$4 = 2 + 2 = 1 + 3 = 3 + 1$,而当"4"分解完毕后,余下的数的位置唯一确定,从而合乎条件的数表本质上唯一存在:

4	1	3	2
2	4	1	3
2	3	4	1

(3) 当 $n=7$ 时,$a_1+a_2+a_3+a_4+a_5+a_6+a_7=42$,因为 $7+7+7+6+6+6+5=21+18+5=44$,从而有多种方案选择 $a_1,a_2,\cdots,a_7$.

方案 1:$(a_1,a_2,a_3,a_4,a_5,a_6,a_7)=(7,7,7,6,6,6,3)$,此时,合乎条件的 3×7 数表如下:

7	4	2	6	1	5	3
3	7	5	4	6	1	2
4	3	7	2	5	6	1

方案 2:$(a_1,a_2,a_3,a_4,a_5,a_6,a_7)=(7,7,7,6,6,5,4)$,此时,合乎条件的 3×7 数表如下:

7	2	1	6	4	5	3
5	7	6	3	2	4	1
2	5	7	3	6	1	4

方案 3:$(a_1,a_2,a_3,a_4,a_5,a_6,a_7)=(7,7,6,6,6,5,5)$,但 7 必须出现 3 次,且 7 必定是所在列的大数,从而此方案没有合乎条件的 3×7 数表.

所以,$n=7$ 时,至少有两种不同的合乎条件的数表.

(4) 当 $n=8$ 时,$S=3(1+2+\cdots+8)=108$,$a_1+a_2+\cdots+a_8=\dfrac{1}{2}S=54$.

因为 $8+8+8+7+7+7+6+6=57=54+3$,从而有多种方案选择 $a_1,a_2,\cdots,a_8$.

方案 1:$(a_1,a_2,\cdots,a_8)=(8,8,8,7,7,7,6,3)$,此时,合乎条件

的 3×8 数表如下:

8	5	4	7	3	2	1	6
2	8	4	6	7	5	3	1
6	3	8	1	4	7	2	5

方案 2: $(a_1, a_2, \cdots, a_8) = (8,8,8,7,7,7,5,4)$, 此时, 合乎条件的 3×8 数表如下:

8	6	5	7	2	1	3	4
2	8	3	4	7	6	1	5
6	2	8	3	5	7	4	1

方案 3: $(a_1, a_2, \cdots, a_8) = (8,8,8,7,7,6,6,4)$.

方案 4: $(a_1, a_2, \cdots, a_8) = (8,8,8,7,7,6,5,5)$.

方案 5: $(a_1, a_2, \cdots, a_8) = (8,8,8,7,6,6,6,5)$.

对这些方案,读者可自行尝试构造合乎条件的 3×8 数表.

(5) 当 $n = 11$ 时, $S = 3(1 + 2 + \cdots + 11) = 198$, $a_1 + a_2 + \cdots + a_{11} = \frac{1}{2}S = 99$.

因为 $11 + 11 + 11 + 10 + 10 + 10 + 9 + 9 + 9 + 8 + 8 = 106 = 99 + 7$, 选择 $(a_1, a_2, \cdots, a_{11}) = (11,11,11,10,10,10,9,9,9,6,3)$, 得到合乎条件的 3×11 数表如下:

11	5	3	10	7	5	9	8	2	6	1
4	11	8	2	10	6	5	9	7	1	3
7	6	11	8	3	10	4	1	9	5	2

(6) 当 $n = 12$ 时, $S = 3(1 + 2 + \cdots + 12) = 234$, $a_1 + a_2 + \cdots + a_{12} = \frac{1}{2}S = 117$.

因为 $12+12+12+11+11+11+10+10+10+9+9+9=126=117+9$,选择 $(a_1,a_2,\cdots,a_{12})=(12,12,12,11,11,11,10,10,10,9,6,3)$,得到合乎条件的 3×12 数表如下:

12	5	3	11	6	4	10	8	9	1	2	7
4	12	9	8	11	7	6	10	1	5	3	2
8	7	12	3	5	11	4	2	10	6	1	9

(7) 当 $n=15$ 时,$S=3(1+2+\cdots+15)=360$,$a_1+a_2+\cdots+a_{15}=\frac{1}{2}S=180$.

因为 $15+15+15+14+14+14+13+13+13+12+12+12+11+11+11=195=180+15$,选择 $(a_1,a_2,\cdots,a_{15})=(15,15,15,14,14,14,13,13,13,12,12,12,11,4,3)$,得到合乎条件的 3×15 数表如下:

15	4	10	14	9	7	13	6	5	12	8	2	11	3	1
9	15	5	6	14	7	11	13	8	3	12	10	1	4	2
6	11	15	5	8	14	2	7	13	9	4	12	10	1	3

(8) 当 $n=16$ 时,$S=3(1+2+\cdots+16)=408$,$a_1+a_2+\cdots+a_{16}=\frac{1}{2}S=204$.

因为 $16+16+16+15+15+15+14+14+14+13+13+13+12+12+12+11=221=204+17$,选择 $(a_1,a_2,\cdots,a_{16})=(16,16,16,15,15,15,14,14,14,13,13,13,12,12,3,3)$,得到合乎条件的 3×16 数表如下:

16	10	11	15	7	8	14	4	6	13	9	2	12	5	3	1
4	16	5	6	15	7	9	14	8	10	13	11	1	12	2	3
12	6	16	9	8	15	5	10	14	3	4	13	11	7	1	2

(9) 当 $n=19$ 时,$S=3(1+2+\cdots+19)=570$,$a_1+a_2+\cdots+a_{19}=\frac{1}{2}S=285$.

因为 $19+19+19+18+18+18+17+17+17+16+16+16+15+15+15+14+14+14+13=310=285+25$,选择 $(a_1,a_2,\cdots,a_{16})=(19,19,19,18,18,18,17,17,17,16,16,16,15,15,15,14,10,3,3)$,得到合乎条件的 3×19 数表如下:

19	13	11	18	6	4	17	8	10	16	12	7	15	5	9	14	2	3	1
12	19	8	13	18	14	4	17	7	5	16	9	1	15	6	11	10	2	3
7	6	19	5	12	18	13	9	17	11	4	16	14	10	15	3	8	1	2

(10) 当 $n=20$ 时,$S=3(1+2+\cdots+20)=630$,$a_1+a_2+\cdots+a_{20}=\frac{1}{2}S=315$.

因为 $20+20+20+19+19+19+18+18+18+17+17+17+16+16+16+15+15+14+14=343=315+28$,选择 $(a_1,a_2,\cdots,a_{16})=(20,20,20,19,19,19,18,18,18,17,17,17,16,16,16,15,15,9,3,3)$,得到合乎条件的 3×20 数表如下:

20	14	11	19	4	9	18	8	5	17	6	10	16	13	12	15	7	1	3	2
6	20	9	14	19	10	11	18	13	5	17	7	12	16	4	2	15	8	1	3
14	6	20	5	15	19	7	10	18	12	11	17	4	3	16	13	8	9	2	1

从这些构造可以看出,几乎没有统一的构造方式,期望读者能找到一般性的构造.

6.2 极端否定

为了证明满足某种条件的对象不存在,可考虑反证法,假定这样的对象存在,由此可取出其中的极端对象,然后利用其极端性质,导出矛盾,使问题获解.

例1 求证:格点凸五边形内至少有一个格点.

分析与解 本题实际上是要证明,内部没有格点的格点凸五边形不存在.

用反证法,假设存在一个格点凸五边形,其内部不含格点,我们称这样的格点凸五边形为空五边形.

由于格点凸多边形面积

$$S = N + \frac{P}{2} - 1,$$

其中 N 为格点多边形内部的格点数,P 为格点多边形边界上的格点数,从而格点多边形的面积均可表示为 $\frac{n}{2}(n \in \mathbf{N})$ 的形式,由最小数原理,必有一个面积最小的空五边形 $A_1 A_2 \cdots A_5$.

考察空五边形 $A_1 A_2 \cdots A_5$ 各顶点的坐标的奇偶性,只有如下四种情形:

(奇,偶), (偶,奇), (奇,奇), (偶,偶),

由抽屉原理,必有两个点的坐标的奇偶性完全相同,它们连线的中点 P 仍为格点.

因为 P 不在凸五边形内部,从而 P 在凸五边形的某条边上,不妨设 P 在边 $A_1 A_2$ 上,连 PA_5,则 $PA_2 A_3 A_4 A_5$ 是面积更小的空五边形,矛盾.

综上所述,命题获证.

例2 是否存在正实数 $a_1, a_2, \cdots, a_{2002}$,使得对任意正整数 k,$1 \leqslant k \leqslant 2\,002$,多项式

$$a_{k+2001} x^{2001} + a_{k+2000} x^{2000} + \cdots + a_{k+1} x + a_k$$

的每个复根 z 都满足 $|\operatorname{Im} z| \leqslant |\operatorname{Re} z|$?

其中规定：$a_{2002+i} = a_i$，$i = 1, 2, \cdots, 2\,001$.（2003年IMO中国国家集训队测试题）

分析与解 合乎题目要求的正实数不存在.

用反证法，反设存在 $a_1, a_2, \cdots, a_{2002} \in \mathbf{R}^+$ 满足题设要求，对一固定的 $k(1 \leqslant k \leqslant 2\,002)$，设

$$a_{k+2\,001} x^{2\,001} + a_{k+2\,000} x^{2\,000} + \cdots + a_{k+1} x + a_k = 0$$

的复根为 $z_1, z_2, \cdots, z_{2\,001}$，记

$$u = z_1^2 + z_2^2 + \cdots + z_{2\,001}^2.$$

由于 $|\operatorname{Im} z_j| \leqslant |\operatorname{Re} z_j|$（$1 \leqslant j \leqslant 2\,001$），而

$$z_j^2 = (\operatorname{Re} z_j + \mathrm{i}\operatorname{Im} z_j)^2$$
$$= (\operatorname{Re} z_j)^2 - (\operatorname{Im} z_j)^2 + 2(\operatorname{Re} z_j) \cdot (\operatorname{Im} z_j) \cdot \mathrm{i},$$

于是，z_j^2 的实部

$$\operatorname{Re}(z_j^2) = (\operatorname{Re} z_j)^2 - (\operatorname{Im} z_j)^2 \geqslant 0 \quad (\forall 1 \leqslant j \leqslant 2\,001),$$

所以

$$\operatorname{Re}(u) = \operatorname{Re}(z_1^2) + \operatorname{Re}(z_2^2) + \cdots + \operatorname{Re}(z_{2\,001}^2) \geqslant 0. \quad ①$$

又由韦达定理，有

$$z_1 + z_2 + \cdots + z_{2\,001} = -\frac{a_{k+2\,000}}{a_{k+2\,001}}, \quad \sum_{1 \leqslant j < l \leqslant 2\,001} z_j z_l = \frac{a_{k+1\,999}}{a_{k+2\,001}},$$

所以

$$u = z_1^2 + z_2^2 + \cdots + z_{2\,001}^2$$
$$= (z_1 + z_2 + \cdots + z_{2\,001})^2 - 2 \sum_{1 \leqslant j < l \leqslant 2\,001} z_j z_l$$
$$= \left(\frac{a_{k+2\,000}}{a_{k+2\,001}}\right)^2 - 2 \frac{a_{k+1\,999}}{a_{k+2\,001}} = \frac{a_{k+2\,000}^2 - a_{k+1\,999} a_{k+2\,001}}{a_{k+2\,001}^2},$$

故

$$u = z_1^2 + z_2^2 + \cdots + z_{2\,001}^2$$

是一个实数. 结合式①知，u 是一个非负实数，所以

$$\frac{a_{k+2000}^2 - a_{k+1999}a_{k+2001}}{a_{k+2001}^2} \geq 0,$$

即 $a_{k+2000}^2 - 2a_{k+1999}a_{k+2001} \geq 0$.

上式对每个 $1 \leq k \leq 2002$ 均成立,即 $\forall 1 \leq j \leq 2002$,均有
$$a_j^2 - 2a_{j-1}a_{j+1} \geq 0.$$

但这是不可能的. 实际上, 取极端元: 设 a_{j_0} 是 $a_1, a_2, \cdots, a_{2002}$ 中最小的一个, 那么, 由 a_{j_0} 的最小性, 有
$$a_{j_0+1} \geq a_{j_0} > 0, \quad a_{j_0-1} \geq a_{j_0} > 0,$$
$$a_{j_0}^2 - 2a_{j_0-1}a_{j_0+1} \leq a_{j_0}^2 - 2a_{j_0}a_{j_0} = -a_{j_0}^2 < 0,$$
矛盾!

故不存在正实数 $a_1, a_2, \cdots, a_{2002}$ 满足题目要求.

例 3 设 $f: \mathbf{N} \times \mathbf{N} \to \mathbf{N}$, 且对任何 $x, y \in \mathbf{N}$, 有

(1) $f(x, y) = f(y, x)$;

(2) $f(x, x) = x$;

(3) 若 $y > x$, 则 $(y-x)f(x, y) = yf(x, y-x)$.

求 $f(x, y)$. (《美国数学月刊》1990 年 3 月号问题 3300)

分析与解 我们先试验初值. 显然 $f(1, 1) = 1$. 又
$$(2-1)f(1, 2) = 2f(1, 2-1) = 2f(1, 1),$$
于是, $f(1, 2) = 2$. 同样
$$(3-1)f(1, 3) = 3f(1, 3-1) = 3f(1, 2) = 3 \cdot 2,$$
于是, $f(1, 3) = 3$.

设 $f(1, k-1) = k-1$, 那么
$$(k-1)f(1, k) = kf(1, k-1) = kf(1, k-1) = k(k-1),$$
所以 $f(1, k) = k$. 对一切正整数 n, 有 $f(1, n) = n$.

由 $(3-2)f(2, 3) = 3f(2, 3-2) = 3f(2, 1) = 6$, 得 $f(2, 3) = 6$.

由 $(4-2)f(2, 4) = 4f(2, 4-2) = 4f(2, 2) = 8$, 得 $f(2, 4) = 4$.

由 $(6-4)f(4, 6) = 6f(4, 6-4) = 6f(4, 2) = 24$, 得 $f(4, 6) = 12$.

由此猜想,$f(x,y)=[x,y]$.

首先,容易验证 $f(x,y)=[x,y]$ 合乎条件;其次,我们证明合乎条件的函数是唯一的.设 f_1,f_2 是两个不同的函数,那么,存在 $s,t\in \mathbf{N}$,使
$$f_1(s,t)\neq f_2(s,t).$$

取极端元:设这样的 s,t 中使乘积 st 最小的一对为 s,t,由(2)知 $s\neq t$.不妨设 $s<t$,于是
$$f_1(s,t)=\frac{tf_1(s,t-s)}{t-s},\quad f_2(s,t)=\frac{tf_2(s,t-s)}{t-s}.$$

由此可知
$$f_1(s,t-s)\neq f_2(s,t-s).$$

所以,$s,t-s$ 亦是合乎条件的一对数.但 $s(t-s)<st$,与 st 最小矛盾,命题获证.

另解 设 $y>x$,将(3)变为 $\dfrac{f(x,y)}{y}=\dfrac{f(x,y-x)}{y-x}$,即
$$\frac{f(x,y)}{xy}=\frac{f(x,y-x)}{x(y-x)}. \qquad ①$$

令 $(x,y)=d$,则 $x=dx_1,y=dy_1,(x_1,y_1)=1$,于是,反复利用式①,有
$$\frac{f(x,y)}{xy}=\frac{f(dx_1,d(y_1-x_1))}{dx_1\cdot d(y_1-x_1)}=\frac{f(dx_2,dy_2)}{dx_2\cdot dy_2}$$
$$=\frac{f(dx_2,d(y_2-x_2))}{dx_2\cdot d(y_2-x_2)}=\frac{f(d,d)}{d^2}=\frac{1}{d}.$$

故
$$f(x,y)=\frac{xy}{d}=[x,y].$$

例4 一个数列 $\{a_n\}$ 称为凸的,如果对任何连续 3 项 a_{i-1},a_i,a_{i+1},都有 $2a_i\leq a_{i-1}+a_{i+1}$.设 n 是给定正整数,如果将序列

$1,2,\cdots,m$ 中每一个数任意 2-染色,都必存在长为 n 的同色的凸数列,试证: $m \geqslant n^2 - n + 1$.

分析与证明 首先注意,凸数列等价于差分数列 $\Delta_i = a_i - a_{i-1}$ 是递增数列.

我们只需证明:当 $m = n^2 - n$ 时,可以将序列 $1,2,\cdots,m$ 每一个数适当 2-染色,使其中没有长为 n 的同色凸数列.

考察特殊情形:当 $n = 3$ 时,假定某种染色使其不存在同色凸数列,则 1 和 2 只能异色,否则,设 1,2 为红,则因 $\Delta = 2-1$ 是差分数列中最小的差,从而 3,4,5 都为蓝,矛盾. 于是,不妨设 1 为红色,2 为蓝色.

如果 3 为蓝色,则同理 4,5,6 都为红色,矛盾,所以 3 为红色.

如果 4 为红色,则 5,6 可为蓝色,合乎条件.

如果 4 为蓝色,则 5,6 都不能为红色(与 1,3 构成凸数列),于是 4,5,6 都为蓝色,矛盾.

由此可见,$m = 6$ 时,使没有长为 3 的同色凸数列染色方式是唯一的,其中两种颜色的数的集合分别为 $A = \{1,3,4\}$,$B = \{2,4,5\}$.

如此下去,对 $m = n^2 - n$,不难发现如下构造:令
$$A = A_1 \cup A_2 \cup \cdots \cup A_{n-1}, \quad B = B_1 \cup B_2 \cup \cdots \cup B_{n-1},$$
其中 $A_j = \{x \mid j^2 - j + 1 \leqslant x \leqslant j^2\}$,$B_j = \{x \mid j^2 + 1 \leqslant x \leqslant j^2 + j\}$,$j = 1,2,\cdots,n-1$,将 A 中的数染红色,B 中的数染蓝色,我们证明 $A \cup B = \{1,2,\cdots,n^2 - n\}$ 中没有长为 n 的同色凸数列.

用反证法,先假定 A 中有长为 n 的凸数列 C,则 A 中的数具有下述性质 p:

如果某个 j,使 A_j 中至少有两项属于 C,则对任何 $i (i < j)$,A_i 中的项都不属于 C.

实际上,取极端元:设 A_j 中属于 C 的最小项为 a_k,则
$$a_k \geqslant j^2 - j + 1.$$

因为 A_j 中至少有两项属于 C，于是 $a_{k+1} \in C$，所以 $a_{k+1} \leqslant j^2$.

由 a_k 的最小性可知，存在 $i < j$，使 $a_{k-1} \in A_i$，所以 $a_{k-1} \leqslant (j-1)^2$. 于是
$$2a_k \geqslant 2(j^2 - j + 1) = j^2 + (j-1)^2 + 1$$
$$\geqslant a_{k+1} + a_{k-1} + 1 > a_{k+1} + a_{k-1},$$
矛盾.

所以 a_{k-1} 不存在，即对任何 $i(i < j)$，A_i 中的项都不属于 C.

(1) 若存在 j，使 $C \subseteq A_j$，则 $|C| \leqslant |A_j| \leqslant n-1$，矛盾.

(2) 若 C 在每个 A_j 中都至多有一个数，则 $|C| \leqslant \sum\limits_{j=1}^{n-1} 1 = n-1$，矛盾.

(3) 若有某个 j，使 A_j 中至少有两项属于 C，则对任何 $i(i < j)$，A_i 中的项都不属于 C，且对任何 $i(i > j)$，A_i 中至多有一项属于 C.

注意到 $|A_j| = j$，所以 $|C| \leqslant j + (n-1-j) = n-1$，矛盾.

所以 A 中没有长为 n 的凸数列.

再假定 B 中有长为 n 的凸数列 C，则因
$$2(j^2 + 1) > (j^2 + j) + ((j-1)^2 + (j-1)) + 1,$$
于是，B 中的数也具有性质 p.

再注意到同样有 $|B_j| = j$，从而上述证明 A_j 换成 B_j 后仍然成立，所以 B 中没有长为 n 的凸数列.

综上所述，命题获证.

例 5 设对一切实数 x，有 $f(x)f(x+1) = f(x^2 + x + 1)$，求实系数多项式 $f(x)$.

分析与解 (1) 若 $f(x) = c$(常数)，则 $c^2 = c$，$c = 0$ 或 1，此时
$$f(x) = 0, \quad 或 \quad f(x) = 1.$$

(2) 若 $f(x)$ 非常数，则令 α 是 $f(x)$ 的一个根，那么
$$f(\alpha^2 + \alpha + 1) = f(\alpha)f(\alpha + 1) = 0,$$

$$f((\alpha-1)^2+(\alpha-1)+1)=f(\alpha-1)f(\alpha)=0,$$

可知,$\alpha^2+\alpha+1,(\alpha-1)^2+(\alpha-1)+1=\alpha^2-\alpha+1$ 都是 $f(x)$ 的根,如此下去,似乎会产生无数个根,从而猜想 $\alpha=\alpha^2+\alpha+1$,解得 $\alpha=\pm i$.

下面证明 $f(x)$ 没有其他的根. 实际上

$$|\alpha^2+\alpha+1|+|\alpha^2-\alpha+1|\geqslant|(\alpha^2+\alpha+1)-(\alpha^2-\alpha+1)|$$
$$=2|\alpha|. \qquad ①$$

于是,$\max\{|\alpha^2+\alpha+1|,|\alpha^2-\alpha+1|\}\geqslant|\alpha|$.

设 α 是 $f(x)$ 的模最大的根,则

$$\max\{|\alpha^2+\alpha+1|,|\alpha^2-\alpha+1|\}\leqslant|\alpha|,$$

于是结合式①,有

$$\max\{|\alpha^2+\alpha+1|,|\alpha^2-\alpha+1|\}=|\alpha|,$$

所以不等式①等号成立,故

$$(\alpha^2+\alpha+1)+(\alpha^2-\alpha+1)=0,$$

解得 $\alpha=\pm i$.

这表明,若 α 是 $f(x)$ 的模最大的根,则 $\alpha=\pm i$,$|\alpha|=1$.

如果 $f(x)$ 存在模小于 1 的根,设 β 是这样的根中模最大者,则 $\beta^2+\beta+1,\beta^2-\beta+1$ 也是 $f(x)$ 的根. 因为

$$|\beta^2+\beta+1|+|\beta^2-\beta+1|\geqslant|(\beta^2+\beta+1)-(\beta^2-\beta+1)|$$
$$=2|\beta|,$$

设 $\beta^2+\beta+1,\beta^2-\beta+1$ 中模较大的为 β_1,则 $|\beta_1|\geqslant|\beta|$.

若 $|\beta_1|=|\beta|$,则不等式等号成立,所以

$$(\beta^2+\beta+1)+(\beta^2-\beta+1)=0,$$

解得 $\beta=\pm i$,这与 $|\beta|<1$ 矛盾,所以 $|\beta_1|>|\beta|$.

由 $|\beta|$ 的最大性,有 $|\beta_1|=1$,从而 β_1 是 $f(x)$ 的模最大的根,所以 $\beta_1=\pm i$,于是 $\beta^2+\beta+1=\pm i$ 或 $\beta^2-\beta+1=\pm i$,解得 $\beta=\pm i$ 或 $\beta=\pm 1\pm i$,都与 $|\beta|<1$ 矛盾. 所以 $f(x)$ 不存在模小于 1 的根,即

$f(x)$ 只存在根 $\pm i$.

设 $f(x) = A(x^2+1)^n (A \neq 0)$,代入方程得

$$A(x^2+1)^n A(x^2+2x+2)^n = A((x^2+x+1)^2+1)^n.$$

比较系数,得

$$A^2 = A,$$

所以 $A = 1$.

综上所述,$f(x) = 0$,或 $f(x) = 1$,或 $f(x) = (x^2+1)^n$.

例6 有 n 种 T 恤衫,共用了 8 种不同的图案. 已知:任何一种 T 恤至少使用了其中一种图案,任何两种 T 恤的图案不完全相同;对任何 $k(1 \leq k \leq 8)$ 个图案,至少使用这 k 个图案中的一个的 T 恤种数为偶数,求 n 的所有可能取值. (1999 年台湾地区数学竞赛试题)

分析与解 设 8 个图案的集合为 X,第 i 种 T 恤包含的图案集合为 $A_i (i = 1, 2, \cdots, n)$,则:

(1) 对任何 $1 \leq i < j \leq n, A_i \neq A_j, |A_i| \geq 1$.

(2) 对 X 的任何非空集 S,使 $A_i \cap S \neq \varnothing$ 的 $A_i (1 \leq i \leq n)$ 的个数为偶数.

称 $A_1, A_2, \cdots, A_n$ 为 X 的好子集. 取极端元:设 $A = A_1$ 是容量最小的好子集,即 $|A_i| \geq |A| (2 \leq i \leq n)$,那么 $1 \leq |A| \leq 7$.

考察 $A_i \cap \overline{A} (2 \leq i \leq n)$,若 $A_i \cap \overline{A} = \varnothing$,则 $A_i \subset A$,所以 $|A_i| \leq |A|$,与 $|A|$ 的最小性矛盾,故 $A_i \cap \overline{A} \neq \varnothing (2 \leq i \leq n)$.

于是,取 $S = \overline{A}$,由于 $A \cap \overline{A} = \varnothing, A_i \cap \overline{A} \neq \varnothing (2 \leq i \leq n)$,所以满足 $A_i \cap \overline{A} \neq \varnothing$ 的 A_i 个数为 $n-1$,故 $n-1$ 为偶数,即 n 为奇数.

下面证明:X 的任意一个非空子集 T 都是好的.

分两步进行,第一步:T 有奇数个好子集. 第二步:T 是好集.

先证明 T 有奇数个好子集. 如果 $T = X$,则 T 有 n 个好集 $A_i (i = 1, 2, \cdots, n)$,结论成立. 当 $|T| \leq 7$ 时,取 $S = \overline{T}$,则有 t(偶数)个 $i (2 \leq i \leq n)$,使 $A_i \cap \overline{T} \neq \varnothing$,另 $n - t$(奇数)个 $A_j (j \neq i)$ 都包含

在 T 中,于是 T 有 $n-t$(奇数)个好子集.

最后证明 T 是好集.用反证法,如果存在 T 不是好的,取极端元:不妨设 T 是容量最小的一个不好的子集,T 的非空子集有 $2^{|T|}-1$ 个,但其中 T 不是好的,而由 $|T|$ 的最小性,它的其他子集都是好的,于是 T 的好子集有 $2^{|T|}-2$(偶数)个,与前面的结论矛盾,所以 T 是好集.

因为 X 的非空子集合都是好集,从而好集的个数不少于 2^8-1,即 $n \geqslant 2^8-1$.

另一方面,由(1)知,$n \leqslant 2^8-1$,所以 $n=2^8-1$.

反之,当 $n=2^8-1$ 时,对 X 的任何非空集 S,设 $|S|=k$,则 $|\overline{S}|=8-k$,对于与 S 不相交的集合 A_i,S 中的 k 个元素都不属于 A_i,而 $\overline{S}$ 的 $8-k$ 个元素的每一个可属于也可不属于 A_i,都有两种选择,于是满足 $A_i \cap S \neq \varnothing$ 的 A_i($1 \leqslant i \leqslant n$)的个数为 2^8-2^{8-k}(偶数),合乎题意.

故只有唯一的取值 $n=2^8-1$.

习 题 6

1. 设 $P_1, P_2, \cdots, P_{1992}$ 是三维空间中的不同的点,使得每三个不同的点构成的 $\triangle P_i P_j P_k$ 至少有一边的长度小于 1 cm.试证:存在半径都为 1 cm 的球 S_1, S_2,使得这 1 992 个点都在 S_1 或 S_2 内.(1992 年澳大利亚数学奥林匹克试题)

2. 求所有的平面上有限点的集合 S,使对 S 中任意 3 个不同点 A, B, C,都存在第 4 点 $D \in S$,它们按某种顺序构成一个平行四边形的顶点.(第 34 届美国数学奥林匹克试题)

3. 设 k 是给定的大于 1 的正整数,S 是由正整数组成的集合,如果能将所有正整数染 k 种颜色,使得任何两个同色的数的和都不属于 S,则称 S 是好的.求最大的正整数 t,使对所有的正整数 a,都存在一种 k-染色,使 $S_a = \{a+1, a+2, \cdots, a+t\}$ 是好的.(2007 年

保加利亚数学奥林匹克试题)

4. 边长为 $n(n>2)$ 的正三角形被平行于边的直线分割为 n^2 个单位正三角形,能否将这些单位正三角形用 $1,2,\cdots,n^2$ 进行编号,使得对任何 $1\leqslant i\leqslant n^2-1$,编号为 i 和 $i+1$ 的两个单位正三角形至少有一个公共点,且对任何 $1\leqslant i\leqslant n^2-2$,编号为 i 和 $i+2$ 的两个单位正三角形至少有一个公共点? (2007 年白俄罗斯数学奥林匹克试题)

5. 求最大的正整数 r,使以任何方式将 K_{10} 的边 2-染色时,总存在具有相同颜色的 r 个同色三角形,其中任何两个三角形没有公共顶点.

6. 求最大的正整数 r,使以任何方式将 K_{14} 的边 2-染色时,总存在具有相同颜色的 r 个同色三角形,其中任何两个三角形没有公共顶点.

7. 对给定的正整数 $t(t\geqslant 2)$,求最大的正整数 r,使以任何方式将 K_{3t+1} 的边 2-染色时,总存在 r 个单色三角形,其中任何两个三角形没有公共顶点(这些单色三角形的颜色未必相同).

8. 在 n 阶简单图 G 中,若任何 4 个点中都有一个三角形,试求 $\|G\|$ 的最小值.

9. 平面上每个点被染为 n 种颜色之一,同时满足以下条件:

(1) 每种颜色的点都有无穷多个,且不全在同一条直线上;

(2) 至少有一条直线上所有的点恰为两种颜色.

求 n 的最小值,使得存在互不同色的 4 个点共圆. (第 3 届北方数学奥林匹克试题)

10. 是否存在一个这样的有限非零实数集合 M,使对任何一个自然数 n,总存在以 M 中的数为系数且次数不低于 n 的多项式,它的所有根都属于 M? (第 22 届俄罗斯数学奥林匹克试题)

11. 设 $p\equiv -1\pmod 4$,证明:对任意正整数 n,方程 $x^2+y^2=$

p^n 无正整数解.

12. 证明：方程 $x^2 + y^2 - 19xy - 19 = 0$ 无整数解.

13. 证明：方程 $x^4 + y^4 = z^2$ 无正整数解.

14. 设 m, n 为正整数，$M = \{1, 2, 3, \cdots, 2^m \cdot n\}$ 是连续 $2^m \cdot n$ 个正整数组成的集合，求最小的正整数 k，使得 M 的任何 k 元子集中都存在 $m+1$ 个数 $a_1, a_2, \cdots, a_{m+1}$ 满足：对 $i = 1, 2, \cdots, m$，有 $a_i | a_{i+1}$.

15. 在 100×25 的长方形表格中每一格填入一个非负实数，第 i 行第 j 列中填入的数为 $x_{i,j}(i = 1, 2, \cdots, 100; j = 1, 2, \cdots, 25)$（表 6.1）. 然后将表 6.1 每列中的数按由小到大的次序从上到下重新排列为 $x'_{1,j} \geqslant x'_{2,j} \geqslant \cdots \geqslant x'_{100,j}(j = 1, 2, \cdots, 25)$（表 6.2）.

求最小的自然数 k，使得只要表 6.1 中填入的数满足 $\sum_{j=1}^{25} x_{i,j} \leqslant 1$ $(i = 1, 2, \cdots, 100)$，则当 $i \geqslant k$ 时，在表 6.2 中就能保证 $\sum_{j=1}^{25} x'_{i,j} \leqslant 1$ 成立. (1997 年全国高中数学联赛试题)

表 6.1

$x_{1,1}$	$x_{1,2}$	$\cdots$	$x_{1,25}$
$x_{2,1}$	$x_{2,2}$	$\cdots$	$x_{2,25}$
$\cdots$	$\cdots$	$\cdots$	$\cdots$
$x_{100,1}$	$x_{100,2}$	$\cdots$	$x_{100,25}$

表 6.2

$x'_{1,1}$	$x'_{1,2}$	$\cdots$	$x'_{1,25}$
$x'_{2,1}$	$x'_{2,2}$	$\cdots$	$x'_{2,25}$
$\cdots$	$\cdots$	$\cdots$	$\cdots$
$x'_{100,1}$	$x'_{100,2}$	$\cdots$	$x'_{100,25}$

习题 6 解答

1. 不妨设 $d = P_1 P_2 = \max\limits_{1 \leqslant i < j \leqslant 1992} P_i P_j$，并设 S_1, S_2 分别是以 P_1, P_2 为球心且半径为 1 cm 的球. 若 $d < 1$，则这 1992 个点均在 S_1 内；若 $d \geqslant 1$，则在 $\triangle P_i P_1 P_2 (3 \leqslant i \leqslant 1992)$ 中，$P_i P_1$ 与 $P_i P_2$ 至少有一个小于 1，即 P_i 在 S_1 或 S_2 内.

2. 首先,任何 3 点不共线,从而每 3 点构成一个三角形.

取极端元:设 △ABC 是面积最大的三角形,作 △DEF,使 A,B,C 分别是 EF,FD,DE 的中点,则 S 中的点都在 △DEF 的内部或边界上.

不妨设 E 是 △ABC 对应的第 4 点,则 $ABCE$ 是平行四边形(图 6.16).假定还存在 $P \in S \setminus \{A,B,C,E\}$,则 P 只能在平行四边形 $ABCE$ 的内部(因无 3 点共线,不能在边界上).

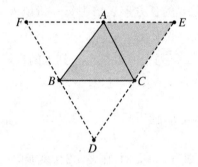

图 6.16

设 G 是 △APE 对应的第 4 点,则 $G \in \{G_1, G_2, G_3\}$(图 6.17),其中 A,P,E 分别是 G_1G_2, G_2G_3, G_3G_1 的中点.

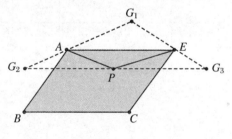

图 6.17

若 $G=G_1$,则 G,P 位于直线 AE 的两侧,从而 G 在平行四边形 $ABCE$ 外,矛盾.

若 $G=G_2$,则 $\angle EAG_2 = 180° - \angle AEP$(平行四边形 EAG_2P)>

$180° - \angle AEC = \angle EAB$(平行四边形 $ABCE$),从而 G 在平行四边形 $ABCE$ 外,矛盾.

若 $G = G_3$,则 $\angle AEG_3 = 180° - \angle EAP$(平行四边形 $EAPG_3$)$>$ $180° - \angle EAB = \angle AEC$(平行四边形 $ABCE$),从而 G 在平行四边形 $ABCE$ 外,矛盾.

所以 $S\setminus\{A,B,C,E\} = \varnothing$,故 $S = \{A,B,C,E\}$,即 S 为平行四边形的 4 顶点的集合.

3. 最大的正整数 $t = 2k-2$. 当 $t \geqslant 2k-1$ 时,取 $a = 2$,则 $S_a = \{a+1, a+2, \cdots, a+t\} \supseteq \{3,4,5,\cdots,2k+1\}$. 考察数 $1, 2, \cdots, k+1$,只有 k 种颜色,其中必有两个数同色,这两个数的和属于 S,矛盾,所以 $t \leqslant 2k-2$.

当 $t = 2k-2$ 时,对集合 $S_a = \{a+1, a+2, \cdots, a+t\} = \{a+1, a+2, \cdots, a+2k-2\}$,将前 $\left[\dfrac{a+1}{2}\right]$ 个正整数都染 1 色,接着的连续 $k-1$ 个数依次染 $2, 3, \cdots, k$ 色,剩下的各数都染 k 色,则这种染色使 S_a 是好的.

实际上,对于任何两个 1 色的数 a, b,设 $a < b \leqslant \left[\dfrac{a+1}{2}\right] \leqslant \dfrac{a+1}{2}$,有 $a+b \leqslant \dfrac{a-1}{2} + \dfrac{a+1}{2} = a < a+1$,所以两个 1 色的数的和不属于 S.

对于任何两个 k 色的数 a, b,设 $\dfrac{a}{2} + k - 1 \leqslant \left[\dfrac{a+1}{2}\right] + k - 1 \leqslant a < b$,有 $a+b \geqslant \left(\dfrac{a}{2} + k - 1\right) + \left(\dfrac{a}{2} + k\right) = a + 2k - 1 > a + 2k - 2$,所以两个 k 色的数的和不属于 S.

又其他颜色的数都只有 1 个,从而任何两个同色的数的和都不属于 S,故这种染色使 S_a 是好的.

综上所述,最大的正整数 $t = 2k-2$.

4. 通过一些尝试(取 $n=3,4$ 实验),发现角上(位置极端)的格的填数要么很大,要么很小(数值极端).

为方便解题,称单位正三角形为格,与原正三角形有一个公共顶点的格为角格.

假设能按要求编号,记编号为 k 的格为 T_k,则 T_k 与 T_{k-1},T_{k-2},T_{k+1},T_{k+2} 这 4 个格都相连(有公共顶点),由此可见,只要 $k-1,k-2,k+1,k+2$ 都存在,即 $k \notin \{1,2,n^2-1,n^2\}$,则格 T_k 有 4 个相连的格.

因为任何角格(极端对象)只有 3 个相连格,从而所有角格的编号都属于 $\{1,2,n^2-1,n^2\}$.

将 $\{1,2,n^2-1,n^2\}$ 划分为两个"抽屉" $\{1,2\}$,$\{n^2-1,n^2\}$,将 3 个角格的编号归入上述两个抽屉,必有两个编号属于同一抽屉,依题意,这两个编号对应的角格相连.但由 $n>2$ 可知,任何两个角格不相连,矛盾.

综上所述,合乎条件的编号不存在.

5. $r_{\max}=2$. 首先,构造两个没有公共顶点的红色 K_5,两个红色 K_5 之间的边都染蓝色,得到一个 2 色的 10 阶完全图 G. 对 G 中任何 3 个顶点,必有两个点在同一个 K_5 中,从而连接这两点的边为红色,所以 G 中没有蓝色三角形.

又 G 中的红色三角形必定属于某个 K_5 中.如果 $r \geqslant 3$,考察 G 中 3 个红色三角形,必有两个红色三角形在同一个 K_5 中,但 K_5 只有 5 个顶点,从而这两个三角形有公共点,矛盾.所以 $r \leqslant 2$.

其次,易知 2 色 K_{10} 中必有两个相同颜色的单色三角形,且两个三角形没有公共顶点,故 $r_{\max}=2$.

6. $r_{\max}=2$. 首先,将 K_{14} 中一个 K_8:$A_1A_2\cdots A_8$ 和一个 $K_{3,3}$:$A_9A_{10}A_{11}$-$A_{12}A_{13}A_{14}$ 的边染红色,其中 K_8 与 $K_{3,3}$ 没有公共顶点,将 K_{14} 中的其他边都染蓝色,得到一个 2 色的 14 阶完全图 G.

因为红色 $K_{3,3}$ 中没有红色三角形,所以红色三角形都在红色的 K_8 中,但 3 个两两没有公共顶点的红色三角形有 9 个不同顶点,而 K_8 只有 8 个顶点,所以不存在 3 个两两没有公共顶点的红色三角形.

去掉两个蓝色 $\triangle A_9 A_{10} A_{11}$,$\triangle A_{12} A_{13} A_{14}$ 的边,剩下的蓝色边构成一个蓝色的 $K_{6,3}$,其中无蓝色三角形,于是,G 中每个蓝色三角形都至少含有 $\triangle A_9 A_{10} A_{11}$,$\triangle A_{12} A_{13} A_{14}$ 中的一条边. 考察 G 中任何 3 个蓝色三角形,它们一共至少含有 $\triangle A_9 A_{10} A_{11}$,$\triangle A_{12} A_{13} A_{14}$ 中的 3 条边,这 3 条边中一定有 2 条同时属于 $\triangle A_9 A_{10} A_{11}$,$\triangle A_{12} A_{13} A_{14}$ 中的某一个,从而这两条边有公共点,所以不存在 3 个两两没有公共点的蓝色三角形. 所以 $r \leqslant 2$.

下面证明,对任何 2 色 K_{14},其中必有两个相同颜色的单色三角形,它们没有公共顶点.

实际上,任何 2 色 K_6 中必有单色三角形,在 K_{14} 中取一个单色 $\triangle ABC$,去掉点 A,B,C,剩下的 K_{11} 中又有单色 $\triangle DEF$. 再去掉点 D,E,F,剩下的 K_8 中又有单色 $\triangle GHI$,这 3 个单色三角形中必有两个颜色相同,且它们没有公共点.

7. $r_{\max} = t - 1$. 先考虑 $t = 2, 3$,而 t 每增加 1,图中顶点数增加 3,于是可去掉一个三角形的 3 个顶点进行归纳,可发现 $r_{\max} = t - 1$.

首先证明 $r \leqslant t - 1$,即存在一种染色方式,使两两没有公共顶点的单色三角形个数少于 t.

构造一个红色的 K_{3t-1},一个红色的 K_2,它们没有公共顶点,K_{3t-1} 与 K_2 之间的边都染蓝色,得到一个 2 色的 $3t + 1$ 阶完全图 G,下面证明 G 合乎要求. 因为 G 中的蓝边构成 2 部分图,所以 G 中没有蓝色三角形,于是 G 中的单色三角形必定为红色,且都在 K_{3t-1} 中. 又 K_{3t-1} 中至多有 $\left[\dfrac{3t-1}{3}\right] = t - 1$ 个两两没有公共顶点的红色三角形,所以 $r \leqslant t - 1$.

其次,用归纳法证明:以任何方式将 k_{3t+1} 的边 2-染色时,总存在 $t-1$ 个单色三角形,其中任何两个三角形没有公共顶点.

当 $t=2$ 时,结论显然成立.

设 $t=k$ 时结论成立,当 $t=k+1$ 时,取其中一个单色三角形 ABC,去掉点 A,B,C,剩下的图由归纳假设有 $k-1$ 个单色三角形,其中任何两个三角形没有公共顶点,连同 $\triangle ABC$,共有 k 个两两没有公共点的单色三角形.

8. 首先,K_{n-1} 和一个孤立的点 A 构成的图 G 合乎条件,此时, $\|G\|=C_{n-1}^2$.

下面证明:$\|G\| \geqslant C_{n-1}^2$. 若 $G=K_n$,结论显然成立,若 $G \neq K_n$,任取 G 中不相邻的两个点 A,B,则其余的 $n-2$ 个点必是 K_{n-2}. 否则,A,B 与其中两个不相邻的点 C,D 组成的 4 点组中无三角形,矛盾. 于是,由 K_{n-2} 得到 C_{n-2}^2 条边. 此外,对 K_{n-2} 中的任何一个点 X,它至少与 A,B 中的一个点相邻,否则,A,B,X 两两不相邻,任取一个点 Y,则 Y,A,B,X 中无三角形,矛盾. 于是 K_{n-2} 与 A,B 之间至少连了 $n-2$ 条边,所以 $\|G\| \geqslant (n-2)+C_{n-2}^2=C_{n-1}^2$.

综上所述,$\|G\|$ 的最小值为 C_{n-1}^2.

9. n 的最小值是 5.

由于存在互不同色的 4 个点,所以 $n \geqslant 4$. 若 $n=4$,我们可构造反例,采用极端构造:让一种颜色尽可能多染点,而其他 3 色都在同一个圆上.

在平面上取一定圆 O,设 A,B,C 是圆 O 上的不同 3 点,将弧 AB(含 A 不含 B)、弧 BC(含 B 不含 C)、弧 CA(含 C 不含 A)分别染为 1,2,3 色,而平面上其他点染第 4 色,则染色满足题意(过 A 的切线上恰有两种颜色),但不存在四个不同色的点共圆,矛盾,故 $n \neq 4$, 所以 $n \geqslant 5$.

当 $n=5$ 时,假设不存在四个互不同色的点共圆,由条件(2)知,

6 极端构造与否定

存在直线 l 上恰有两种颜色的点(设 l 上仅有颜色 1,2 的点).

下面找一个圆,使其含有 3 种颜色:实际上,任取一个 3 色点 A 和一个 4 色点 B,由条件(1)知,5 色的点不能都在直线 AB 上,即存在直线 AB 外的 5 色的点 C,于是颜色分别为 3,4,5 的点 A,B,C 不共线.

设过 A,B,C 的圆为 $\odot O$,则 $\odot O$ 上只有 3,4,5 这三种颜色,于是 $\odot O$ 与 l 相离. 过 O 作 l 的垂线交 l 于点 P,设 P 的颜色为 1,垂线交 $\odot O$ 于点 E,S(图 6.18). 设 E 的颜色为 3,考虑 l 上颜色为 2 的点 F,FS 交 $\odot O$ 于 G. 因为 $EG \perp GF$,所以 P,E,F,G 四点共圆,由假设 G 只能为 3 色. 又圆 O 上有 3 种颜色,所以其中必有一点颜色不同于 E,S,设为 B,其中 B 为 4 色,连 SB 交 l 于 H.

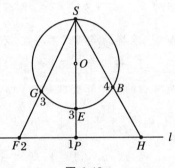

图 6.18

因为 $EB \perp BH$,所以 B,E,P,H 四点共圆,$SB \cdot SH = SE \cdot SP = SG \cdot SF$,故 B,H,F,G 四点共圆.

若 H 为 1 色,则 B,H,F,G 互不同色且共圆,矛盾;若 H 为 2 色,则 B,H,P,E 互不同色且共圆,矛盾.

10. 不存在.

假设存在满足条件的集合 $M = \{a_1, a_2, \cdots, a_n\}$,记 $a = \min\{|a_1|, |a_2|, \cdots, |a_n|\}$,$A = \max\{|a_1|, |a_2|, \cdots, |a_n|\}$. 由已知,得 $A \geq a > 0$.

对于 k 次多项式 $p(x) = b_k x^k + b_{k-1} x^{k-1} + \cdots + b_1 x + b_0$,如果它的所有系数 $b_0, \cdots, b_k$ 和根 $x_1, x_2, \cdots, x_k$ 都属于 M,我们证明 k 有界.

实际上,由韦达定理有

$$x_1 + x_2 + \cdots + x_k = -\frac{b_{k-1}}{b_k},$$

$$x_1 x_2 + x_1 x_3 + \cdots + x_{k-1} x_k = \frac{b_{k-2}}{b_k},$$

因此

$$x_1^2 + x_2^2 + \cdots + x_k^2 = \left(-\frac{b_k-1}{b_k}\right)^2 - \frac{2b_{k-2}}{b_k}.$$

于是

$$ka^2 \leqslant x_1^2 + x_2^2 + \cdots + x_k^2 = \left(-\frac{b_{k-1}}{b_k}\right)^2 - \frac{2b_{k-2}}{b_k}$$

$$\leqslant \left(\frac{|b_{k-1}|}{|b_k|}\right)^2 + 2\frac{|b_{k-2}|}{|b_k|} \leqslant \frac{A^2}{a^2} + 2\frac{A}{a},$$

所以 $k \leqslant \frac{A^2}{a^4} + 2\frac{A}{a^3} =: N$，即多项式 $p(x)$ 的次数 k 有界，于是当 $n > N$ 时，这样的多项式不存在，矛盾.

11. 假设存在正整数 n 使方程有解，并设 n 为其中的最小者，对应方程的一个正整数解为 (x_0, y_0)，则有 $(x_0, y_0) = 1$. 若 $(x_0, y_0) = p^r$，则 $\left(\frac{x_0}{p^r}\right)^2 + \left(\frac{y_0}{p^r}\right)^2 = p^{n-2r}$ 与 n 最小矛盾！

因为 $(x_0, y_0) = 1$，所以 x_0, y_0 一奇一偶，$p^n \equiv x_0^2 + y_0^2 \equiv 1 \equiv (-1)^n \pmod{4}$，从而 n 必为偶数. 设 $n = 2n_1 (n_1 \geqslant 1)$，则 $(p^{n_1})^2 = x_0^2 + y_0^2$，$(x_0, y_0, p^{n_1})$ 是一组勾股数，所以存在正整数 a, b 使得 $p^{n_1} = a^2 + b^2, (a, b) = 1$，即 $x^2 + y^2 = p^{n_1}$ 有正整数解 (a, b)，但 $n_1 = \frac{n}{2} < n$，与 n 的最小性矛盾！

12. 若 (x, y) 是整解，则 $x \neq 0, y \neq 0, 19(xy+1) = x^2 + y^2 > 0, xy > -1$，即 $xy > 0$，不妨设 $x > 0, y > 0, x \geqslant y$ 且使得 $\min\{x, y\} = y$ 最小.

因 $x^2 - 19yx + y^2 - 19 = 0$ 的 $\Delta = 19^2 y^2 - 4y^2 + 76 > 0$，所以，方程另有解 x'，且 $x' = 19y - x$，即若 (x, y) 是解，则 (x', y) 也是解.

因为 x' 与 $y > 0$ 同号，故 x' 为正整数，且 $x' = \frac{y^2 - 19}{x} < \frac{y^2}{x} \leqslant y \leqslant x$，所以方程有正整数解 (x', y)，使得 $\min\{x', y\} = x' < y$，矛盾！故原方程无整数解.

13. 设 (x, y, u) 为一组正整数解,且 u 为最小的 z 值.易知 $(x, y) = 1$,实际上,若 $(x, y) = d > 1$,则 $\left(\dfrac{x}{d}\right)^2 + \left(\dfrac{y}{d}\right)^4 = \left(\dfrac{u}{d^2}\right)^2$,其中 $0 < \dfrac{u}{d^2} < u$,与 u 的最小性矛盾!

此外,x^2, y^2 一奇一偶(因 $z^2 \equiv 0$ 或 $1 \pmod 4$ 及 u 最小),不妨设 $2 \mid x^2$,则 $x^2 = 2ab, y^2 = a^2 - b^2, u = a^2 + b^2, a, b > 0, (a, b) = 1$,$a, b$ 一奇一偶,且 $2 \mid x, 2 \nmid y$.易知 $2 \mid b, 2 \nmid a$,否则,设 $b = 2b_1 + 1$,$a = 2a_1$,则 $y^2 = a^2 - b^2 = 4(a_1^2 - b_1^2 - b_1) - 1, y = 2y_1 + 1, y^2 = 4(y_1^2 + y_1) + 1$,矛盾!

设 $b = 2c$,则 $\left(\dfrac{x}{2}\right)^2 = ac, (a, c) = 1$,所以 $a = d^2, c = f^2, (d, f) = 1$,从而 $y^2 = a^2 - b^2 = d^4 - 4f^4$,即 $(2f^2)^2 + y^2 = (d^2)^2$,且 $(2f^2, y) = (2f^2, d) = (a, b) = 1$,所以 $2f^2 = 2nm, d^2 = n^2 + m^2, (n, m) = 1$,故有 $n = r^2, m = s^2, r^4 + s^4 = d^2r, s, d > 0$,但 $d \leqslant d^2 = a < a^2 + b^2 = u$,与 u 的最小性矛盾.

14. 所求的 k 的最小正整数值为 $k_{\min} = 2^m n - n + 1$.

记 $A = \{1, 2, \cdots, n\}$,任何一个以 $i(1 \leqslant i \leqslant n)$ 为首项、2 为公比的等比数列与 A 的交集记为 A_i.

一方面,采用极端构造:M 中最大的 $2^m n - n$ 个元素构成的子集 $\{n+1, n+2, n+3, \cdots, 2^m n\}$ 中不存在满足要求的 $m+1$ 个数,从而 $k \geqslant 2^m n - n + 1$.

实际上,假设 $\{n+1, n+2, \cdots, 2^m n\}$ 中存在 $m+1$ 个数 $n+1 \leqslant a_1 < a_2 < \cdots < a_{m+1} \leqslant 2^m n$,使得 $a_i \mid a_{i+1} (1 \leqslant i \leqslant m)$,则 $a_i + 1 \geqslant 2a_i$,从而 $a_{m+1} \geqslant 2a_m \geqslant \cdots \geqslant 2^m a_1 \geqslant 2^m (n+1) > 2^m n$,矛盾.

另一方面,当 $k = 2^m n - n + 1$ 时,可以证明 M 中的任何 k 元子集 T 中必有 $m+1$ 个数 $a_1, a_2, \cdots, a_{m+1}$ 满足 $a_i \mid a_{i+1}(1 \leqslant i \leqslant m)$.用反证法,反设这样的 $m+1$ 个数不存在,考虑以 $2i + 1 (i \leqslant \dfrac{n-1}{2})$ 为首

项、2 为公比的等比数列,它与集合 M 的交的元素个数为 $|A_{2i+1}|+m$,由反设它至少应有 $|A_{2i+1}|$ 个元素不在 T 中,再注意到当 $i \neq j$ 时,$A_{2i+1} \cap A_{2j+1} = \varnothing$,可知 M 中至少有 $\sum_{1 \leqslant i \leqslant \frac{n-1}{2}} |A_{2i+1}|$ 个元素不在 T 中,注意到 $\bigcup_{1 \leqslant i \leqslant \frac{n-1}{2}} |A_{2i+1}| = A$,所以 $|M/T| \geqslant |\bigcup_{1 \leqslant i \leqslant \frac{n-1}{2}} |A_{2i+1}|| = |A| = n$,从而 $|T| \leqslant |M| - n = 2^m n - n$. 这与 $|T| = 2^m n - n + 1$ 矛盾.

15. k 的最小值为 97.

一方面,我们证明 $k \geqslant 97$. 采用极端构造,考察一种最坏情形:每一列中的数都尽可能相等,比如,第 1 列中前 4 个数为 0,第 2 列中第 5~8 个数为 0,…,第 25 列中最后 4 个数为 0,其余各数都是 $\frac{1}{24}$,得到一个数表 A. 此数表重新排列后得到数表 B,则数表 B 中前 96 行各数都是 $\frac{1}{24}$,每一行的和都是 $\frac{1}{24} \times 25 > 1$,与题目条件矛盾.

其次,当 $k = 97$ 时,对任何一个符合条件的数表 A,重新排列后得到的数表为 B,我们证明:数表 A 中必有一行,设为第 r 行,它的各数都在表 B 的前 97 行中. 实际上,若数表 A 的每一行都至少有一个数不在数表 B 的前 97 行中出现,则每一行至多有 24 个数在数表 B 的前 97 行中,于是,数表 B 中至多有 $100 \times 24 = 2400$ 个数,这与数表 B 的前 97 行中有 $97 \times 25 = 2425$ 个数矛盾. 注意到数表中的数递降排列,当 $i \geqslant 97$ 时,$x'_{i,j} \leqslant x'_{97,j} \leqslant x'_{r,j}$,于是,当 $i \geqslant 97$ 时,$\sum_{j=1}^{25} x'_{ij} \leqslant \sum_{j=1}^{25} x_{rj} \leqslant 1$.

综上所述,k 的最小值为 97.

中国科学技术大学出版社中学数学用书

高中数学竞赛教程/严镇军　单墫　苏淳　等
中外数学竞赛/李炯生　王新茂　等
第 51—76 届莫斯科数学奥林匹克/苏淳　申强
全国历届数学高考题解集/张运筹　侯立勋
中学数学潜能开发/蒋文彬

同中学生谈排列组合/苏淳
趣味的图论问题/单墫
有趣的染色方法/苏淳
组合恒等式/史济怀
集合/冯惠愚
不定方程/单墫　余红兵
概率与期望/单墫
组合几何/单墫
算两次/单墫
几何不等式/单墫
解析几何的技巧/单墫
构造法解题/余红兵
重要不等式/蔡玉书
高等学校过渡教材读本：数学/谢盛刚
有趣的差分方程(第 2 版)/李克正　李克大
抽屉原则/常庚哲
母函数(第 2 版)/史济怀
从勾股定理谈起(第 2 版)/盛立人　严镇军

三角恒等式及其应用(第2版)/张运筹
三角不等式及其应用(第2版)/张运筹
反射与反演(第2版)/严镇军
数列与数集/朱尧辰
同中学生谈博弈/盛立人
趣味数学100题/单墫
向量几何/李乔
面积关系帮你解题(第2版)/张景中
磨光变换/常庚哲
周期数列(第2版)/曹鸿德
微微对偶不等式及其应用(第2版)/张运筹
递推数列/陈泽安
根与系数的关系及其应用(第2版)/毛鸿翔
怎样证明三角恒等式(第2版)/朱尧辰
帮你学几何(第2版)/臧龙光
帮你学集合/张景中
向量、复数与质点/彭翕成
初等数论/王慧兴
漫话数学归纳法(第4版)/苏淳
从特殊性看问题(第4版)/苏淳
凸函数与琴生不等式/黄宣国
国际数学奥林匹克240真题巧解/张运筹
Fibonacci数列/肖果能
数学奥林匹克中的智巧/田廷彦
极值问题的初等解法/朱尧辰

学数学.第1卷/李潜
学数学.第2卷/李潜